U0503693

| 论 衡 |

长安碑影

秦汉文化史札记

王子今

——

著

上海人民出版社

茂陵"众芳芬苾"瓦当（据《中国历代瓦当考释》）

"兰池宫当"瓦当

汉长安城武库第七遗址出土透雕獬豸玉佩（据《陕西出土汉代玉器》）

秦东陵一号墓出土的漆豆

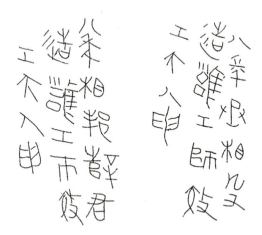

秦东陵一号墓出土的漆豆上的针刻文字

汉长安城未央宫椒房
殿遗址（据《中国考
古学·秦汉卷》）

上林苑五号遗址第二组排水管
道（据《秦汉上林苑2004—
2012年考古报告》）

秦直道车路梁遗址（张在明摄）

秦直道桦沟口遗址汉代足迹
（左起：历史学家陆中明，考古学家张在明）

秦咸阳宫—号宫殿遗址复原模型（据咸阳博物院官微）

秦咸阳宫三号宫殿遗址出土壁画（据《中国考古学·秦汉卷》）

秦始皇陵西侧出土铜车马

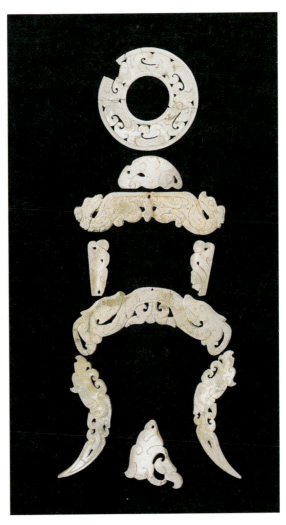

西安动物园出土西汉玉组佩（据《西安文物精华·玉器》）

序

咸阳—西安，在战国秦汉时期作为文化重心和行政中枢，形成过辉煌的历史影响。古来常以"咸阳""长安"为一地。《史记》卷八《高祖本纪》记载："（高帝七年）二月，高祖自平城过赵、雒阳，至长安。长乐宫成，丞相已下徙至长安。"司马贞《索隐》写道："按：《汉仪注》高祖六年，更名咸阳曰长安。《三辅旧事》扶风渭城，本咸阳地，高帝为新城，七年属长安也。"《史记》卷九三《韩信卢绾列传》又明确说："长安，故咸阳也。"在汉代人的意识中，"咸阳""长安"从其空间位置而言，原本可以说是一体的。其实这一地方，还有周人在丰镐的文化积累。

这本书收录34篇文章，试图从几个以往人们关注不多的侧面描画咸阳—西安地方在秦汉时期的文化面貌，期望进一步有益于对于秦汉历史文化总体认识和全面说明。这一愿望的实践，也有将考察视野扩展至于整个秦汉社会的努力。就社会文化的观察而言，有对高层政治的关注，也多涉及社会平民，亦包括劳动阶级。

此前我曾经有两本随笔集出版，即《秦汉闻人肖像》（社会科学文献出版社 2011 年 1 月）和《秦汉文化风景》（中国人民大学出版社 2012 年 1 月），后来又编了一册《秦汉英雄气运》，2017 年 12 月交稿，现在正在编校之中。说到这里，不能不深心感激上海人民出版社朋友们的文化眼光、学术热情和工作效率。出版家的信任和鼓励，促成了本书编定。若干建议，也为提升其学术等级和文化品位提供了基础。

本书大略回顾了咸阳—长安这一秦汉文明灿烂时代政治经济重心区的文化创造、文化积淀与文化辐射。有关咸阳"冀阙"、《燕丹子》"机发之桥"、秦宫苑"漆娥之台"、始皇"逢盗兰池"、胡亥望夷宫"祠泾"，以及长安"少年""恶少年"等主题的考察，都可以看作对近年城市史兴起的学术动向的一种响应。古言"秦城""汉寝"，强调秦汉京都辉煌的物质文化遗存及其体现的政治文明象征。虽然我们的考察视角狭仄，立意浅陋，揭示某些历史文化层面的发掘，也许还有学术透视的意义。

曾经在"咸阳""长安"有所表现的历史人物，商鞅、孟尝君、燕太子丹、秦始皇、秦二世、刘邦、项羽、吕后、贾谊、司马迁、汉武帝、陈皇后等，《长安碎影》对于他们的言行也有涉及。当然只是片断的剪影。但是如

"秦客公孙鞅"出使楚国的行迹，可以说是新的发现。若干没有留下名姓的人物，他们在"咸阳""长安"的历史表演，也对相关历史记忆有所提示。例如秦始皇"微行咸阳"意外遭遇的"兰池""盗"，例如史称"五陵""英俊"，以及成为汉王朝都市治安难题的"浮游""浮末""少年""恶少年"们。

近年得以兴起的城市史研究，有学界先行者聚焦"长安"。在"长安学"的学术旗帜下，笔者曾有零星的参与。曾经发表于《咸阳师范学院学报》2003年第1期的拙文《咸阳历史文化风情的展现——朱维鱼〈渭城竹枝词〉阐释》，被编者改题《朱维鱼〈渭城竹枝词〉小议》，编入《长安学丛书·文学卷》（陕西师范大学出版社2009年9月）。初刊于《陕西历史博物馆馆刊》第13辑（三秦出版社2006年6月）的拙文《两汉漕运经营与水资源形势》，被收入《长安学丛书·经济卷》（陕西师范大学出版社2009年9月）。黄留珠、贾二强教授主编《长安学研究》第1辑（中华书局2016年1月）编入曾经发表于《长安大学学报》（社会科学版）2015年第4期的拙文《西汉长安都城建设的立体化倾向》。《长安学研究》第5辑发表了拙文《远志与乡愁：汉唐长安"灞柳"象征》。本书所收文字，敢附黄留珠、贾二强、荣新江先生"长安学"研究骥尾，或许也算从善如流。而"骥尾"一语，即初见于著书于长安的太史公笔下。《史记》卷六一《伯夷列传》说"颜渊虽笃学,附骥尾而行益显"。司马贞《索隐》:"伯夷得夫子而名彰,颜回附骥尾而行著。""苍蝇附骥尾而致千里,以譬颜回因孔子而名彰也。"张守节《正义》:"隐处之士,时有附骥尾而名晓达。"

本书收入《踏行秦始皇直道》一文。原文刊于《光明日报》2018年11月18日。这是"光明悦读"版编辑、好友计亚男因我主编《"秦直道"丛书》面世约写的"著书者说"。秦始皇直道是从北边长城防线通向关中行政中枢地方甘泉—咸阳方向的交通大道,以最高等级的工程遗存,可以看作秦政的纪念。这套丛书中,张在明研究员著《岭壑无语——秦直道考古纪实》交稿最早。张在明主编《中国文物地图集·陕西分册》以工作认真、质量上乘受到考古文物界一致赞誉。他主持发掘的"陕西富县秦直道遗址"被评为2009年度"全国十大考古新发现"。因主持秦直道考古的突出贡献,张在明成为公认的秦汉交通考古的功臣。我们是西北大学考古专业77级同班同学,除徒步考察秦直道南段外,还曾经以多种交通方式一同进行过潴骆道遗迹、武关道遗迹、子午道秦岭北段遗迹的实地考察。秦岭南北,汉江上下,陕甘之间,以及少华岩麓,壶口惊涛,云阳张飞庙,龙门太史祠,……多少次大岭密林挥汗,剪灯夜语举觞。三天以前,在明因病医治无效,安详辞世。未能长安送行，深心不胜悲痛！谨以此片断文句以寄追念，并诉哀思。

《岭壑无语——秦直道考古纪实》录有作者诗词。《兴隆关怀旧》写道："昨看艾蒿店，今在兴隆关。麻湾饿饭处，一别十八年。"附记："十八年前的1990年8月，王子今、焦南峰、周苏平、张在明四人步行调查秦直道时，曾在黑麻湾林业站乞食。"又有《赠子今病中》诗："2014年3月27日。今年3月，同学子今罹病住院，忆当年（1990年）四人（王子今、焦南峰、周苏平、张在明）子午岭考察直道，得小诗赠之：最忆当年子午巅，热血四人正青年。探秦反把秦皇骂，一吐块垒震万山。"感慨世态变幻，弹指一挥，时隔竟已21年！在明诗句保留了我们当年考察记忆中印痕至深的画面。本书附图选用《岭壑无语——秦直道考古纪实》插图中意义特别的一幅，这是考古学者张在明、历史学者陆中明在直道遗址考古现场面对汉代足迹的照片。谨以此深切悼念今年春夏先后离开我们的两位好友。

2021年6月29日北京大有北里

长安碎影

目录

秦汉文化的基础："郁郁乎文哉"的西周礼乐

周是崛起于西方的部族。

周人起先以农耕经营的优势享有声誉。被尊崇为神的周人的祖先后稷，就是精于耕殖树艺的农学专家，据说被帝尧任命为农师。据司马迁在《史记》卷四《周本纪》中的记载，后稷总结的农耕经验得到传播，"天下得其利，有功"，于是在渭水流域得到封地。《诗经》中的《大雅·生民》篇歌颂周人的农业成就，说他们种植荏菽，枝叶茂盛，种植禾黍，穗秀美好，种植麻麦，株蘖繁密，种植瓜瓞，果实累累。"实方实苞，实种实褎，实发实秀，实坚实好，实颖实栗"的诗句，具体描述了周人的农田中庄稼播种、发芽、分蘖、抽穗、灌浆以至于成熟收获的过程。现今陕西渭水流域的许多地方，依然保留有纪念周人农业成就的地名遗存。传说后稷死后葬地，也在西部地区。

周部族虽然在以农业经济为基础的文明进程中领先，然而与东方的商部族相比，在军事政治方面却显著处于劣势地位。周王被商王囚禁在羑里，于是"演八卦"，创造出《周易》的传说，虽然有意渲染周人在精神生活方面的优越，却也无法回避曾经作为商王朝附庸的事实。

历史上多次发生由西而东的文化征服的历史过程，武王伐纣就是最早的一次。周武王联合天下八百诸侯向商王朝进军，于牧野会战得胜，终于置骄横暴虐的商纣王于死地。武王伐纣后来被看作正义战争的标范。20世纪应用最为普遍的语汇之一"革命"，最初就见于《周易·革》对于商汤和周武推翻夏桀和商纣的军事行为的肯定："汤、武革命，顺乎天而应乎人。"

周武王将子弟和功臣分封于各地，成为各领一方的诸侯，周的文化形式因此也覆盖了整个黄河中下游地区。《三字经》写道："周武王，始诛纣，八百载，最长久。"说周的政治文化有惊人的稳定性和延续性。后来，周成王在周公的辅佐之下粉碎了商贵族的叛乱，亲周的商人贵族微子被指令继承商的祖宗祭祀体系，封于宋地，即今天的河南商丘地方。商人贵族及其附属人口也被集中迁徙到这里，受到严格的管制。我们今天所看到的先秦文献中有许多春秋战国时期流传的笑话，讽刺的对象都是宋的愚人，比如揠苗助长、守株待兔、负暄献芹等等，直到近世，仍然有"宋襄公蠢猪式的仁义道德"的说法。这些现象，反映在某种意义上坚持着与周人不同的文化传统的商部族的后裔，长期受到周人的文化歧视。周人的道德风格和价值取向，已经成为文化正统。

周王朝最为鼎盛的时期，以渭河流域作为政治文化的重心地区，史称西周。西周历史的前一阶段，史书没有明确的年代记载。根据夏商周断代工程的收获，我们的认识可能已经更为接近历史真实，但是获取确定无疑的具体的年代学结论，还需要做进一步的工作。不过，西周文明的基本形态，已经通过传世的文献典籍和出土的青铜宝器等等文化遗存，给今人留下了深刻的印象。

后世学者对于西周文化，通常用"礼乐文化"予以总结。"礼"的建设，形成了西周文化的主构架。通过"礼"所建构的秩序，不仅仅维护着政治的安定，也保证了社会的和谐。"礼"有对上天、对先祖的内容，但是更多的是处理人际关系的规定。"礼"讲究敬天法祖，也是对现世人们的要求。"礼"作为调整社会关系的准则，在文明进程的一定阶段得以产生的必然性也是没有疑义的。《礼记·曲礼上》说："礼尚往来，往而不来非礼也，来而不往亦非礼也。"这样的原则，后来成为家喻户晓的格言，成为社会上下共同认可的交往的准则，就是因为"礼"的内容有着公认的文化合理性。

《礼记·明堂位》说周公"制礼作乐"。《左传·文公十八年》写道:"周公制周礼曰,'则以观德,德以处事,事以度功,功以事民'。"可见"礼"是重视"德"的准则的。"乐"是辅从于"礼"的。"乐"以其艺术美,使得讲究等级规范的形式森严的"礼"得以具备了征服人心的感染力,从而实现"礼之用,和为贵"(《论语·学而》),"乐文同则上下和矣"(《礼记·乐记》)的境界。

"礼"和"乐"的适用,起初是有限定的社会人群范围的。《礼记·曲礼上》所谓"礼不下庶人",《荀子·富国》所谓"由士以上则必以礼乐节之",就指出了这样的事实。后来批孔的激进思想家对此深恶痛绝,就是因为"礼"和"乐"因此被看作维护等级差别的统治阶级的工具。其实,从历史主义的眼光看,西周礼乐文化毕竟是当时文明创造中最为高贵、最为典雅、最为精致的内容,因而值得珍视。

创制于西部地区的西周礼乐文化有深沉的内涵,有久远的影响,有神奇的魅力。所以孔子老先生曾经深情地说:"周监于二代,郁郁乎文哉! 吾从周。"(《论语·八佾》)

西周晚期出现政治危局,最终因戎人的军事冲击灭亡。周平王东迁河洛平原,建立了新的东周王朝。秦人的武装力量护送周王室转移到新的生存空间,秦部族领袖被封为诸侯，这就是秦襄公。秦人占有了周人故地，继承了周人长期成功的农业开发的成就。秦文公时代，正式接收了"周余民"的融入。

"周余民"加入秦国农耕生产的意义，受到史家重视。钱穆说："周幽王被犬戎攻击，秦襄公派兵援周，力战有功。等到平王东迁，襄公又派兵送周平王。因此周平王将岐周以西的地方封给秦襄公，从此秦国就列为诸侯。秦国再渐渐地剪灭泾渭平原的游牧部族，并且收容了周室的遗民。于是关中平原也都归入了秦国之手。"[1] 林剑鸣在《秦史稿》中强调了"收周余民有之"对于秦史的特殊意义，以为"'收周余民'初步奠定国基"。他写道："秦文公率兵至岐以后，虽然在五十年内领地没有显著扩大，但这个时期却是秦国发展史上的关键时期。因为，正是在这个时期，秦国取得了发展经济的两个重要条件——优越的自然环境和充足的劳动力。""这里是我国农业生产发展最早的地区之一，这在客观上为秦国农业生产的发展，提供了有利的条件。"这是从国土的角度分析了秦国发展的新的条件。而又有相当重要的条件，表现为国民的增益，保障了"充足的劳动力"。林剑鸣在论说秦人占据"农业生产发展最早的地区之一"的意义之后，又写道："但是，还

---

[1] 钱穆：《秦汉史》，中国文化书院出版部1980年4月版，第1页。

不仅如此。秦至岐后，就将原来在这里而没有随平王东迁的'周余民'接受过来。这些'周余民'的加入，对秦国经济结构的变化发生重要的影响。""秦在这个农业发达的地区建国，又将具有较高技术水平的周人接收过来，就很快地放弃了原来的以游牧为主的生活方式，而接受较高文明，这是十分自然的事。"林剑鸣分析，"周本是一个农业民族，相传其祖先后稷就'好耕农，相地之宜，宜谷者稼穑焉'（《史记·周本纪》），周人的祖先从公刘时代起，就到岐山之下'修后稷之业'，大力发展农业生产，所以这里的人民'有先王遗风，好稼穑'（《汉书·地理志》）。到秦建国前夕，周人的农业生产水平是相当高的。在生产工具方面，仅据《诗经》出现的名称就有：耒、耜、钱、镈、铚、殳、斧等等。农作物的种类已经有：黍、稷、秬、糜、芑、禾、穋、植、穉、稻、莱、菽和麻、瓜、瓞、桑等，以及杏、梅、棘等果树。"论者接着写道："正如马克思指出的：'野蛮的征服者总是被那些他们所征服的民族的较高文明所征服，这是一条永恒的历史规律。'（《马克思恩格斯选集》第二卷第70页）"今按：此说似不妥。秦人与"周余民"的关系，和周人与"殷余民"的关系不同，其间不存在"征服"与"被征服"的对应关系。对于秦"收周余民有之"这一历史现象的意义，林剑鸣还进行了如下总结："这样，秦至岐的五十年，正是他们由游牧经济最后完全转入农业经济的关键时期，也是秦国社会发展中的重要历史阶段，它为秦国以后的发展奠定了最初的基础。"① 当然，秦人在"至岐"之前是否经营"游牧经济"以及坚持"以游牧为主的生活方式"的判断，还可以深入讨论。秦人在"西垂"地方应以畜牧业和林业为经济形式的重心。进入渭河平原之后，农耕经济的比重应当已经上升。而"收周余民有之"的历史变化，一定显著提升了农业耕作的技术水准。

有的论著写道，秦文公扩地至岐，"原留在这里的周的余民也归属于秦。至此秦才真正有了一块稳定的国土。这里位于汧渭之间的河谷地区，土地肥美，水草丰盛，宜于畜牧，而且是周文化的发祥地，有着较先进的农业、手工业。秦人承袭周文化的遗产，大大促进了秦人经济、文化的发展，为秦在西方的兴起奠定了基础。"② 以为"岐"地"位于汧渭之间的河谷地区"的认识是错误的。"岐"地在"汧渭之间的河谷地区"以东③。而以为这里"土地肥美，水草丰盛，宜于畜牧"，其次才"是周文化的发祥

---

① 林剑鸣：《秦史稿》，上海人民出版社 1981 年 2 月版，第 39—40 页。

② 王云度、张文立：《秦帝国史》，陕西人民教育出版社 1997 年 12 月版，第 7 页。

③ 谭其骧主编：《中国历史地图集》第 1 册，中国地图出版社 1982 年 10 月版，第 17—18、22—23 页。

地，有着较先进的农业、手工业"的表述，以为"宜于畜牧"的条件在农耕生产之先，也是需要斟酌的。不过，指出秦人在国土与国民两个方面全面"承袭周文化的遗产，大大促进了秦人经济、文化的发展"的判断，是准确的。

"周余民"的融入，在精神生活方面也有利于秦人对周人的礼乐文明传统的继承。有学者认为，春秋时期"秦人对周文化的吸收只限于物质的层面，而对文化的深层，即制度、价值层面则没有触及"[①]。刘军社以为这样的认识"是不尽全面的"。他从考古资料出发，指出秦人在"宗庙与宗法制度""埋葬制度""礼乐制度"诸方面都对周文化有所"承袭"。可以说"春秋时期周礼通行于秦国"。秦穆公问由余："中国以诗书礼乐法度为政，然尚时乱，今戎夷无此，何以为治，不亦难乎？"由余肯定"戎夷"之"治"："上含淳德以遇其下，下怀忠信以事其上，一国之政犹一身之治，不知所以治，此真圣人之治也。"秦穆公于是称"由余贤"，以为"邻国有圣人"（《史记》卷五《秦本纪》）。李学勤指出，秦墓出土"东周初的青铜器，显然继承了西周青铜器的风格"，所谓"显然继承了西周青铜器的风格"的文物实证，或许可以帮助我们理解"周余民"的文化素质和文化作用。但是总体说来，秦人对周文

化的宗法制度和礼乐制度的继承是片断的、局部的、有所选择的。收纳"周余民"的直接意义，是对周人"较先进的农业"的学习，从而实现了农耕生产能力方面的进步。

秦"收周余民有之"，是向东方进取的历程中意义重要的步骤，既是明智的历史表现，也显现了秦文化的开放精神、实用原则与科学精神。对比秦占领三晋地方曾经"出其民""出其人"的政策①，可知对"周余民"文化资质与技术能力的明显看重。

---

① 王子今：《秦兼并战争中的"出其人"政策——上古移民史的特例》，《文史哲》2015年第4期。

徙木立信：商鞅变法的序幕

回顾中国改革史，战国时期在秦国主持成功的变法运动的商鞅会首先出现在我们面前。总结以咸阳—长安为中心的关中地区得以高度开发，成为"陆海""天府"的经济史进程，也必然要注意到商鞅变法首先定都咸阳这一促使秦实现农耕跃进的历史闪光点。

商鞅姓公孙，卫国贵族出身，又称卫鞅或公孙鞅，曾在魏国从政，不能受到重用。商鞅听说秦孝公有图强之志，下令求贤，于是来到秦国，说服秦孝公变法。商鞅变法的主体内容是调整社会结构，使之适应战国列强争雄的形势，又奖励耕战，重农抑末，使国力迅速增强。

秦国因商鞅变法而迅速崛起，由一个西方僻远小国一跃而成为国富兵强，令东方人望而生畏的"虎狼之秦"。后来终于一一剪灭列强，实现了统一。商鞅和改革的反对派曾经有激烈的政治辩论。对方坚持所谓"法古无过，循礼无邪"，商鞅则说："治世不一道，便国不必法古。"商鞅以此为思想基点的改革宣言，记录在《商君书·更法》中。勇敢破除农耕民族传统守旧意识的"不必法古"的思想原则，有推动社会进步的意义，也有促进文化更新的意义，对于后世改革有长久的积极影响。

商鞅执政之初，在变法进行曲刚刚奏响时，曾经插入了一组诙谐的音符。这就是大家都熟悉的徙木赏金而立信的故事。

《史记》卷六八《商君列传》记载，变法决策确定之后尚未公布时，由于新法对于旧体制将形成强烈的冲击，担心民心疑惑，于是在国都雍城中市的南门立三丈之木，宣布有能够将此木搬到市北门的，给予十金的奖赏。围观的百姓看到其事轻易而赏金厚重，心各疑惑，没有人响应。商鞅又提高了赏格，宣布"能徙者予五十金"。有一人徙之，果然得到了五十金的重赏。此后，变法的政令正式颁布。

新法推行之后不过一年，秦国民众到国都上访申述新法不合理的，竟然数以千计。而太子也有违犯新法的行为。商鞅说，"法之不行，自上犯之。"指出新法难以推行，是因为社会高层有人带头违抗。因为太子是国君的继承人，不能施以刑罚，于是对他身边负责保育的"傅"和负责教导的"师"予以惩治，"刑其傅公子虔，黥其师公孙贾"。黥，又称墨刑，是在脸上刺字之后涂以墨。对太子师傅行刑的第二天，秦人都表示赞同新法，变法得以顺利推行。新法行之十年，得到秦民的倾心拥护，一时社会安定，国家富强，"道不拾遗，山无盗贼，家给人足。民勇于公战，怯于私斗，乡邑大治。"

徙木立信这一看似游戏的政治表演，却在政治史上留下了深刻的印迹。北宋改革家王安石曾经有诗句称颂："自古驱民在信诚，一言为重百金轻。今人未可非商鞅，商鞅能令政必行。"司马光在《资治通鉴》中也以"臣光曰"的形式发表评论说，"夫'信'者，人君之大宝也。国保于民，民保于信；非信无以使民，非民无以守国。是故古之王者不欺四海，霸者不欺四邻，善为国者不欺其民，善为家者不欺其亲。不善者反之，……上不信下，下不信上，上下离心，以至于败。"他强调"信"是执政的根本准则，也是成功的重要法宝。守信，则可以守国，失信，则难免失政。司马光列举古来杰出的君王守"信"以成大业的实例，其中就包括"秦孝公不废徙木之赏"。他又说，"商君尤称刻薄，又处战攻之世，天下趋于诈力，犹且不敢忘'信'以蓄其民，况为四海治平之政者哉！"他对于商鞅之政"刻薄""诈力"的性质持保留态度，但是对商鞅"不敢忘'信'以蓄其民"则予以肯定。司马光说，至于所谓"为四海治平之政者"，当然应当更为自觉地遵行"信"的准则。《资治通鉴》作为一部向统治者提供政治斗争和政治管理的历史经验的史学名著，同时又是一部传统政治伦理与传统政治道德的教科书，其中对于"信"的宣传，值得重视。司马光曾经上疏宋神宗，论帝王"治国之要"有三："曰'选用官人'，曰'信赏'，曰'必罚'。"他以为这是自己总结历代政治得失的主要收获，自称"平生学力所得，尽在是矣"（苏轼：《司马温公行状》）。而"治国之要"三条中后两条"信赏"和"必罚"，也都体现着"信"的政治原则。

现在我们所看到的毛泽东留下的最早的文字，是他在18岁时写的一篇作文，题曰《商鞅徙木立信论》。毛泽东肯定商鞅是中国四千余年历史中"首屈一指"的"利国福民伟大之政治家"，而商鞅之法也是为"战胜诸国，统一中原"奠定基础的"良法"。然而却不得不采用"徙木立信"这样的"非常"的政治手段，其背景在于"吾国国民之愚"，在于因"民智黑暗"所导致的对改革的疑忌。这实际上是一篇视角独异的有见地的史论，其中也有比较深刻的文化分析。这篇文章得到阅卷老师的赞赏，评定同学"传观"。通共571字的短文，数处评语合计竟多达151字。其中"实切社会立论，目光如炬""积理宏富""笔力挺拔"等评价，说明阅卷人也是特别看重青年毛泽东借商鞅事迹透视中国传统政治文化的眼光的。

王安石说："自古驱民在信诚。"司马光也说："非信无以使民。"所谓"驱民""使民",体现了专制制度下执政阶层自以为可以理所当然地驱驭民众、使役民众的政治心理。这种观念当然是与现代民主政治不相容的。然而在民主制度下,政治领导者和政治管理者其实更应当诚心奉行"信"的政治道德准则。这也是我们认为商鞅徙木立信故事在今天仍然有一定的文化价值的原因。

徙木立信这一历史故事发生的舞台,是秦都雍城的"市"。商鞅的这一设计,可能富有深意。有一种传统学术意见,以为商鞅变法即压抑商贾的地位。但是认真考察秦史,可知"抑商"政策在秦行政方针中其实并不占据特别重要的地位。"抑商"曾经是"重农"的辅助策略,其力度远不如汉初刘邦时代强劲。秦的"市"曾经相当繁荣,成为秦经济生活的重要构成。由秦律遗存可知,秦管理"市"的制度亦相当成熟。商路的畅通也促成了富国强兵事业的成功。李商隐诗云:"嬴氏并六合,所来因不韦。"(李商隐:《井泥四十韵》,《李义山诗集》卷下)通过吕不韦的政治表演可以察知,秦的政治传统并非绝对排斥商人参政。秦始皇时代不仅允许吕不韦这样的出身商人者把握最高执政权,在嬴政亲政之后对于乌氏倮和巴寡妇清的非常礼遇,以及《史记》卷一二九《货殖列传》记录的诸多秦商的成就,也可以真切反映当时商人的地位,有助于增进我们对秦行政史和经济史,以及秦统一前后政策风格的认识。

咸阳——长安文化重心地位的形成

　　《史记》卷五《秦本纪》记载，"（秦孝公）十二年，作为咸阳，筑冀阙，秦徙都之。"《史记》卷六《秦始皇本纪》："孝公享国二十四年。……其十三年，始都咸阳。"《史记》卷六八《商君列传》也写道："于是以鞅为大良造。……居三年，作为筑冀阙宫庭于咸阳，秦自雍徙都之。"

　　定都咸阳，是秦史具有重大意义的事件，也形成了秦国兴起的历史过程中的显著转折。定都咸阳，是秦政治史上的辉煌亮点。

　　秦的政治中心，随着秦史的发展，呈现由西而东逐步转移的轨迹。

　　秦人传说时代的历史，有先祖来自东方的说法。而比较明确的秦史记录，即从《史记》卷五《秦本纪》所谓"初有史以纪事"的秦文公时代起，秦人活动的中心，经历了这样的转徙过程：

西垂——汧渭之会——平阳——雍——咸阳

其基本趋势，是由西向东逐渐转移。

秦都由西垂东迁至于咸阳的过程，是与秦"东略之世"（王国维：《观堂集林》卷一二《秦都邑考》）国力不断壮大的历史同步的。秦迁都的历程，又有生态地理和经济地理的背景。

史念海先生曾经指出，"在形成古都的诸因素中，自然环境应居有一定的重要位置。都城的设置是不能离开自然环境的。如果忽略了自然环境，则有关都城的一些设想就无异成为空中楼阁，难得有若何着落。""都城的自然环境显示在地势、山川、土壤、气候、物产等方面。"[①] 徐卫民先生在总结秦都城变迁的历史规律时，也曾经提醒人们注意，"（自然环境）既是形成都城的基础因素，又可成为都城发展的限制性因素，加之不同历史时期的都城对自然环境的利用和要求的角度不同，因此就可能形成都城的迁徙。"他还指出："在东进的过程中，秦人也对占领区的地形环境进行观察，以便选择较为理想的地方作为都城，因而随着占领的土地越多，选择的机会也多起来"。他于是认为，秦都东迁的过程，"因此完全可以说是优化选择和

---

① 史念海：《中国古都和文化》，中华书局1998年7月版，第180页。

充分利用地理优势的过程。"① 这样的分析，无疑是正确的。然而我们如果从另一角度进一步考察择定新都的动机，还可以发现，秦人由西而东迁都的决策，有于生态条件和经济形式方面进行"优化选择"的因素。

秦人有早期以畜牧业作为主体经济形式的历史。

《史记》卷五《秦本纪》记载，"（秦先祖大费）佐舜调驯鸟兽，鸟兽多驯服，是为柏翳。""非子居犬丘，好马及畜，善养息之。犬丘人言之周孝王，孝王召使主马于汧渭之间，马大蕃息。""于是孝王曰：'昔伯翳为舜主畜，畜多息，故有土，赐姓嬴。今其后世亦为朕息马，朕其分土为附庸。'邑之秦，使复续嬴氏祀，号曰秦嬴。"秦最初立国，曾经得益于畜牧业的成功。

我们还应当看到，作为秦早期经济发展基地的西垂之地，长期是林产丰盛的地区。《汉书》卷二八下《地理志下》："天水、陇西，山多林木，民以板为室屋。""故《秦诗》曰'在其板屋'。"原生林繁密的生态条件，可以成为特殊的物产优势的基础，同时也在一定意义上表现出不利于农耕经营之发展的影响。《汉书》卷二八下《地理志下》说秦先祖柏益事迹，"为舜朕虞，养育草木鸟兽，赐姓嬴氏。"与《史记》卷五《秦本纪》记载"调驯鸟兽"有所

---

① 徐卫民：《秦都城研究》，陕西人民教育出版社 2000 年 1 月版，第 67 页。

不同，经营对象包括"草木"。所谓"养育草木"，暗示林业在秦早期经济形式中也曾经具有相当重要的地位。根据考古发现，当时"秦人起码已过着相对定居的生活"，"其饮食生活当以农作物的粮食为重要食物来源"，有的学者指出，"这完全不像人们一贯传统的说法，认为秦人当时是过着游牧、狩猎的生活。"[1] 注意秦人经营林业的历史，或许有助于理解有关现象。

自"武公卒，葬雍平阳"，以及"德公元年，初居雍城大郑宫"，又"卜居雍，后子孙饮马于河"（《史记》卷五《秦本纪》）之后，雍城成为秦的行政中心。建都于雍的秦国，已经明确将东进作为发展方向。雍城是生态条件十分适合农耕发展的富庶地区，距离周人早期经营农耕，创造的农业奇迹的所谓"周原膴膴"（《诗·大雅·緜》）的中心地域，东西不过咫尺。而许多学者是将其归入广义的"周原"的范围之内的。[2] 林剑鸣先生也明确说，"雍位于漳河上游的雍水附近，这里是周原最富庶的地区[3]"。

---

[1] 樊志民：《秦农业历史研究》，三秦出版社1997年9月版，第9—10页。

[2] 史念海：《周原的变迁》，《河山集》二集，三联书店1981年5月版，第214—231页；《周原的历史地理与周原考古》，《西北大学学报》（哲学社会科学版）1978年第2期，收入《河山集》三集，人民出版社1988年1月版，第357—373页。

[3] 林剑鸣：《秦史稿》，上海人民出版社1981年2月版，第43页。

秦人东向发展的历史进程，是以军事方式推进的。从秦穆公发起对晋国的战争，又"益国十二，开地千里，遂霸西戎"，到"献公即位，镇抚边境，徙治栎阳，且欲东伐，复缪公之故地"，至于秦孝公时，"十年，卫鞅为大良造，将兵围魏安邑，降之。"（《史记》卷五《秦本纪》）秦国以战争手段力克强敌，艰难发展，逐步扩张疆土。

还应当看到，在这一历史阶段，在与敌国进行持续的战争的同时，秦人又进行着与自然的持续的战争。

秦人由于从畜牧业经济中脱生不久，在文化传统方面还保留有许多旧时礼俗，于是被中原人仍然看作"夷翟""戎翟"。《史记》卷五《秦本纪》说，秦孝公以前，"秦僻在雍州，不与中国诸侯之会盟，夷翟遇之"，秦人以为"诸侯卑秦，丑莫大焉"。《六国年表》还写道："秦杂戎翟之俗"，"秦之德义不如鲁卫之暴戾。"（《史记》卷一五《六国年表》）

不过，以雍城为中心的秦国，实际上已经在农业经济的轨道上平稳运行了相当长的时间，并且取得了引人注目的成就。

雍城出土的铁制农具，是迄今所知我国发现最为集中的早期铁农具。[1]

---

[1] 王学理、尚志儒、呼林贵等：《秦物质文化史》，三秦出版社1994年6月版，第10—12页。

秦国农业的进步，还表现在秦穆公十二年的"汎舟之役"。《左传·僖公十三年》记载："冬，晋荐饥，使乞籴于秦。秦伯谓子桑：'与诸乎？'对曰：'重施而报，君将何求？重施而不报，其民必携；携而讨焉，无众必败。'谓百里：'与诸乎？'对曰：'天灾流行，国家代有。救灾恤邻，道也。行道有福。'丕郑之子豹在秦，请伐晋。秦伯曰：'其君是恶，其民何罪？'秦于是乎输粟于晋，自雍及绛相继，命之曰'汎舟之役'。"《史记》卷五《秦本纪》的记载略同："晋旱，来请粟。丕豹说缪公勿与，因其饥而伐之。缪公问公孙支，支曰：'饥穰更事耳，不可不与。'问百里傒，傒曰：'夷吾得罪于君，其百姓何罪？'于是用百里傒、公孙支言，卒与之粟。以船漕车转，自雍相望至绛。"

另一可以反映秦国农业成就的史例，是《史记》卷五《秦本纪》："戎王使由余于秦。由余，其先晋人也，亡入戎，能晋言。闻缪公贤，故使由余观秦。秦缪公示以宫室、积聚。由余曰：'使鬼为之，则劳神矣。使人为之，亦苦民矣。'"戎王使者由余来访，秦穆公展示"宫室、积聚"，炫耀国力，致使对方不得不惊叹。所谓"宫室、积聚"，后者是农耕经济的直接成就，前者是农耕经济的间接成就。

尽管以雍城为都城的秦国的农业水平已经相当成熟，

但是在与东方诸国的竞争中依然处于不利的地位。除了在文化传统和经济积累方面的不足而外，雍城的生态地理与经济地理条件与"岐以东"地方相比，也处于劣势。当时的雍城，临近林区和耕地的交界，也临近畜牧区和农业区的交界。正如樊志民先生所指出的，"关中西北的农牧交错地带，受生产类型之制约，只宜农牧兼营，维持相对较低的农牧负载水平。"[1] 与东方长期以农为本的强国比较，"秦僻在雍州"，形成了生态条件和经济背景的强烈反差，于是也成为致使"中国诸侯"不免"夷翟遇之"的因素之一。

在这样的形势下，秦孝公和商鞅为了谋求新的发展，决定迁都咸阳。

迁都咸阳的决策，有将都城从农耕区之边缘转移到农耕区之中心的用意。

秦自雍城迁都咸阳，实现了重要的历史转折。一些学者将"迁都咸阳"看作商鞅变法的内容之一，是十分准确的历史认识。翦伯赞主编《中国史纲要》在"秦商鞅变法"题下写道："公元前356年，商鞅下变法令"，"公元前350年，秦从雍（今陕西凤翔）迁都咸阳，商鞅又下第二次变法令，……"[2]。杨宽《战国史》（增订本）在"秦国

---

[1] 樊志民：《秦农业历史研究》，三秦出版社1997年版，第63页。
[2] 翦伯赞：《中国史纲要》，人民出版社1979年3月版，第75页。

卫鞅的变法"一节"卫鞅第二次变法"题下，将"迁都咸阳，修建宫殿"作为变法主要内容之一，又写道："咸阳位于秦国的中心地点，靠近渭河，附近物产丰富，交通便利。"[1] 林剑鸣《秦史稿》在"商鞅变法的实施"一节，也有"迁都咸阳"的内容。其中写道，"咸阳（在咸阳市窑店东）北依高原，南临渭河，适在秦岭怀抱，既便利往来，又便于取南山之产物，若浮渭而下，可直入黄河；在终南山与渭河之间就是通往函谷关的大道。"[2]

《史记》卷六八《商君列传》记载，商鞅颁布的新法，有这样的内容："僇力本业，耕织致粟帛多者复其身。事末利及怠而贫者，举以为收孥。"扩大农耕的规划，奖励农耕的法令，保护农耕的措施，使得秦国掀起了一个新的农业跃进的高潮。而这一历史变化的策划中心和指挥中心，就设在咸阳。

据《商君书·更法》，商鞅推行新法的第一道政令，就是《垦草令》。其内容现在已经难以确知。我们从《商君书·垦令》中，可能推知其主要内容。《商君书·垦令》提出了 20 种措施，一一论说，分别指出各条措施对

① 杨宽：《战国史》(增订本)，上海人民出版社 1998 年 3 月版，第 206 页。
② 林剑鸣：《秦史稿》，上海人民出版社 1981 年 2 月版，第 189 页。

于"垦草"的积极意义，如：1."农不敝而有余日，则草必垦矣。"2."少民学之不休，则草必垦矣。"3."国安不殆，勉农而不偷，则草必垦矣。"4."辟淫游惰之民无所于食，无所于食则必农，农则草必垦矣。"5."窳惰之农勉疾，商欲农，则草必垦矣。"6."意壹而气不淫，则草必垦矣。"7."农事不伤，农民益农，则草必垦矣。"8."逆旅之民无所于食，则必农，农则草必垦矣。"9."农慢惰倍欲之民无所于食；无所于食则必农，农则草必垦矣。"10."上不费粟，民不慢农，则草必垦矣。"11."褊急之民不斗，很刚之民不讼，怠惰之民不游，费资之民不作，巧谀恶心之民无变也；五民者不生于境内，则草必垦矣。"12."农静，诛愚乱农之民欲农，则草必垦矣。"13."余子不游事人，则必农，农则草必垦矣。"14."知农不离其故事，则草必垦矣。"15."农民不淫，国粟不劳，则草必垦矣。"16."农多日，征不烦，业不败，则草必垦矣。"17."农恶商，商疑惰，则草必垦矣。"18."农事必胜，则草必垦矣。"19."业不败农，则草必垦矣。"20."农民不败，则草必垦矣。"

以"垦草"作为新法的首要内容，体现了执政者大力发展农耕业的决心。其基本措施，是全面动员民众务农，严格约束非农业经营，为农业生产的发展提供各种政策保证。有的学者指出，商鞅倡行垦草、徕民，是主要针对关中东部的政策。"关中东部作为秦新占领的地区之一，土地垦殖率相对低于关中西部，有'垦草'之余地；人口密度相对小于三晋诸邻，有'徕民'之空间。"[①] 从这一角度理解商鞅推行《垦草令》的意义，秦定都咸阳所体现的进取意识，可以给人更深刻的印象。

大规模"垦草"促成的田土面积的空前扩大，可能超过了周人的经营范围，使得农产品富足一时，秦国于是成为实力强盛的农业大国。周天子以及东方列国都已经不能再无视这一以成功的农耕经济为基础的政治实体的存在了。

《史记》卷五《秦本纪》说，商鞅建议秦孝公"变法修刑，内务耕稼，外劝战死之赏罚"，新法的基本原则，是"内务耕稼"。商鞅变法在促成"耕稼"发展方面的成功，是在定都于咸阳之后取得的。

《史记》卷七《项羽本纪》记载："项王乃立章邯为雍王，王咸阳以西，都废丘。""立司马欣为塞王，王咸阳以东至河，都栎阳；"可见咸阳位于关中之中，是两分关中的中界，也是关中经济重心的坐标。正如有的学者所指出的，"咸阳位当关中平原的中心地带，恰在沣、渭交会以

---

① 樊志民：《秦农业历史研究》，三秦出版社 1997 年版，第 63 页。

西的大三角地带。这里有着大片的良田沃土，早为人们所开发利用，是个农产丰富的'奥区'。"① 咸阳在当时因生态地理与经济地理条件的优越，本身已经成为富足的"天府"，同时又具有能够领导关中地方的地位。

秦人在以咸阳为中心的祭祀格局中，河川崇拜的地位特别突出，值得我们重视。这就是所谓"霸、产、长水、沣、涝、泾、渭皆非大川，以近咸阳，尽得比山川祠"，以及"沣、滈有昭明、天子辟池"（《史记》卷而八《封禅书》）等。

后来的一些历史事实，如秦人大规模修建水利工程，以及秦始皇"更名河曰德水，以为水德之始"（《史记》卷六《秦始皇本纪》）等，都可以与以咸阳为中心的河川崇拜联系起来分析。而"近咸阳"诸水"尽得比山川祠"这一现象，显然与秦人始都咸阳之后因农业经济的发展对相关生态环境的特别重视有关。

咸阳形胜，因生态地理条件和经济地理形势的优越，而促成了秦始皇的帝业。汉并天下，定都长安，依然企图沿袭这一优势。《史记》卷九三《韩信卢绾列传》："绾封为长安侯。长安，故咸阳也。"《汉书》卷三四《卢绾传》也说："长安，故咸阳也。"又《史记》卷一○七《魏其武

---

① 王学理：《咸阳帝都记》，三秦出版社 1999 年 8 月版，第 41 页。

安侯列传》说到"渭城"，张守节《正义》："故咸阳也。"
《史记》卷八《高祖本纪》："高祖常繇咸阳。"司马贞《索
隐》："应劭云：'今长安也。'"所谓"长安，故咸阳也"，
咸阳"今长安也"，都说明了"咸阳—长安"事实上成为
一体的确定史实。当然，汉初这一地区的生态地理条件和
经济地理形势，与战国时期又有了新的变化。

早期中西交通线路上的丰镐与咸阳

　　虽然在中国正史的记录中，汉代外交家张骞正式开通丝绸之路的事迹被誉为"凿空"（《史记》卷一二三《大宛列传》）。但是，从新石器时代陶器器型和纹饰的特点，已经可以看到早期中西文化交流的相关迹象。小麦、家马和制车技术的由来，有自西而东的线索。一些古希腊雕塑和陶器彩绘人像表现出所着衣服柔细轻薄，因而有人推测公元前 5 世纪中国丝绸已经为希腊上层社会所喜好。

　　西周王朝和东周秦国以至后来的秦王朝，都曾经在关中中部今陕西西安附近地区设置行政中心。西周都城丰镐和秦都咸阳，在早期中西交通的开创事业中均曾据于重要的地位。

　　西周中期周穆王时代，史传这位君王向西北远行，创造了黄河流域居民开拓联络西方的交通道路的历史记录。《左传·昭公十二年》说"昔穆王欲肆其心，周行天下"。《竹书纪年》也有周穆王西征的明确记载。司马迁在《史记·秦本纪》和《赵世家》中，也记述了造父为周穆王驾车西行巡狩，见西王母，乐而忘归的故事。晋武帝时，有人在汲郡盗掘战国时期魏王的陵墓，从中得到简牍数十车。后来经过学者整理，获古书75篇，包括《竹书纪年》《穆天子传》等重要文献。《穆天子传》记载周穆王率领有关官员和七萃之士，驾乘八骏，由最出色的驭手造父等御车，由伯夭担任向导，从宗周出发，经由河宗、阳纡之山、西夏氏、河首、群玉山等地，西行来到西王母的邦国，与西王母互致友好之辞，宴饮唱和，并一同登山刻石纪念，又继续向西北行进，在大旷原围猎，然后千里驰行，返回宗周的事迹。许多研究者认为，周穆王西巡行程的终极，大致已经到达中亚吉尔吉斯斯坦的草原地区。有的学者甚至推测，穆天子西行可能已经在欧洲中部留下了足迹。与《穆天子传》同出于汲冢的《竹书纪年》通常被看作信史。而关于《穆天子传》的性质，历来存在不同的认识。有人曾经将其归入"起居注类"，有人则列入"别史类"或者"传记类"中。大致都看作历史记载。然而清人编纂的《四库全书》却又将其改隶"小说家类"。不过，许多学者注意到《穆天子传》中记录的名物制度一般都与古代礼书的内容大致相合，因此认为内容基本可信。可能正是出于这样的考虑，《四部丛刊》和《四部备要》仍然把《穆天子传》归入"史部"之中。对于《穆天子传》中

"天子西征至于玄池"的文句，刘师培解释说，"玄池即今咸海。"至于今哈萨克斯坦和乌兹别克斯坦之间，而"下文苦山、黄鼠山均在其西"。刘师培又说，"今咸海以西，波斯国界也。"（《穆天子传补释》）顾实对于穆天子西征路线又有较为具体的说明。他推定周穆王西至甘肃，入青海，登昆仑，走于阗，登帕米尔山，至兴都库什山，又经撒马尔罕等地，入在今伊朗地方的西王母之邦。又行历高加索山，北入欧洲大平原。在波兰休居三月，大猎而还。顾实认为，通过穆天子西行路线，可以认识上古时代亚欧两大陆东西交通之孔道已经初步形成的事实（《穆天子传西征讲疏》）。这当然只是一种意见。但是西周时期黄河中游地区交通西方的尝试，确实有历史遗迹可寻。云塘西周骨器制作遗址出土骆驼骨骼。位于丰镐的张家坡墓地出土玉器数量众多，玉质优异，制作精美。据检测，多为透闪石软玉的材料来自多个产地。上村岭 M2009 出土的 724 件（组）玉器，经鉴定，可知大部分为新疆和田玉。当时玉器东来的道路应当是畅通的。大致正是在周穆王时代前后，随葬车马与主墓分开，整车随马埋葬，舆后埋殉葬人的传统葬俗发生了变化，改变为将随葬的车辆拆散，将轮、轴、辕、衡、舆等部件陈放在主墓内，而将驾车马匹另行挖坑埋葬的形式[1]。这种葬俗可能更突出地表现了墓

---

[1] 张长寿、殷玮璋主编：《中国考古学·两周卷》，中国社会科学出版社 2004 年 12 月版，第 193、187、75 页。

主和车辆的密切关系。这些历史迹象，或许也与周穆王时代崇尚出行的风习有关。

作为周穆王西行出发点的宗周，可以看作前张骞时代中西交通线路的起点。

司马迁笔下为周穆王驾车的造父，是秦人的先祖。作为秦人在交通史上活跃表现之标志性符号的造父，后来以"御官"身份，姓名用以命名天上星座（《晋书》卷一一《天文志上》）。有意思的是，传东方朔《海内十洲记》写道，西王母告诉周穆王其国度与周王朝的空间距离："咸阳去此四十六万里。"这里不说"宗周"或者"丰镐"而说"咸阳"，是因为秦都咸阳在中西文化交流的交通体系中占有重要位置。商鞅变法，秦自雍迁都咸阳，确定了在关中中心方位领导农耕发展和东向进军的优胜条件，也同时继承了丰镐王气。秦人与西北民族有密切的交往，于是东方人以为"秦与戎翟同俗"（《史记》卷四四《魏世家》），因而"夷翟遇之"（《史记》卷五《秦本纪》）。秦墓出土的"铲脚袋足鬲"，有学者认为体现了"西北地区文化因素"。[①] 战国中期以后出现并成为墓葬形制主流的洞室墓，也被判定"并不是秦文化的固有因素"。有学者认为"可

---

① 滕铭予：《秦文化：从封国到帝国的考古学观察》，学苑出版社2003年1月版，第138页。

能是秦人吸收其他古文化的结果"①。其渊源大致来自西北甘青高原。源自更遥远地方的文化因素对秦文化风格的影响，突出表现于黄金制品在墓葬中的发现。马家塬墓地埋葬车马的特殊装饰，也显示了从未见于中原文化遗存的审美意识和制作工艺。至于秦文化对遥远的西北方向的影响，我们看到，哈萨克斯坦巴泽雷克5号墓出土了织锦刺绣，其风格表明来自中国。在这一地区公元前4世纪至前3世纪的墓葬中，还出土了有典型关中文化风格的秦式铜镜。史载西汉时匈奴人使役"秦人"，颜师古解释说："秦时有人亡入匈奴者，今其子孙尚号'秦人'。"（《汉书》卷九四上《匈奴传上》）西汉时西域地方也使用"秦人"称谓，颜师古注："谓中国人为秦人，习故言也。"东汉西域人仍然称汉人为"秦人"。② 其实，匈奴人使用的"秦人"称谓，应当理解为秦人经营西北，与草原民族交往的历史记忆的遗存。有的学者认为，"CHINA"的词源，应与"秦"的对外影响有关。实现统一之后的秦王朝对西北方向的特别关注，还表现"有大人长五丈，足履六尺，皆夷狄服，凡十二人，见于临洮"，于是"销天下兵器，作金

---

① 王学理主编：《秦物质文化史》，三秦出版社1994年6月版，第308页。

② 参看王子今：《〈龟兹左将军刘平国作关城诵〉考论——兼说"张骞凿空"》，《欧亚学刊》新7辑，商务印书馆2018年7月版。

人十二以象之"（《汉书》卷二七下之上《五行志下之上》）。
"金人十二，重各千石，置廷宫中"，成为咸阳宫的重要
景观。

　　咸阳继承了丰镐的作用，承担了联系中西交通的主导
责任。此后，汉唐长安也同样是在这一地区，建设了表现
出充沛的进取精神和能动力量的丝绸之路的东端起点。

秦都咸阳的"冀阙"

秦定都咸阳，在商鞅变法推行的系列政策中具有重要地位。秦自雍徙都咸阳，将国家行政中心从关中平原的边缘地方迁移到关中平原的中心地方，落实了农耕跃进的指挥机关所在的合理定位，随后实现了富国强兵，推动经济与军事进步的积极转折，成为秦扩张的历史和秦统一的历史的辉煌亮点。关于秦都咸阳城市建设，文献相关记载有限，考古工作所获得的发现，因多种条件限定，目前亦尚不足以提供完整充备的信息。在秦都咸阳的规划与经营中，"筑冀阙"是重要的城市建设主题之一。"冀阙"作为秦人的发明，在古都史中体现出创新价值。其实际作用和象征意义值得深入考察。秦都咸阳"冀阙"对后来都城格局有重要的影响。汉宫的"阙"在长安城格局中的多方面的历史作用，在一定意义上体现出对秦制的继承关系。秦汉都城的"阙"，对于中国古代都城史、中国古代宫廷史、中国古代建筑史、中国古代信息传播史、中国古代市民生活史研究，都是值得关注的学术对象。

秦都咸阳的建设，曾经首先注重"阙"的营造。

秦史进入秦孝公时代，开始以急进的节奏为向东方扩张进行政治建设和军事准备。《史记》卷五《秦本纪》记载，秦孝公建设咸阳，经营了新的国家行政中心："（孝公）十二年，作为咸阳，筑冀阙，秦徙都之。"关于"冀阙"，张守节《正义》："刘伯庄云：'冀犹记事，阙即象魏也。'"《史记》卷六《秦始皇本纪》关于秦孝公事迹，写道："孝公享国二十四年。葬弟圉。生惠文王。其十三年，始都咸阳。"张守节《正义》："《本纪》云'十二年作咸阳，筑冀阙'，是十三年始都之。"重视对"筑冀阙"的城市建设史的记述。《史记》卷六八《商君列传》也有关于"筑冀阙"的记载："作为筑冀阙宫庭于咸阳，秦自雍徙都之。"司马贞《索隐》："冀阙，即魏阙也。冀，记也。记列教令当于此门阙。"

"作为筑冀阙宫庭于咸阳"，是咸阳规划建设，为迁都提供基本条件的必要施工内容。而"筑冀阙"，可以看作迁都条件准备之最醒目的工程。

"筑冀阙"，未见于其他诸国建筑史的记载，可以看作秦人的建筑学发明。秦人重视他国建筑学成就的参考。《史记》卷六《秦始皇本纪》："秦每破诸侯，写放其宫室，作之咸阳北阪上，……"裴骃《集解》："徐广曰：'在长安西北，汉武时别名渭城。'"张守节《正义》："今咸阳县北阪上。"今咸阳渭城区发现六国宫殿遗存。张在明主编《中国文物地图集·陕西分册》著录：

　　A$_{8-6}$　"六国宫殿"（楚）遗址〔窑店乡毛王沟村·秦代〕位于秦咸阳城北部宫城西端。发现有建筑基址，曾出土楚国形制的瓦当。《史记》载，秦每灭一国，即在咸阳北阪仿建一座该国宫殿，此地当为"六国宫殿"中的楚国宫殿遗址。

　　A$_{8-7}$　"六国宫殿"（燕）遗址〔正阳乡柏家咀村·秦代〕位于秦咸阳城北部宫城东端。发现有建筑基址，曾出土燕国形制的瓦当。当为《史记》所载"六国宫殿"中的燕国宫殿遗址。[①]

　　尽管"秦每破诸侯，写放其宫室，作之咸阳北阪上"，体现出对东方六国美学理念和建筑技术学习借鉴的态度，但是秦人在宫殿区建设的宏大规划、象天设计、交通联络等方面，都显示了秦人都市建设方面独特的文化个性，也明显表现出超越东方六国的优越能力。

　　"筑冀阙"，也是秦宫廷与都城建设方面超强设计水准

---

① 张在明主编《中国文物地图集·陕西分册》，西安地图出版社1998年12月版，第195、348页。

和超高施工效率的重要表现之一。"十二年作咸阳，筑冀阙"，"其十三年，始都咸阳"，其工期的短暂，体现了行政效能非常之高。

由余的故事体现了秦人工程理念追求宏大的传统。《史记》卷五《秦本纪》记载"由余观秦"，秦穆公以"宫室、积聚"炫耀的情形："戎王使由余于秦。由余，其先晋人也，亡入戎，能晋言。闻缪公贤，故使由余观秦。秦缪公示以宫室、积聚。由余曰：'使鬼为之，则劳神矣。使人为之，亦苦民矣。'"

秦工程史的若干迹象，反映了好大喜功的追求。

《史记》卷六八《商君列传》曾经记载赵良和商鞅有关"治秦"行政方略的讨论。商鞅自谓其政风可以与"五羖大夫"比类："商君曰：'始秦戎翟之教，父子无别，同室而居。今我更制其教，而为其男女之别，大筑冀阙，营如鲁卫矣。子观我治秦也，孰与五羖大夫贤？'"赵良则不以为然，反而批评商鞅行政"不以百姓为事"，不可以与"五羖大夫"相提并论："赵良曰：'夫五羖大夫，荆之鄙人也。闻秦缪公之贤而愿望见，行而无资，自粥于秦客，被褐食牛。期年，缪公知之，举之牛口之下，而加之百姓之上，秦国莫敢望焉。相秦六七年，而东伐郑，三置晋国之君，一救荆国之祸。发教封内，而巴人致贡；施德诸侯，而八戎来服。由余闻之，款关请见。五羖大夫之相秦也，劳不坐乘，暑不张盖，行于国中，不从车乘，不操干戈，功名藏于府库，德行施于后世。五羖大夫死，秦国男女流涕，童子不歌谣，舂者不相杵。此五羖大夫之德。今君之见秦王也，因嬖人景监以为主，非所以为名也。相秦不以百姓为事，而大筑冀阙，非所以为功也。……'"赵良颂扬五羖大夫的"功名""德行"，以为商鞅相比较，于"非所以为名也"及此"非所以为功也"之外，又说"非所以为教也"，"非所以为寿也"，"非所以得人也"。并且劝其"归十五都，灌园于鄙"，退出政治权力中心，而"商君弗从"。

我们看到，讨论的双方都重视"大筑冀阙"事。商君炫耀"大筑冀阙"，自诩"观我治秦也，孰与五羖大夫贤"。赵良则说："相秦不以百姓为事，而大筑冀阙，非所以为功也。"

较《史记》卷五《秦本纪》"作为咸阳，筑冀阙"，《史记》卷六八《商君列传》"作为筑冀阙宫庭于咸阳"有所不同，这里商君和赵良都说"大筑冀阙"，突出了一个"大"字。

"大筑冀阙"，应强调了"冀阙"建筑之宏伟与施工之艰巨。秦穆公的"宫室积聚"，郑国渠、都江堰、灵渠等水利工程，治驰道，长城与"直道"，丽山工程与阿房宫工程，都体现了秦"兴功""兴功作"追求宏大规模的传统。秦始皇以为"先王之宫廷小",于是"营作朝宫渭南上林苑中"（《史记》卷六《秦始皇本纪》），嫌弃旧有"宫廷"其"小"，明确表露对"大"的追求。而新的"营作"自然力求其"大"。

在秦工程史的记忆中，"冀阙"营造也是在当时城市建设的基点上，在当时国家财力的条件下好"大"建筑理念的体现，因此特别值得关注。"冀阙"的"冀"，可推知与"大"有关。"冀，大也"释读"冀阙"之"冀"，理解为高大之形容，可能是适宜的。此"冀，大也"，"大"犹言"壮"。萧何为刘邦营造长安宫阙，亦追求"壮"。借"萧丞相营作未央宫，立东阙、北阙、前殿、武库、太仓"，"宫阙壮甚"的"壮"，有益于理解"冀阙"名义。萧何对于刘邦质疑的回答，即"非壮丽无以重威"（《史记》卷八《高祖本纪》）。这很可能正是秦孝公和商鞅营造"冀阙"的目的《续汉书·舆服志上》："《易·震》乘《乾》，谓之《大壮》，言器莫能有上之者也。"所谓"冀""大""壮"语义，应当是非常接近的。"冀阙"之"冀"，因此亦近"象魏"之"魏"。建筑设计追求，即以高大壮丽，达到"莫能有上之者也"的效果。秦都咸阳的"冀阙"营造，可以看作后来西汉长安宫廷建筑追求高度的风习的历史先声。①

---

① 参看王子今：《西汉长安都城建设的立体化倾向》，《长安大学学报》（社会科学版）2015年第4期。

对"冀阙"名义的理解，前引《史记》卷五《秦本纪》张守节《正义》："刘伯庄云：'冀犹记事，阙即象魏也。'"《史记》卷六八《商君列传》司马贞《索隐》："冀阙，即魏阙也。冀，记也。记列教令当于此门阙。"所谓"记事"以及"记列教令"，似乎商鞅时代已经考虑到阙前作为公共空间进行行政宣传的功能。①

---

① 参看王子今：《西汉长安的公共空间》，《中国历史地理论丛》2012 年第 1 期。

咸阳与郢的联系及"秦客公孙鞅"使楚

春秋时期多见秦人和晋人通婚的情形。所谓"秦晋之好",反映了区域文化史和婚姻关系史的一个特殊的侧面。

秦国和楚国也有特殊的关系。两国的发展路径,也有相似之处。

来自东方的秦人最初的根据地在西汉水上游,今天甘肃礼县地方。后来因畜牧业经营的优胜,进入汧水和渭水交汇的地方,又借助两周交替的契机,控制了关中平原西部,立国后逐步向东发展。

据清华简《楚居》透露的资料,有的学者认为,曾经集结于今鄂西地区的楚人也曾经在秦岭南北活动,后来循丹江进入江汉平原,成就了建国事业。

秦人由黄河流域进入长江流域,获得早期发展的条件,又转向黄河流域。楚人由长江流域可能也曾进入黄河流域,再由丹江水系南下江汉。秦国和楚国,前者在西面,后者在南面,曾经分别形成对中原国家的威胁。

秦国和楚国地域亲近，关系特殊。正如战国游士所说，"秦与楚接境壤界，固形亲之国也"。正是在楚"与秦亲"的形势下，后来成为宣太后的芈姓楚国女子出嫁秦国。

秦楚通婚，其实久有传统，张仪曾建议楚怀王："请以秦女为大王箕帚之妾"（《史记》卷七〇《张仪列传》）。此前则有楚平王使人往秦国为太子娶妇，得知"秦女好"，竟然"自娶秦女"，"更为太子娶"的故事（《史记》卷四〇《楚世家》）。这一情形，后来导致楚平王父子的矛盾以及伍奢家族的悲剧，进而引发了楚国的国难。

著名的嫁为秦妇的楚女，又有后来成为秦孝文王后的华阳夫人。秦孝文王是秦昭襄王的继承人。吕不韦进行政治投资，支持异人谋求成为王位继承人的机会。他让异人穿"楚服"谒见"无子"的华阳夫人，果然博得其欢心："不韦使楚服而见。王后悦其状，高其智，曰：'吾楚人也。'而自子之，乃变其名曰楚。"异人"楚服而见"直接导致"王后悦其状"并更其名为"子楚"。

吕不韦以"使楚服而见"的巧妙策略，成功地撩动了华阳夫人潜在心底的思乡之情。

后来成为宣太后的芈姓女子由楚入秦，应当是通过武关道进入关中平原的。武关在今陕西商南。武关道以最便捷的方式沟通河渭地区和江汉地区，很早就已经成为重要的战略道路。

武关道作为联系秦、楚的交通通路，同时因行经的丹江川道形势重要，曾经为秦、楚反复争夺。

武关道上曾经发生很多秦国与楚国之间生动的历史故事。

楚平王信用佞臣无忌，逼太子建出亡，杀害直臣伍奢及其子伍尚。伍奢另一子伍员即伍子胥被迫流亡国外，后来率吴军伐楚，击败楚军主力，占领楚都郢。传说伍子胥以鞭尸方式为父兄报仇。传统戏曲中，高文秀《伍子胥弃子走樊城》、郑廷玉《楚昭王疏者下船》、吴昌龄《浣纱女抱石投江》、李寿卿《说鱄诸伍员吹箫》等，都是讲述这段故事的。当伍子胥率吴军破楚后，楚臣申包胥往秦国求得救兵，终于使楚复国。值得我们注意的，是传统剧目中有孟称舜《二胥记》，明崇祯刊本，记述了伍子胥覆楚，申包胥复楚的事迹，标目有"孝伍员报怨起吴兵，忠包胥仗义哭秦庭"字样。对于这段历史，《史记》卷五《秦本纪》有这样的记载："（秦）哀公八年，楚公子弃疾弑灵王而自立，是为平王。""十一年，楚平王来求秦女为太子建妻。至国，女好而自娶之。""十五年，楚平王欲诛建，建亡；伍子胥奔吴。……""三十一年，吴王阖闾与伍子胥伐楚，楚王亡奔随，吴遂入郢。楚大夫申包胥来告急，七日不食，日夜哭泣。于是秦乃发五百乘救楚，败吴师。吴师归，楚昭王乃得复入郢。"本来应当是楚太子建的妻子，后来为楚平王所霸占的"秦女"，是经由武关道自秦国至于楚国的。二十年之后出发救楚的秦军"五百乘"兵车，也是经由武关道自秦国至于楚国的。秦都咸阳和楚都郢，因武关道实现了便利的交通。

唐人胡曾的咏史诗《秦庭》于是写道："楚国君臣草莽间，吴王戈甲未东还。包胥不动咸阳哭，争得秦兵出武关？"至于"申包胥来告急"，自然也是经行这条道路。

申包胥求救于秦的情形，《左传·定公四年》说，"立依于庭墙而哭，日夜不绝声，勺饮不入口，七日。"终于使秦哀公感动，秦师于是出征。对于申包胥这次武关道之行，郑廷玉《楚昭王疏者下船》用这样的语句形容，"山遥水远路三千"，"晓行晚宿无辞惮"。

申包胥求救成功，按照文学家的表述，秦国国君的说法，竟然也与这条古驿道上的交通设施"驿亭""邮亭"有关："有楚大夫申包胥前来借兵求救，某坚意不允。不意包胥在驿亭中，依墙而哭，七昼夜不绝，遂将邮亭哭倒。我想此人真烈士也，我如今要借兵与他。"

武关道是上古时代联系秦地和楚地的重要通道。由江汉平原至关中平原，这是最方便的路线。历史地理学者史念海曾经论证，此即"秦始皇二十八年北归及三十七年南游之途也"①。秦始皇二十八年（前219）之行，得到睡虎地秦简《编年记》"【廿八年】，今过安陆"（三五贰）的证实。② 其实，在实现统一之前，秦王政二十三年（前224），"秦王游至郢陈"（《史记·秦始皇本纪》），很可能也经由此道。也就是说，这条道路秦始皇或许曾三次经行。秦末，刘邦由这条道路先项羽入关。由《史记》卷一二九《货殖列传》"南阳西通武关"可知，因南阳地方"成为当时联络南北地区的最大商业城市和经济重心"，这条道路形成"交通盛况"。③

这条道路在历史上发生重要作用的另一件实例，是汉景帝时代周亚夫出征平定吴楚七国之乱的事迹。汉文帝曾经视察周亚夫屯驻的细柳营，体会他治军之严，曾经感叹道："嗟乎，此真将军矣！"于是汉文帝临终时，对于太子有周亚夫可以在危难时将兵的告诫。汉文帝去世，汉景帝即位后即拜周亚夫为车骑将军。面临吴楚七国之乱，汉景帝任用周亚夫为太尉，作为最高统帅，往东方平定叛乱。周亚夫乘坐当时驰传系统中等级最高的"六乘传"出发平

---

① 史念海：《秦汉时代国内之交通路线》，《文史杂志》3 卷第 1、2 期，收入《河山集》四集，陕西师范大学出版社 1991 年 12 月版。

② 睡虎地秦墓竹简整理小组：《睡虎地秦墓竹简》，文物出版社 1990 年 9 月版，释文第 7 页。

③ 王文楚：《历史时期南阳盆地与中原地区间的交通发展》，《古代交通地理丛考》，中华书局 1996 年 7 月版，第 4—5 页。

叛。"六乘传"见诸史籍只有两例，另一例是汉文帝以代王身份入长安继承帝位时，也曾经乘坐"六乘传"（《史记》卷九《吕太后本纪》）。周亚夫行至长安以东的霸上，赵涉阻挡车队，劝告说：吴王长期以来财力雄厚，豢养一批敢死之士。现在知道将军将要东行，一定会派遣间谍刺客潜伏于殽山、渑池地方的崇山险道之间等待。而且兵事神秘，军机不宜泄露，将军何不由此折向右行，走蓝田（今陕西蓝田西），出武关（今陕西商南南），抵雒阳（今河南洛阳），行程相差不过一两天，至雒阳后，直入武库，击鸣鼓，东方诸侯闻之，将以为将军从天而降也。赵涉的建议，不仅能够避开吴王派遣的刺客，也有益于保守军事机密，可以予叛军以突然的震撼。太尉周亚夫采纳了赵涉的建议，从武关道迂回抵达雒阳。他派人搜查殽山、渑池之间，果然发现了吴王派置的伏兵。周亚夫以赵涉建议的正确，向汉景帝推荐，任用他为护军。

作为一条重要的道路，"武关道"这一名称的出现，最初见于《后汉书》卷六六《王允传》的记载。王允看到董卓扰乱朝纲，祸害社会越来越严重，于是密谋诛杀之。他建议任命护羌校尉杨瓒行作将军事，执金吾士孙瑞为南阳太守，一同率兵出"武关道"，这次军队调动以讨伐袁术为名，实际上是准备分路征董卓。但是这一计谋似乎被董卓识破，计划没有能够实现。

另一处记载，见于《三国志》卷八《魏书·张鲁传》裴松之注引《魏略》。其中写道，蓝田人刘雄鸣在东汉末年的动乱中聚集了武装力量，被州郡地方政府任命为小将。为马超击破后，归顺曹操。曹操建议朝廷拜为将军，希望他召集部党，安定一方。然而其部党不愿意归于曹操，于是又叛离。其力量逐渐壮大，有众数千人，控制了武关道口。最终为夏侯渊击溃。

在后来成为宣太后的芈姓楚女出嫁秦国大约300年后，在中国历史上也许知名度更高的另一位楚女，也经过这条道路从楚地来到关中长安。她就是远嫁匈奴的王昭君。王昭君至长安入宫，沿途应满足高度缜密和绝对安全的要求，必然依赖驿传体系的交通保障。经行武关道应当是合理的选择。而武关道的通行条件，当时达到最高等级的水准。

作为许多位出身楚地的美女北上的通路，武关道上经历过丽人的倩影，飘荡过脂粉的香气，也保留了若干珍贵的历史记忆。

主持成功变法的政治家商鞅，封地就在武关道上。陕西丹凤古城镇发现的战国古城遗址，经调查发掘，确定是商鞅所封商。

商鞅进入秦国执政集团上层之后，曾经制定法律，操作行政，也曾经率军作战。但是人们可能会忽略他在外交方面的表现。从考古发掘收获的楚简资料得知，他曾经作为使节出使楚国。

"客"的出现及其在社会活动中的积极表演，是东周时期重要历史文化现象。中国古代社会交往史由此进入一个活跃的阶段。楚简发现"秦客公孙鞅""秦客公孙紾"简文，对于了解商鞅的个人表现，以及当时的秦楚关系，提供了重要的信息。秦国强势政治人物商鞅曾经至楚国活动，史家前所未知。我们对于秦楚交往的密度和热度，因此可以有新的理解。

《战国策》中"客"的身份，可见"秦客""楚客""燕客""梁客""魏客""韩客""卫客""晋鄙客"等。马王堆汉墓出土帛书《战国纵横家书》也出现"秦客卿"字样。而多有苏秦事迹的记述。而苏秦就是以"客"的身份游走各国的。他还曾经"亡走齐，齐宣王以为客卿"（《史记》卷六九《苏秦列传》）。《战国纵横家书》有《苏秦谓陈轸章》，说到"今者秦立于门，客有言曰：……"①，《史记》卷四六《田敬仲完世家》与此对应的内容则说苏代事，其文字作："今者臣立于门，客有言曰：……。"

在有关"客"的历史遗存中，"秦客"的活跃，有醒

① 裘锡圭主编，湖南省博物馆、复旦大学出土文献与中国古代文明研究中心编纂：《长沙马王堆汉墓简帛集成》（叁），中华书局2014年6月版，第252页。

目的表现。

《吕氏春秋·应言》："魏令孟卬割绛、汾、安邑之地以与秦王。王喜，令起贾为孟卬求司徒于魏王。魏王不说，应起贾曰：'卬，寡人之臣也。寡人宁以臧为司徒，无用卬。愿大王之更以他人诏之也。'起贾出，遇孟卬于廷，曰：'公之事何如？'起贾曰：'公甚贱于公之主。公之主曰：宁用臧为司徒，无用公。'孟卬入见，谓魏王曰：'秦客何言？'王曰：'求以女为司徒。'孟卬曰：'王应之谓何？'王曰：'宁以臧，无用卬也。'"此说"秦客"，即秦王指令"为孟卬求司徒于魏王"的起贾。《孟子·公孙丑上》："……曰：'诐辞知其所蔽，淫辞知其所陷，邪辞知其所离，遁辞知其所穷。'"赵岐注："隐遁之辞，若秦客之廋辞于朝，能知其欲以穷晋诸大夫也。"焦循疏："秦客廋辞于朝事，见《国语·晋语》。"《国语·晋语五》写道："范文子暮退于朝。武子曰：'何暮也？'对曰：'有秦客廋辞于朝，大夫莫之能对也，吾知三焉。'"这里所谓"秦客"，也是执行外交使命的国家代表。

《战国策·西周策》"秦令樗里疾以车百乘入周"："秦令樗里疾以车百乘入周，周君迎之以卒，甚敬。楚王怒，让周，以其重秦客。"《史记》卷七一《樗里子甘茂列传》："秦使甘茂攻韩，拔宜阳。使樗里子以车百乘入周。周以卒迎之，意甚敬。楚王怒，让周，以其重秦客。"关于樗里疾使命和职任，虽然只言"秦令"或"秦使""以车百乘入周"，而出现在周王室面前，且在国际关系中形成影响的形象，是"秦客"。《史记》卷六八《商君列传》："赵良曰：'夫五羖大夫，荆之鄙人也。闻秦缪公之贤而愿望见，行而无资，自粥于秦客，被褐食牛。期年，缪公知之，举之牛口之下，而加之百姓之上，秦国莫敢望焉。'"此"秦客"，应当也是当时活动于"荆"的秦国代表。

江陵秦家嘴楚墓 M1、M13、M99 都出土竹简。发掘者认为，"其下限年代当在战国晚期早段，即公元前 278 年以前。"[①]M1 出土的第 1 简可见"周客"。M99 第 15 简：

秦客公孙鞅聘于楚之岁，八月庚子之日，野以其有病之。

据晏昌贵的判断："'公孙鞅'即'商鞅'，……此条纪年当在前 356 年至前 340 年之间。"[②]

江陵天星观 1 号墓出土竹简也有记录"秦客公孙鞅

① 荆沙铁路考古队：《江陵秦家咀秦墓发掘简报》，《江汉考古》1988 年第 2 期。

② 晏昌贵：《秦家嘴"卜筮祭祷"简释文辑校》，《湖北大学学报》（哲学社会科学版）2005 年第 1 期。

（鞅）"曾经在楚地有所活动的简文：

> 秦客公孙紻（鞅）闻（问）王于蔵郢之岁。 [1]

前例称"秦客公孙鞅聘于楚"，此言"秦客公孙紻（鞅）闻（问）王"，应当都是作为国家外交代表从事着高层次的活动。

这两条简文，提供了反映商鞅以"秦客"身份在楚地活动的重要史料。商鞅很可能由武关道入楚。[2] 经过他的封地商邑 [3]，交通最为近便。

简文出现的"秦客公孙鞅"、"秦客公孙紻"，应当就是商鞅。《史记》卷六八《商君列传》记载："商君者，卫之诸庶孽公子也，名鞅，姓公孙氏，其祖本姬姓也。鞅少好刑名之学，事魏相公叔座为中庶子。公叔座知其贤，未及进。会座病，魏惠王亲往问病，曰：'公叔病有如不可讳，将奈社稷何？'公叔曰：'座之中庶子公孙鞅，年虽少，有奇才，愿王举国而听之。'王嘿然。……惠王

---

① 湖北省荆州地区博物馆：《江陵天星观 1 号楚墓》，《考古学报》1982 年第 1 期。
② 王子今：《武关·武候·武关候：论战国秦汉武关位置与武关道走向》，《中国历史地理论丛》2018 年第 1 期。
③ 王子今、周苏平、焦南峰：《陕西丹凤商邑遗址》，《考古》1989 年第 7 期。

既去，而谓左右曰：'公叔病甚，悲乎，欲令寡人以国听公孙鞅也，岂不悖哉！'公叔既死，公孙鞅闻秦孝公下令国中求贤者，将修缪公之业，东复侵地，乃遂西入秦，因孝公宠臣景监以求见孝公。"《史记》多称其本名"公孙鞅"。《史记》卷三七《卫康叔世家》："成侯十一年，公孙鞅入秦。"《史记》卷一五《六国年表》："卫公孙鞅为大良造，伐安邑，降之。"《史记》卷七九《范雎蔡泽列传》："夫公孙鞅之事孝公也，极身无贰虑，尽公而不顾私。"

《史记》中，"商君"48见，"卫鞅"24见，"商鞅"7见，"公孙鞅"6见。虽然"公孙鞅"出现最少，但却是他的本来姓名。即《史记》卷六八《商君列传》所谓"名鞅，姓公孙氏"。

楚简所见"秦客公孙鞅""秦客公孙紻（鞅）"，记载这位秦国权贵，也是秦国行政最高决策者，曾经"聘于楚"，"闻（问）王于菣郢"，即前往楚国有所活动。这应当是秦楚外交史的珍贵记录。战国史籍未见相关记载，而出土文献保留了秦国与楚国交往史迹中这非常重要的一页。

战国时有"天下莫强于秦、楚"(《史记》卷七八《春申君列传》)的形势判断。秦国和楚国地域亲近，关系特殊。正如战国游士所说，"秦与楚接境壤界，固形亲之国也"

（《史记》卷七〇《张仪列传》）。而楚有多"与秦亲"的历史表现（《史记》卷七〇《张仪列传》）。虽频繁争战，亦往往交好。在新的资料支持下研究秦楚外交史，应当可以取得新的认识。

所谓"秦客公孙鞅聘于楚"以及"秦客公孙䄣（鞅）闻（问）王于菟郢"，说明身份为"秦客"的公孙鞅参与了楚国高层政治生活。

有关商鞅历史表现的研究论著都没有说到他曾经活动于楚国的事迹，这是因为史籍记载有限的缘故。杨宽《商鞅变法》言"商鞅诞生于卫国"，"入秦"，"东伐"。[1] 谷滋《商鞅简介》也只说他是"战国中期卫国人"，"到了秦国"，"在秦国变法"，曾经"东伐魏国"。[2] 郑良树《商鞅及其学派》说，"对秦国及秦朝而言，没有什么比商鞅及商学派更重要了。"对于商鞅事迹，指出："在国内，开发全国经济，动员全国生产力量，又提高法治及法治效能；在国外，发动军事战争，消灭山东六国。"[3] 涉及"山东六国"，显然只是概说其战略方向。而称其学派为"商学派"，提示了其封地为"商"的标志性意义。而"商"正

---

[1] 杨宽：《商鞅变法》，上海人民出版社 1955 年版，第 8、16、55 页。

[2] 北京大学谷滋：《商鞅简介》，《北京日报》1974 年 6 月 15 日。

[3] 郑良树：《商鞅及其学派》，上海古籍出版社 1989 年 4 月版，第 4 页。

位于秦楚曾经先后用心经营的丹江通道上。有的论著列录《商鞅的年表》，只记述了他在魏国和秦国的行迹①。出土楚简"秦客公孙鞅""秦客公孙䄅（鞅）"文字因此具有特别值得重视的秦史与楚史史料价值。

①　陈启天：《商鞅评传》，台湾商务印书馆 1967 年 5 月版，第 22—25 页。

《燕丹子》"秦王为机发之桥"传说

《水经注·渭水下》引录《燕丹子》，说到秦王为谋害燕太子丹，特意"为机发之桥"事：

> 《燕丹子》曰：燕太子丹质于秦，秦王遇之无礼，乃求归。秦王为机发之桥，欲以陷丹。丹过之，桥不为发。又一说：交龙扶舉而机不发。但言，今不知其故处也。

虽然说"今不知其故处也"，但是郦道元将这段文字置于"（渭水）又东过长安县北"句下。《燕丹子》载录"秦王为机发之桥，欲以陷丹"故事曾经形成相当广泛的社会影响。对于《燕丹子》这段文字，《艺文类聚》《太平御览》均予引录。《七国考》卷一四《秦琐征》"机发桥"条，也采信这一传说。对于所谓"丹过之，桥不为发"，还有一种解说，言

"丹驱驰过之，而桥不发"①，就是说燕太子丹因快速通过可能使得"机发之桥"的启动装置来不及反应。

《燕丹子》成书年代未能确知。孙星衍刻本序文以为"审是先秦古书"。《文献通考·经籍考》引《周氏涉笔》说："似是《史记》事本也。"胡应麟《少室山房笔丛》卷三二《四部正讹》认为出自"汉末文士"之手，《四库全书总目提要》承袭胡应麟说，认为其书在唐以前，而出于应劭、王充之后。鲁迅《中国小说史略》则称"汉前之《燕丹子》"。有学者说："看来《燕丹子》的文字可能曾有所删改增饰，但这个故事在汉代已基本定型，则是不能轻易否定的。"②罗根泽判定"其时代上不过宋，下不过梁，盖在萧齐之世"③。前引《水经注》使用《燕丹子》文字，显然是值得注意的。现在看来，"秦王为机发之桥"的传说，其实很可能是有秦人桥梁建造与机械发明相结合的历史实际以为真实背景的④。

① 张华撰，周日用等注，范宁校证：《博物志校证》卷八《史补》，中华书局 1980 年版，第 95 页。

② 程毅中《〈燕丹子〉点校说明》，无名氏撰，程毅中点校：《燕丹子》，中华书局 1985 年 1 月版，第 1—33 页。

③ 罗根泽：《〈燕丹子〉真伪年代之旧说与新考》，罗根泽编著：《古史辨》第 6 辑，上海古籍出版社 1982 年 11 月版，第 359—365 页。

④ 参看王子今：《秦统一原因的技术层面考察》，《社会科学战线》2009 年第 9 期。

《墨子·备城门》说到城防体系中“为发梁而机巧之”的防卫技术，有“引机发梁”的设计：

> 去城门五步大堑之，高地三丈，下地至泉，三尺而止，施栈其中，上为发梁而机巧之，比传薪土，使可道行，旁有沟垒，毋可踰越，而出佻且北，适人遂入，引机发梁，适人可禽。适人恐惧，而有疑心，因而离。

岑仲勉称之为“发梁诱敌之法”。他解释说：“编板曰栈，小桥亦曰栈，施栈横堑，栈面傅以薪土，状若通道，栈之上预悬机械性之发梁，然后佻（同挑）战诈败（即通俗之‘且战且北’），诱敌入来，发县梁以阻之。《太白阴经》：‘转关桥一梁；为桥梁，端著横栝，拔去栝，桥转关，人马不得渡，皆倾水，秦用此桥以杀燕丹。’《通典》认为转关板桥。‘因而离’者，言敌恐中机，不敢追入而离去也。”①于这种防卫设施，有学者解释说：“在壕沟上架设栈道，栈板上设‘悬梁’，即吊桥，装置可以活动的机关。”“派兵出城挑战，并假装战败逃回，引诱敌人走栈道板，引发悬梁之机关，吊起悬梁，敌人便可擒拿。”这

① 岑仲勉：《墨子城守各篇简注》，中华书局1958年1月版，第37—38页。

种"为发梁而机巧之"的特殊桥梁,《武经总要》称作"机桥"①。

《墨子》书比较集中地体现了早期机械学的成就,于是《抱朴子》内篇《辩问》有"夫班输倕狄,机械之圣也"的说法。《抱朴子》内篇《论仙》作"班狄",即公输班和墨翟的并称。"班狄",或写作"班墨"。《吕氏春秋》研究者曾经指出《墨子》学说在秦地的影响②。有墨学研究者以为,"《号令》篇所言令丞尉、三老、五大夫、太守、关内侯、公乘,皆秦时官,其号令亦秦时法,而篇首称王,更非战国以前人语,此盖出于商鞅辈所为,而世之为墨学者取以益其书也。"③蒙文通说,"自《备城门》以下诸篇,备见秦人独有之制,何以谓其不为秦人之书?""其为秦墨之书无惑矣!"④岑仲勉说,《墨子》"城守""这几篇最少一部分是秦人所写,殆已毫无疑问。"⑤

① 谭家健:《墨子研究》,贵州教育出版社1995年版,第338页。
② 李峻之:《〈吕氏春秋〉中古书辑佚》,刘汝霖:《〈吕氏春秋〉之分析》,罗根泽编著:《古史辨》第6辑,上海古籍出版社1982年11月版,第321—339页。
③ 苏时学:《墨子刊误》,转见孙诒让著,孙以楷点校:《墨子间诂》,中华书局1986年2月版,第540页。
④ 蒙文通:《论墨学源流与儒墨汇合》,《蒙文通文集》第1卷《古学甄微》,巴蜀书社1987年7月版,第221—228页。
⑤ 岑仲勉:《〈墨子城守各篇简注〉再序》,中华书局1958年6月版,第8页。

《城守》诸篇，陈直以为是秦代兵家著作[①]，于豪亮、李均明判定"是秦国墨家的著作，叙述的是秦国的事"[②]，李学勤则论证是秦惠文王及其以后秦国墨者的著作[③]。类似的意见如果能够成立[④]，则《墨子·备城门》所谓"为发梁而机巧之"的设计，是可以为《燕丹子》"机发之桥"故事提供助证的。有的学者指出，"秦国的墨者是'从事'一派"，"这些墨者在秦所从何事？""这至少体现在两个方面：一是从事兵法的应用研究提供军事技术服务；二是从事官营手工业的生产管理和技术支持。"[⑤]《墨子·备城门》所谓"为发梁而机巧之"，是"军事技术"，也是交通技术、建筑技术。其中最具先进意义的内容，自然是所谓"机巧"[⑥]。

---

① 陈直：《〈墨子·备城门〉等篇与居延汉简》，《中国史研究》1980 年第 1 期，收入《文物考古论丛》，天津古籍出版社 1988 年 10 版，第 246—269 页。

② 于豪亮、李均明：《秦简所反映的军事制度》，中华书局编辑部编：《云梦秦简研究》，中华书局 1981 年 7 月版，第 152—170 页。

③ 李学勤：《秦简与〈墨子〉城守各篇》，中华书局编辑部编：《云梦秦简研究》，中华书局 1981 年 7 月版，第 324—335 页。

④ 参看史党社：《〈墨子〉城守诸篇研究述评》，《秦文化研究》第 7 辑，西北大学出版社 1999 年 5 月版，第 153—182 页。

⑤ 臧知非：《〈墨子〉、墨家与秦国政治》，《人文杂志》2002 年第 2 期。

⑥ 王子今：《秦人的机械发明》，《国学学刊》2009 年第 1 期。

《燕丹子》"秦王为机发之桥，欲以陷丹"故事，提供了秦人机械发明的重要信息。当然，作为交通史料的意义尤其重要[①]。这里以为还有必要向大家提示的，是郦道元将这段文字置于"（渭水）又东过长安县北"句下。也就是说，他可能认为这一传说的原生地点，与长安有关。

考古学者李毓芳、刘瑞主持的汉长安城北渭桥遗址的发掘，有关于秦代桥址的重要发现。进一步工作的收获，或许可以扩展并提升我们对于秦桥梁工程技术水准的认识。

---

① 王子今：《"秦桥"考议：再论秦交通优势》，《史学月刊》2020年第 5 期。

关于"始皇为微行咸阳""夜出逢盗兰池"

出行，是秦始皇重要行政方式之一。统一战争中，秦始皇曾 3 次出行[①]。统一之后，又曾 5 次出行。由于是秦始皇重要行政方式，《史记》卷六《秦始皇本纪》对于秦始皇行迹的记录比较详尽，而其中博浪沙"为盗所惊"情形及"微行""逢盗兰池"事颇值得重视。

秦始皇以"临察四方"，"存定四极"（《史记》卷六《秦始皇本纪》）为政治志向，实现统一之后，次年，即秦始皇二十七年（前 220）就有"巡陇西、北地，出鸡头山，过回中"的巡行。二十八年（前 219），"始皇东行郡县"，"上泰山"，"禅梁父"，"南登琅邪"，"还，过彭城，……乃西南渡淮水，之衡山、南郡。浮江，至湘山祠。上自南郡由武关归。"（《史记》卷六《秦始皇本纪》）二十九年（前 218），再一次"东游"，发生出行遇险事，即博浪沙遇

---

① 王子今：《论秦王政"之河南""之邯郸""游至郢陈"》，《咸阳师范学院学报》2017 年第 5 期。

长安碎影

刺事件。《史记》卷六《秦始皇本纪》记载："二十九年，始皇东游。至阳武博狼沙中，为盗所惊。求弗得，乃令天下大索十日。"

《史记》卷六《秦始皇本纪》又记载秦始皇三十一年（前216）年"微行咸阳""夜出逢盗兰池"的经历：

> 始皇为微行咸阳，与武士四人俱，夜出逢盗兰池，见窘，武士击杀盗，关中大索二十日。

所谓"为微行"，裴骃《集解》："张晏曰：'若微贱之所为，故曰微行也。'"关于"兰池"，裴骃《集解》："《地理志》渭城县有兰池宫。"张守节《正义》引《括地志》云："兰池陂即古之兰池，在咸阳县界。《秦记》云：'始皇都长安，引渭水为池，筑为蓬、瀛，刻石为鲸，长二百丈。'逢盗之处也。"

所谓《秦记》"始皇都长安，引渭水为池，筑为蓬、瀛，刻石为鲸，长二百丈"之说，《历代宅京记》卷三《关中一·周秦汉》也引作"《秦记》"[1]。今按：《续汉书·郡国志一》刘昭注补："《三秦记》曰：'始皇引渭水为长池，东西二百里，南北三十里，刻石为鲸鱼二百

---

[1]　顾炎武：《历代宅京记》，中华书局1984年2月版，第43页。

丈.'"①此《秦记》可能为《三秦记》,而非战国秦史书。
《史记》张守节《正义》七见《括地志》转引《三秦记》,
即《史记》卷二《夏本纪》张守节《正义》引《括地志》
引《三秦记》言"龙门水";《史记》卷五《秦本纪》张守
节《正义》引《括地志》引《三秦记》言"芷阳";《史
记》卷八《高祖本纪》张守节《正义》引《括地志》引
《三秦记》言"霸城"、"紫泥水";《史记》卷二八《封禅
书》张守节《正义》引《括地志》引《三秦记》言"陈仓
山"。《说郛》卷六一上《辛氏三秦记》"兰池"条:"秦始
皇作兰池,引渭水,东西二百里,南北二十里,筑土为
蓬莱山。刻石为鲸鱼,长二百丈。"清钱坫《新斠注地理
志》卷二:"《三秦记》:'始皇都长安,引渭水为池,筑为
蓬、瀛,刻石为鲸,长二百丈。逢盗之处也。'"(清同治
十三年刻本)与张守节《正义》据《括地志》引文同。清
张澍辑《辛氏三秦记》:"始皇都长安,引渭水为长池,筑
为蓬、瀛,刻石为鲸鱼,长二百丈。逢盗之处也。《括地
志》,《史记正义》。"(清《二酉堂丛书》本)关于秦始皇
"微行""逢盗"地点"兰池"是否存在模拟海洋的人工湖,
可以通过秦封泥"晦池""每池"即"海池"的文物发现以
及"兰池"位置得以推定②。

---

①　《后汉书》,中华书局 1965 年 5 月版,第 3401 页。
②　参看王子今:《秦汉宫苑中的"海池"》,《大众考古》2014 年
　　第 2 期。

秦始皇在统一战争中每征服一个国家，都要把该国宫殿的建筑图样采集回来，在咸阳以北的塬上予以复制。这就是《史记》卷六《秦始皇本纪》记载的"秦每破诸侯，写放其宫室，作之咸阳北阪上"。而翻版燕国宫殿的位置，正在咸阳宫的东北方向，与燕国和秦国的方位关系是一致的。兰池宫曾经出土"兰池宫当"文字瓦当，其位置大体明确。秦的兰池宫也在咸阳宫的东北方向，正在"出土燕国形制瓦当"的秦人复制燕国宫殿建筑以南[①]。如果说这一湖泊象征渤海水面，从地理位置上考虑，也是妥当的。

渤海当时称"勃海"，又称"勃澥"。这是秦始皇相当熟悉的海域。他的东巡，曾经沿渤海西岸和南岸行进，又曾经在海上浮行，甚至有使用连弩亲自"射杀"海上"巨鱼"的行为。燕、齐海上方士们关于海上神山的宣传，其最初的底本很可能是对于渤海海面海市蜃楼的认识。在渤海湾西岸发掘的秦汉建筑遗存，许多学者认为与秦始皇巡行至碣石的行迹有关，被称作"秦行宫遗址"[②]。所出土大型夔纹建筑材料，仅在秦始皇陵园有同类发现。秦始皇巡行渤海的感觉，很可能会对秦都咸阳宫殿区建设规

---

① 张在明主编：《中国文物地图集·陕西分册》，西安地图出版社1998年12月版，第195、348页。

② 中国社会科学院考古研究所编著：《中国考古学·秦汉卷》，中国社会科学出版社2010年7月版，第55—70页。

划的构想产生一定的影响。从姜女石石碑地秦宫遗址的位置看，这里完全被蓝色的水世界紧密拥抱。这位帝王应当也希望居住在咸阳的宫室的时候，同样开窗就能够看到海景。

汉武帝是秦始皇之后又一位对海洋有着特殊热情的帝王①。他在宫苑营造规划中，专门设计了有明确的仿象海洋性质的人工湖泊。

《史记》卷二八《封禅书》记载，汉武帝在汉长安城以西，萧何为刘邦修建的未央宫的旁侧建造了宏大的建章宫："作建章宫，度为千门万户。前殿度高未央。"宫殿区的北面，有一个规模可观的湖泊，其中有象征海中神山的岛屿："其北治大池，渐台高二十余丈，命曰太液池，中有蓬莱、方丈、瀛洲、壶梁，象海中神山龟鱼之属。"所谓"有蓬莱、方丈、瀛洲、壶梁，象海中神山龟鱼之属"，出自司马迁笔下，是明确的以宫廷中人工湖泊"象海"的历史记录。《史记》卷一二《孝武本纪》有同样的内容，司马贞《索隐》引《三辅故事》说："殿北海池北岸有石鱼，长二丈，宽五尺，西岸有石龟二枚，各长六尺。"所谓"殿北海池"特别值得注意，这一湖泊名叫"海池"，其位置在建章宫前殿正北。这是我们在历史文献记录中

---

① 参看王子今：《汉武帝时代的海洋探索与海洋开发》，《中国高校社会科学》2013 年第 4 期。

看到的名义确定的"海池"。以汉时尺度计①,"石龟"长1.386米,应是仿象海龟。"石鱼"长4.62米,宽1.155米,也应当是仿象海鱼。

与《三秦记》"兰池""刻石为鲸"的情形类似,《西京杂记》记载,在汉武帝为操演水军经营的昆明池中放置有"石鲸":"昆明池刻玉石为鲸,每至雷雨,鲸常鸣吼,鬐尾皆动。汉世祭之以祈雨,往往有验。"《三辅黄图》卷四《池沼》:"《三辅故事》又曰:'(昆明)池中有豫章台及石鲸。刻石为鲸鱼,长三丈,每至雷雨,常鸣吼,鬐尾皆动。'"昆明池"石鲸"在唐代受到诗人们的关注。宋之问、苏颋、储光羲、苏庆余、温庭筠等均有咏唱。杜甫《秋兴八首》其七写道:"昆明池水汉时功,武帝旌旗在眼中。织女机丝虚月夜,石鲸鳞甲动秋风。"清初学者陈廷敬以为"笔端高绝,出寻常蹊径之外。"②

传说"每至雷雨","石鲸"都有异常的表现,"常鸣吼,鬐尾皆动"。杜诗所谓"石鲸鳞甲动秋风",也说在古人对于海洋的神秘主义意识中,"刻石"或"刻玉石"为之的"石鲸",似乎是有生命,又有特别的神异功能的。

"海池"的规划和营造,是考察中国古代宫苑史和中

---

① 据丘光明编著《中国古代度量衡考》,西汉尺度每尺23.1厘米。文物出版社1992年8月版,第55页。

② 〔清〕陈廷敬:《午亭文编》卷五〇《杜律诗话下》。

国古代园林史必须注意的现象。秦汉时期咸阳—长安地方这一新的地貌特点，也体现了执政者海洋意识的作用。秦始皇三十一年（前216）"为微行咸阳""夜出逢盗兰池"，事在两次东巡临海之后，是否与海上见闻和心理感觉有关，也值得研究者思考。

"二十九年"博浪沙"为盗所惊"，"乃令天下大索十日"。"三十一年"兰池"逢盗""见窘"，"关中大索二十日"。前者发生于"始皇东游"途中，是以"刺秦王，为韩报仇"（《史记》卷五五《留侯世家》）为明确目的的政治事件。后者发生于"始皇为微行咸阳"，即"若微贱之所为"情形之下。我们曾经指出，"始皇为微行咸阳，与武士四人俱，夜出逢盗兰池，见窘"，因秦始皇特意"微行"，"若微贱之所为"，可以看作并非针对政治权势者的体现为一般治安问题的事件①。然而事在"咸阳"统治中枢地方，因而情节严重，以致于"大索"的空间范围虽然只限于"关中"而非"天下"，但是其时间限定竟然倍增。

---

① 王子今：《秦王朝关东政策的失败与秦的覆亡》，《史林》1986年第2期。

孟尝君在咸阳

　　我们读《文选》卷二三西晋学者张载《七哀诗二首》之一，所谓"感彼雍门言，悽怆哀往古"句，有李善注："桓子《新论》曰：雍门周以琴见孟尝君曰：臣窃悲千秋万岁后，坟墓生荆棘，狐兔穴其中，樵儿牧竖，踯躅而歌其上，行人见之悽怆。孟尝君之尊贵如何成此乎？孟尝君喟然叹息，泪下承睫。"诗句以凄凉笔调感慨洛阳附近古代冢墓被破坏的情形，应当为盗墓史研究者所关注。而李善说到桓谭《新论》载录孟尝君故事有人言"悲千秋万岁后，坟墓生荆棘"，致使其"喟然叹息，泪下承睫"。《三国志》卷四二《蜀书·郤正传》裴松之注引桓谭《新论》，也可见雍门周对话孟尝君，有"坟墓生荆棘，狐狸穴其中，游儿牧竖踯躅其足而歌其上"语。有意思的是，后人竟然通过盗墓现象，看到了孟尝君的行迹。

　　司马迁在《史记》中曾经多次申明了生死必然的道理。包括《史记》卷七五《孟尝君列传》："生者必有死，物之必至也。"

孟尝君是战国时期政治史与文化史的闻人孟尝君田文。贾谊《过秦论》："当是时，齐有孟尝，赵有平原，楚有春申，魏有信陵。此四君者，皆明知而忠信，宽厚而爱人，尊贤重士，约从离衡，并韩、魏、燕、楚、齐、赵、宋、卫、中山之众。"孟尝君封地在薛。所以又称"薛文"。因其声誉和影响，司马迁《史记》专门为他立传。《史记》卷一三〇《太史公自序》："好客喜士，士归于薛，为齐扞楚魏。作《孟尝君列传》第十五。"

据说孟尝君曾经来到咸阳，任职秦相。《史记》卷五《秦本纪》："（秦昭襄王）九年，孟尝君薛文来相秦。""十年，……薛文以金受免。"《史记》卷四六《田敬仲完世家》："（齐湣王）二十五年，归泾阳君于秦。孟尝君薛文入秦，即相秦。文亡去。"所谓"相秦"，裴骃《集解》："徐广曰：'孟尝君为相。'"《史记》卷七五《孟尝君列传》："秦昭王闻其贤，乃先使泾阳君为质于齐，以求见孟尝君。孟尝君将入秦，宾客莫欲其行，谏，不听。"后来有苏代以"木禺人与土禺人相与语"劝谏，"孟尝君乃止。""齐湣王二十五年，复卒使孟尝君入秦，昭王即以孟尝君为秦相。人或说秦昭王曰：'孟尝君贤，而又齐族也，今相秦，必先齐而后秦，秦其危矣。'于是秦昭王乃止。囚孟尝君，谋欲杀之。"孟尝君以鸡鸣狗盗方式出逃。

秦东陵，是战国晚期的秦王陵区，位于韩峪乡西北，总面积约 24 平方公里，地表有鱼脊状、覆斗状封土冢 10 座。1986 年进行了钻探，发现以自然沟和人工隍壕为界隔的 4 处陵园。有亚字形、甲字形、中字形大型斜坡墓道土坑墓。另有陪葬墓、从葬坑、车马坑及地面建筑遗址等。《中国文物地图集·陕西分册》说："《史记》载，葬于东陵的有秦昭襄王夫妇、庄襄王夫妇，以及宣太后、悼太子诸人。"（张在明主编：《中国文物地图集·陕西分册》，西安地图出版社 1998 年 12 月版，下册第 80 页）然而《史记》卷五《秦本纪》："五十六年秋，昭襄王卒，子孝文王立。尊唐八子为唐太后，而合其葬于先王。"张守节《正义》："以其母唐太后与昭王合葬。"《史记》卷六《秦始皇本纪》："昭襄王享国五十六年。葬茝阳。""庄襄王享国三年。葬茝阳。"关于秦昭襄王"葬茝阳"，司马贞《索隐》："十九年而立，葬茝陵也。"张守节《正义》："《括地志》云：'秦庄襄王陵在雍州新丰县西南三十五里，俗亦谓为子楚。始皇陵在北，故亦谓为见子陵。'"秦东陵"一号陵园""主墓为两座南北排列，相距 40 米的'亚'字形大墓。""墓封土略呈鱼脊形，长约 250 米，宽约 150 米。墓室方形，边长约 58 米；四面各有一斜坡墓道，墓室连墓道通长 220 米，宽 128—137 米。""一说为秦昭襄王与唐太后同莹异穴合葬的陵园。（参见《考古与文物》1987 年

4 期）。"（张在明主编：《中国文物地图集·陕西分册》，下册第 80 页）相关资料，可以参看陕西省雍城考古队韩伟：《秦东陵第一号陵园勘查记》（《考古与文物》1987 年 4 期），张海云、孙铁山：《对秦东陵有关问题的几点看法》（《考古与文物》1996 年 5 期）。

2010 年 10 月 8 日，秦东陵 1 号墓被盗。盗洞以挤压爆破技术成型，现场遗留盗墓时用以供氧的防毒面具、氧气瓶和通气软管以及用以照明的矿灯、电线等。盗墓团伙 8 名成员陆续逮捕归案[①]。破案后，收缴被盗文物 11 件，包括一级文物漆木高足豆。学者对这件彩绘漆木豆的研究，注意到其制作方法、彩绘纹样、艺术特色等[②]。也有学者提示，这件漆豆烙印和针刻文字内容非常重要。盘底右边铭文 3 行 15 字：

八年相邦薛君
造，雍工帀（师）效，
工大人申。

左边铭文 3 行 14 字：

---

① 张振华：《秦东陵大盗》，《一号大墓发现神秘盗洞》，《方圆》2019 年第 15 期。
② 朱学文：《秦东陵出土漆豆研究》，《文博》2013 年第 2 期。

　　　　　　　　　　　　　　　　　　　　　长安碎影

八年丞相殳

造，雍工师效，

工大人申。

研究者指出，"漆豆既作于昭襄王八年，器主即是昭襄王。"据盗墓者交待，"漆豆出自秦东陵M1"，"则M1极可能是昭襄王陵墓。"①假设盗墓行为如果没有被发现，这件漆豆出土于M1的信息不被知晓，则这座墓葬墓主身份判定的重要依据则也会丧失。

《史记》卷五《秦本纪》说，秦昭襄王九年（前298），"孟尝君薛文来相秦。"十年（前297），"免。"《史记》卷七五《孟尝君列传》说，"齐湣王二十五年，复卒使孟尝君入秦，昭王即以孟尝君为秦相。"时在前295年。而漆豆铭文"八年相邦薛君"，明确秦昭襄王八年（前299）孟尝君已经为秦"相邦"。这件漆豆铭文载录的历史信息，可以澄清"孟尝君薛文来相秦"的年代。假若这起盗墓案未能成功侦破，这一重要文物最终毁失，对于孟尝君相秦之史实的考证，无疑会造成学术损害。

看来，"孟尝君薛文来相秦"是可靠的史实。那么，

---

① 王辉、尹夏清、王宏：《八年相邦薛君、丞相殳漆豆考》，《考古与文物》2011年第2期。

《史记》卷七五《孟尝君列传》记载有关孟尝君薛文在咸阳遭遇以及逃逸出函谷关的故事，或许也是有一定参考价值的："（秦昭襄王）囚孟尝君，谋欲杀之。孟尝君使人抵昭王幸姬求解。幸姬曰：'妾愿得君狐白裘。'此时孟尝君有一狐白裘，直千金，天下无双，入秦献之昭王，更无他裘。孟尝君患之，遍问客，莫能对。最下坐有能为狗盗者，曰：'臣能得狐白裘。'乃夜为狗，以入秦宫臧中，取所献狐白裘至，以献秦王幸姬。幸姬为言昭王，昭王释孟尝君。孟尝君得出，即驰去，更封传，变名姓以出关。夜半至函谷关。秦昭王后悔出孟尝君，求之已去，即使人驰传逐之。孟尝君至关，关法鸡鸣而出客，孟尝君恐追至，客之居下坐者有能为鸡鸣，而鸡齐鸣，遂发传出。出如食顷，秦追兵果至关，已后孟尝君出，乃还。始孟尝君列此二人于宾客，宾客尽羞之，及孟尝君有秦难，卒此二人拔之。自是之后，客皆服。"

秦"漆娥之台"与"秦娥"称谓

　　《方言》卷二说到"秦有榛娥之台"。关于"榛娥之台"的考论,不仅涉及秦建筑史、秦宫廷史、林业史,也可以启示我们对于秦地生漆资源的开发与漆器生产技术之进步的认识。"漆娥之台"对于说明"娥"在称谓演变史中的意义,也是有意义的。而所谓"秦娥"在后来的文学史乃至文化史中产生深刻印迹的渊源,也可以因此得到探求的线索。秦统一之后,秦文化借政治强势向东扩展,对于更广阔区域形成影响的历史趋势,或许也可以通过对"娥"这一语言标本的分析获得深入认识的条件。

《方言》"秦有榛娥之台"

　　男子对于女子容貌及其他性别特征的感觉、描述和评价，是性别研究和更宽广层面的社会文化研究的对象。男子的判断，在中国传统男性中心社会可能成为社会普遍意识倾向。《方言》卷二关于各个地方女子之美好的语言表示方式，有如下文字：

> 娃、嬬、窕，艳，美也。吴楚衡淮之间曰娃，南楚之外曰嬬，宋卫晋郑之间曰艳。陈楚周南之间曰窕。自关而西秦晋之间凡美色或谓之好，或谓之窕。故吴有馆娃之宫，秦有榛娥之台。秦晋之间美貌谓之娥，美状为窕，美色为艳，美心为窈。

郭璞注："皆战国时诸侯所立也。"所谓"秦晋之间美貌谓之娥"，或作"秦晋之间美貌之娥"。所谓"娃、嬬、窕，艳，美也"，所谓"美貌""美状""美色""美心"，既是性别关系史考察应当注意的信息，也可以看作审美意识史的研究对象。而我们以为其中"秦有榛娥之台"亦值得特别关注。这里所谓"秦有榛娥之台"，与"吴有馆娃之宫"并说，应当也是指宫廷建筑，如郭璞说，"皆战国时诸侯所立也"，也可以理解为有关战国宫廷史的宝贵记载。

在秦统一进程中及统一实现之后，诸多文化现象均与这一历史大趋势有密切关联。就宫廷建筑营造而言，典型史例是咸阳北阪上六国宫殿的复制。《史记》卷六《秦始皇本纪》:"秦每破诸侯,写放其宫室,作之咸阳北阪上。"裴骃《集解》:"徐广曰:'在长安西北,汉武时别名渭城。'"张守节《正义》:"今咸阳县北阪上。"而宫苑之中海洋模型"海池"的出现,也值得注意。《方言》所提示"榛娥之台"以及"娥"之名义的扩张性影响,也与秦统一导致的文化演进有一定关系。

战国都城"高台"建筑与秦宫苑的"台"

"台"是主要服务于起居的宫殿建筑之外的宫室建筑。其功能与一般宫殿有所区别。刘叙杰主编《中国古代建筑史》第 1 卷:"建于夯土高基上的宫室建筑,除了正规宫殿与离宫之外,还有专门的台。它们的功能有:观天象,察四时,祭鬼神和供游览。"[1]《释名·释宫室》:"台,持也。筑土坚高,能自胜持也。"高台早先在殷商时代已经作为宫廷建筑中最醒目的形式而为君王所喜好。殷纣王"鹿台"与"沙丘苑台"故事被看作奢侈淫乐之行的典型表现(《史记》卷三《殷本纪》)。宫苑建筑群往往均追逐富丽华美,而突出"台"的高大,是东周以来特别是战国

---

[1]　中国建筑工业出版社 2003 年 7 月版,第 240 页。

时期兴起的带有时代特征的建筑风格。杨鸿勋指出，"东周列国的统治者互相攀比，追逐享乐，以'高台榭，美宫室，以鸣得意'。晋灵公造九层之台，工程浩大，尽管投入了大量的人力、物力，可是三年还没有完工。楚国所筑章华台也比较高，尤其华丽，建好之后，楚灵王邀宾登台宴会，休息了三次才到达台顶的宫殿，所以有'三休台'之称。""吴王夫差造了三百丈高的姑苏台，……东周列国在相互攀比下，台榭越建越高大，以致魏襄王妄想建造一座达到天高之半的'中天台'。"①其中所谓"高台榭，美宫室，以鸣得意"未详出处。可以参考的信息有《史记》卷六九《苏秦列传》："夫衡人者，皆欲割诸侯之地以予秦。秦成，则高台榭，美宫室，听竽瑟之音，前有楼阙轩辕，后有长姣美人，国被秦患而不与其忧。"第2248页。又沈鲤《域外三槐记》："诸公当年起大厦连云，治高台广榭，以鸣得意者，何可胜数也。今皆不知其踪迹之所在。"（《明文海》卷三三七，文渊阁《四库全书》本）有学者也指出："东周时期，周王室及各诸侯国开始大量建设台榭类的建筑。"②晏婴批评齐景公"君高台深池，赋敛

---

① 杨鸿勋：《宫殿考古通论》，紫禁城出版社2001年8月版，第143—144页。

② 张卫星、陈治国：《秦始皇陵封土高台建筑认识——以东周时期高台文化为背景》，《秦始皇帝陵博物院2017》，三秦出版社2017年9月版。

如弗得，刑罚如弗胜"(《史记》卷三二《齐太公世家》)，《史记》卷四一《越王勾践世家》张守节《正义》引《越绝》："使起宫室高台，以尽其财，以疲其力"，都说"高台"建筑的时兴。各国宫室皆"高筑土台"，形成"一时风尚"，"这种成为中国古代宫室建筑特点的形式，后来还沿用了许多世纪。"据建筑史学者的总结，这种"高台"建筑为"各地诸侯"竞相营造。秦国有章台、三休台、祀鸡台、灵台、凤台……。齐国台榭有瑶台、柏寝台、琅琊台、戏马台、九重台、檀台……。楚国有章华台、渐台、小曲台、层台、云萝台、阳云台、豫章台、匏居台、春申台、钓台、乾溪台、章华台、五仞台……。赵国有丛台、洪波台、檀台、野台、野望台……。魏国有范台、文台、京台、晖台、中天台……。燕国有展台、宁台、黄金台、小金台、仙台、崇霞台、握日台、钓台、阳华台、通云台……。宋国有仪台。①所据资料引用或不符合文献学规范，亦有其他错误，但仍可作为参考。据《七国考》卷四，"秦宫室"有章台、三休台、祀鸡台、白起台、会盟台、灵台、凤台；"田齐宫室"有瑶台、柏寝台、琅琊台、戏马台、祭台、渐台、九重台，"楚宫室"有章华台、兰台之宫、小曲台、层台、云梦台、阳云台、豫章台、匏居

---

① 刘叙杰主编：《中国古代建筑史》第1卷，中国建筑工业出版社2003年7月版，第240—241页。

台、放鹰台、附社台、春申台、钓台、乾溪台、中天台、章华台（楚灵王筑，一名三休台）、章华台（楚灵王筑）、章华台（楚襄王筑）、五仞台、九重台、强台、荆台、五乐台、京台、渐台，"赵宫室"有坛台之宫、丛台、洪波台、凿台、檀台、野望台、野台、清台，"魏宫室"有苑台、兰台、文台、京台、晖台、灵台、中天台、文侯台、拜郊台、武侯台、吹台，"韩宫室"有鸿台宫、望气台、听讼观台，"燕宫室"有展台、宁台、灵台、黄金台、小金台、金台、仙台、崇霞台、握日台、钓台、兰马台、禅台、逃齐台、五花台、三台、阳华台、通云台。

　　据考古调查与发掘的收获可知，"台"在都市建筑群中具有标志性与主导性的意义。建筑史与建筑考古研究者指出，东周时期"宫城均位于全城地势最高处"，"宫殿建筑在宫城内，一般均筑有高台，在台四周建屋，形成在台基最上层建主殿，四周廊屋环抱的台榭高层建筑。"郑韩故城发现俗称"梳妆台"的高约 8 米的夯土台基，台上有水井和陶排水管道。赵都邯郸王城范围内有夯土台 10 处，称"龙台"的 1 号夯土台现高 16.3 米。丛台位于郭城即大北城遗址东北部。魏都安邑也有一个夯土台。燕下都宫殿区由南向北，依次是坐落在一条中轴线上的武阳台、望景、张公台和城外的老姆台。武阳台和老姆台均高约 12 米。齐都临淄的桓公台高 14 米。楚都纪南城内现存夯土台基84个。"纪南城东50公里处有章华台遗址,位于潜江县龙湾镇",推测是"楚王的一处离宫",夯土台基"已调查发现的有放鹰台、荷花台、打鼓台、陈马台、无名台、章家台、郑家台、小黄家台、华家台等10余个"。①

秦国的"台",前引《七国考》卷四"秦宫室",列有章台、三休台、祀鸡台、白起台、会盟台、灵台、凤台,计7处。《秦会要订补》卷二五《方舆下》"台"条则有18处,除章台、白起台、灵台、凤台与《七国考》重复外,又有:高四台、怀清台、咸阳台、日观台、阿东之台、鱼池台、厌气台、望海台、琅玡台、鸿台、受珠台、酒池台、蒲台、云明台。马非百《秦集史》之《宫苑志》所见秦"台"与《七国考》重复者有三休台、祀鸡台、会盟台,除此之外又列有:朔方台,赏月台,黄土台,秦台。② 这些秦"台"有些并不在秦地。有的资料出自年代很晚的方志文献,似未足取信。

秦咸阳宫遗址的考古发掘工作被认为"开启了中国古代高台宫殿建筑遗址考古工作的先河"③。在咸阳故城

---

① 中国社会科学院考古研究所编著:《中国考古学·两周卷》,中国社会科学出版社2004年12月版,第229、236、238—241、244、251、261—262页。
② 马非百:《秦集史》,中华书局1982年8月版,第541—544页。
③ 秦都咸阳考古工作站:《秦都咸阳第一号宫殿建筑遗址简报》,《文物》1976年第11期。

发现 33 处建筑遗址，其中"一号和六号至今还保留着高达 5.8 米和 6 米形似大冢的长方形夯土台，三号和四号也保留着高于地面形似龟背的残余夯台"①。经发掘的第一号宫殿遗址"属于当时流行的高台建筑"，"殿址以夯土高台为宫殿建筑的核心，不同建筑依高台而建。"②"由现存台面至台底，夯层总厚为 11.4 米。"③ 经清理的"第四号宫殿建筑遗址，位于城址中部的牛羊沟村与赛家沟村东西之间，宫殿建筑遗址西南部地面之上曾分布有高台建筑基址，现已毁坏无存"④。"第六号宫殿建筑遗址，位于今赛家沟与姬家道沟之间，是城址中规模最大的遗址"，"遗址之上现存一高大夯土台""高 5.8 米，夯土厚达 16 米"⑤。

有关秦宫苑"高台"建筑遗存的考古调查与发掘获得的知识，尚未能与文献所见秦"台"实现空间方位的

---

① 陕西省考古研究所编著：《秦都咸阳考古报告》，科学出版社2004 年 3 月版，第 13 页。
② 中国社会科学院考古研究所编著：《中国考古学·秦汉卷》，中国社会科学出版社 2010 年 7 月版，第 37 页。
③ 陕西省考古研究所编著：《秦都咸阳考古报告》，第 285 页。
④ 中国社会科学院考古研究所编著：《中国考古学·秦汉卷》，第36 页，据《秦都咸阳考古报告》，"50 年代初，这里还遗存有南北向三座高大的夯土台"，第 567 页。
⑤ 中国社会科学院考古研究所编著：《中国考古学·秦汉卷》，第36 页。

对应。

以往关于秦宫廷文化研究的其他论著多有涉及秦宫高台建筑者，然而似乎都忽略了我们现在讨论的这处"榛娥之台"。《方言》中有关"秦有榛娥之台"的信息，值得秦史研究者及建筑史研究者珍视。

"秦俗，美貌谓之娥"

"榛娥之台"以"娥"为名号，透露出与称谓史、性别关系史有关的信息。

《艺文类聚》卷三九引晋陆机《拟今日良宴会》诗曰："闲夜命欢友，置酒迎风馆。齐童梁甫吟，秦娥张女弹。哀音绕栋宇，遗响入云汉。人生能几何，为乐常苦晏。譬彼司晨鸟，扬声当及旦。"出现了"秦娥"字样。

《文选》卷三〇《杂拟上》陆机《拟古诗十二首》中《拟今日良宴会》"齐童梁甫吟，秦娥张女弹"句，李善注："《南都赋》曰：'齐僮唱兮列赵女。'……应场《神女赋》曰：'夏姬曾不足以供妾御，况秦娥与吴娃。'《方言》曰：'秦俗，美貌谓之娥。'"李周翰注："齐僮、秦娥，皆古善歌者。《梁甫吟》、《张女弹》，皆乐府曲名。"所引应场

《神女赋》所谓"夏姬曾不足以供妾御，况秦娥与吴娃"，可能是我们看到的最早出现"秦娥"称谓的文例。吴云主编《建安七子集校注》（修订版）应场《神女赋》注释："秦娥：古之歌女。吴娃：吴地美女。"[①]与"吴娃"对应，"秦娥"的解释避去"秦"字，一言空间，一言时间。这样的解说未可赞同。而《方言》所谓"秦娥"、"吴娃"的"秦"、"吴"，在东汉人笔下，应该只是区域代号。"吴有馆娃之宫，秦有榛娥之台"记述东周时代的宫廷史，其中"秦"、"吴"，可以理解为国别代号。

《文选》卷三〇陆机《拟今日良宴会》李善注引《方言》"秦俗，美貌谓之娥"与今本《方言》卷二"秦、晋之间美貌谓之娥"不同。那么，所谓"美貌谓之'娥'"究竟是"秦俗"语言习惯还是"秦、晋之间"方言呢？《史记》卷四九《外戚世家》司马贞《索隐》："《方言》曰'美貌谓之娥'"，不言"秦俗"，亦不言"秦、晋之间"。不过，联系上文，我们看到这样的表述："许慎云'秦晋之间谓好为娙'。又《方言》曰'美貌谓之娥'。"似可理解为与"许慎云"连读，省略了"秦晋之间"数字。而我们曾经注意到"秦晋之间"的语言混同，是长期存在的文化现象。[②]

---

① 天津古籍出版社 2005 年 1 月版，第 521 页。
② 参看王子今：《古晋语"天开之"索解——兼论秦晋交通的早期发展》，《史志研究》1998 年第 2 期。

再读《文选》卷三〇陆机《拟今日良宴会》"齐僮梁甫吟，秦娥张女弹"句后言"哀音绕栋宇，遗响入云汉"，李善注："《列子·秦青》曰：'昔韩娥东之齐，鬻歌假食，既去，而余响绕梁三日不绝。'又曰：'薛谈学讴于秦青，辞归，青饯于郊衢。抚节悲歌，声震林木，响遏行云。张湛曰：三人、薛、秦、韩之善歌者也。'"刘良注："栋梁也，言清远之妙。"所谓"韩之善歌者"称"韩娥"，或许体现了"秦晋之间"的称谓习惯。

《方言》是方言史研究的重要资料。周振鹤、游汝杰曾经指出："值得注意的是《方言》提供的材料以秦晋为最多，在语义的解释上也最细。这说明作者对以西汉首都长安为中心的秦晋方言比较熟悉，也说明秦晋方言在全国占最重要的地位。还有，《方言》是将秦晋视为同一个区域，但是在春秋战国时代，这两地的方言还是有很大差别的。可见到了两汉之交，由于秦人的东进，秦晋的方言已经糅合而一了。"①"秦俗，美貌谓之'娥'"与"秦、晋之间美貌谓之'娥'"或许从一个侧面体现了包括语言习惯在内的"秦俗"在一定历史时期向东发生扩展性影响的情形。

---

① 周振鹤、游汝杰：《方言与中国文化》(修订本)，上海人民出版社 1998 年 4 月版，第 99 页。

"榛娥"非"七娥"辩

"秦有榛娥之台"句，曾经被作为《方言》文献学研究重要的判定标尺。《四库全书总目》卷四〇《经部·小学类一》写道："……据李善《文选》注引'悬诸日月不刊之书'句，已称《方言》，则自隋唐以来，原附卷末，今亦仍之。其书世有刊本，然文字古奥，训义深隐，校雠者猝不易详，故断烂讹脱，几不可读。钱曾《读书敏求记》尝据宋椠驳正其误。然曾家宋椠，今亦不传。惟《永乐大典》所收，犹为完善。检其中'秦有榛娥之台'一条，与钱曾所举相符，知即从宋本录入。今取与近本相校，始知明人妄行改窜，颠倒错落，全失其初，不止钱曾所举之一处。是书虽存而实亡，不可不亟为厘正。"①

有一种说法，以为"榛娥之台"的"榛"，即数目字之"七"。就此应当有所辨析。

《太平御览》卷三八一引《方言》："吴有馆娃之宫，秦有柒娥之台。"注："柒音七。"与通常"榛"字不同，

---

① 〔清〕永瑢等撰：《四库全书总目》，中华书局1965年6月版，第340页。

此处写作"柒",又注明"柒音七"。明徐应秋《玉芝堂谈荟》卷三一"折计数目语"条说现今所谓大写数字形式："《文海披沙》：今文书一字至十字，皆用同音画多者，以防作伪。其中壹、贰音义俱同。肆、伍、陆、玖、拾音同义异。叁字字书所无，盖以参字微变之。古语勿贰以二勿参以三，《考工记》参分其股，《汉志》参分横一，则参亦可作三也。柒字亦无字，按束皙赋'朝列九鼎之奉，夕宿柒娥之房'，柒即古七字。《太玄》七政亦作柒政。奈何不作柒乎？捌字见《急就章》，农器也。"明杨慎《丹铅总录》卷一四有"古文七作柒"条。杨慎写道："《方言》'吴有柒娥之台'，束皙赋'朝享五鼎之奉，夕宿柒娥之房'，柒即七字也。《书》六律五声八音七始，而古文作夹始，《史记》作来始。夹与来皆柒字之误。《太玄》七政亦作柒。褚遂良书《枯树》赋，七亦作柒。"杨慎还指出："束皙《玄居赋》：'夕宿七娥之房，朝享五鼎之食。'《方言》：'吴有柒娥之台。'柒即七字。《七林》有七娥三粲百媚千娇之语。"（〔明〕杨慎：《升庵集》卷六七"七娥房"条）明人陈绛《金罍子》引《丹铅总录》也说"束皙赋'朝享五鼎之奉，夕宿柒娥之房'，柒即七也。"明夏树芳《词林海错》同样沿用此说。"束皙赋'朝列九鼎之奉，夕宿柒娥之房'"，可能即《晋书》卷五一《束皙传》载《玄居释》"夕宿七娥之房，朝享五鼎之食"。这些意见，均据束晳文字明确认定"榛娥之台""柒娥之台""柰娥之台"之"榛娥""柒娥""柰娥"就是"七娥"。

《玄居释》"夕宿七娥之房，朝享五鼎之食"，"七娥"与"五鼎"形成对仗。"七"和"五"都是数字。然而"吴有馆娃之宫，秦有榛娥之台"句，如果"榛娥"解作"七娥"，则"七娥之台"与"馆娃之宫"则未能构成合理的对应关系。

此外，战国时期"娥"作为美女意义使用时前冠字多标明地方。如前引"秦娥""韩娥"，以及"湘娥""湘川娥"等。《后汉书》卷八〇下《文苑列传下·边让》："招宓妃，命湘娥，齐倡列，郑女罗。扬激楚之清宫兮，展新声而长歌。繁手超于北里，妙舞丽于阳阿。"李贤注："宓妃，洛水之神女也。湘娥，尧之二女娥皇、女英，湘水之神也。"《艺文类聚》卷四一引魏陈王曹植《妾薄命行》曰："想彼宓妃洛河，退咏汉女湘娥。"晋陆机《吴趋行》曰："楚妃且勿叹，齐娥且莫讴。"《艺文类聚》卷四二引魏陈王曹植《仙人篇》曰："湘娥拊琴瑟，素女吹笙竽。"晋陆机《前缓声歌行》曰："北征瑶台女，南要湘川娥。"《艺文类聚》卷五六引魏陈王曹植《九咏》曰："感汉广兮羡游女，杨激楚兮咏湘娥。"《艺文类聚》卷七八引齐袁彖《游仙诗》曰："王子洛浦来，湘娥洞庭发。"《艺文类聚》卷七九引梁邵陵王《祀鲁山神文》曰："江妃汉女，含睇来趋。湘娥洛嫔，宜言在侧。"《艺文类聚》卷八〇引周庾信《灯赋》曰："楚妃留客，韩娥合声。"

参考以上例证，则"榛娥"似不应理解为"七娥"。

清人庄履丰、庄鼎铉《古音骈字续编》即将"桼娥，七娥"与"榛娥"彼此并列：

> 桼娥。七娥。束晳赋"夕宿桼娥之房"。
> 榛娥。秦有榛娥台。

似乎并不以为"榛娥""桼娥"可以解读为"七娥"。对于"榛娥"的文意，也许应当另作分析。而"柒娥""桼娥"，其实是"榛娥"的异写。

"榛娥""漆娥"说

通常"用同音画多者，以防作伪"的所谓汉字数目字大写形式，"七"作"柒"。元代学者白珽在讨论这一问题时，则说"七"作"漆"。即壹、贰、叁、肆、伍、陆、漆、捌、玖、拾、伯、千、萬。所举"七"作"漆"的例证，即"秦有'漆娥台'"。论者以为"漆"即"柒"字：

"古者及汉人用字如一之与壹，二之与贰，三之与叁，其义皆同。《毛诗·鸣鸠序》：'刺不壹也。'而正文乃云：'其仪一兮。'《孟子》：'市价不贰。'赵岐注云：'无二价也。'本文用'贰'字，注用此'二'字。《周礼·天官》'参'谓'卿三人'，'伍'谓'大夫五人'，则'参'与'三'、'伍'与'五'通也。所谓'肆'，《周礼》法编悬之四八曰肆。'六六亡奇'，《马援传》今更共'陆陆'。'七'则秦有'漆娥台'，用此'漆'字。'捌'，《广韵》云：'无齿杷也，本作扒。'今借为八。九、十、百、千、万，与玖、拾、伯、千、萬皆有通用也。"（〔元〕白珽：《湛渊静语》卷一）所谓"'七'则秦有'漆娥台'，用此'漆'字"，"榛娥"不应理解为"七娥"，上文已经讨论。然而所引"秦有'漆娥台'"，"榛娥台"写作"漆娥台"，值得我们注意。

所谓"榛娥之台"的"榛"，极有可能是地名，如前说"秦娥"、"韩娥"、"湘娥"等。"榛娥台"作"漆娥台"，提示我们注意到秦地的"漆"县。

保留秦汉行政地理资料的《汉书》卷二八上《地理志上》所列"右扶风"属县，其中有"漆"县："漆，水在县西。有铁官。莽曰漆治。""漆"的县治在今陕西彬县。[①]

---

① 谭其骧主编：《中国历史地图集》第2册，中国地图出版社1982年10月版，第15—16页。

　　　　　　　　　　　　　　　　　　　　长安碎影

《史记》卷二《夏本纪》引《禹贡》："黑水西河惟雍州：弱水既西，泾属渭汭。漆、沮既从，沣水所同。"关于"漆"，张守节《正义》："《括地志》云：'漆水源出岐州普润县东南岐山漆溪，东入渭。'……《诗》云古公亶父去邠度漆、沮，即此二水。"《汉书》卷二八上《地理志上》引《禹贡》同句，颜师古注："漆、沮，即冯翊之洛水也。鄜水出鄜之南山。言漆、沮既从入渭，鄜水亦来同也。""漆"县与"漆水"的关系，使我们联想到"榛娥"可能即"漆娥"的称谓与前说"湘娥""湘川娥"等称谓的接近之处。

《方言》"榛娥之台"之"榛"字从木，应与漆树，亦与生漆的开发生产有一定关系。元熊忠《古今韵会举要》卷二六写道："桼。《说文》：'桼，木汁可以䰍物，象木形。'漆如水滴而下。徐曰六点皆象水而非水，盖象形也。当作桼。《周礼》注：'故书桼林。'《汉书》：'陈夏千亩桼。'《汉邹阳传》：'坚如胶桼。'通作桼。《广韵》：'秦有榛娥台。'今经史通作漆。《周礼》：'漆林之征。'《本草》：'漆树高二丈余，皮白，叶似椿樗，花似槐子，若牛奈。木心黄。六月刻取滋汁。'"在讨论"漆"的生产和使用时涉及"漆树""漆林""䰍物""胶桼"等，同时说到"秦有榛娥台"，又说"今经史通作漆"，推想"榛娥"名号，很可能与生漆的采集与漆器的制作有某种关联。

林剑鸣较早致力于漆的生产史与应用史的研究。① 此后研究成果，又有；王世襄：《中国古代漆工杂述》（《文物》1979年第3期）；曹金柱：《中国生漆经营史初探》（《中国生漆》1983年第1期）；王尚林、曹金柱：《中国漆文化发展简史》（《中国生漆》2002年第2期）等。后来关于商周以至秦的漆业发展有论著陆续面世。如刘士莪：《商周时期的漆器》（《中国生漆》1985年第3期），张永山：《西周漆器概述》（《华夏考古》1988年第2期）等。

　　有研究者注意到秦二世曾经"欲漆其城"。《史记》卷一二六《滑稽列传》："二世立，又欲漆其城。优旃曰：'善。主上虽无言，臣固将请之。漆城虽于百姓愁费，然佳哉！漆城荡荡，寇来不能上。即欲就之，易为漆耳，顾难为荫室。'于是二世笑之，以其故止。"又有秦时"开渠而运南山之漆"等记载。徐复《秦会要订补》卷一七《食货·水利》："胡亥筑阿房宫，开渠而运南山之漆。"注："《括地志》。按《长安志》于漕河下引《汉书》云：穿此渠通漆水。又引《括地志》之言。盖两存其说者也。"〔唐〕李泰等著，贺次君辑校《括地志辑校》卷一《雍州·长安县》："漆渠，胡亥筑阿房宫开此渠，而运南山之漆。"注："《长安志》卷十三咸阳县引，又同卷一条引作'胡亥将运

<hr />

①　林剑鸣：《我国古代劳动人民对生漆的发现和利用》，《西北大学学报》（自然科学版）1978年第1期。

南山之漆而开此渠.'"又指出,"秦人依托本地丰富的生漆资源,在传承、吸收西周漆器艺术风格的基础上,发展本国漆器制造业。"①这样肯定性的判断符合历史真实。然而论者似乎更看重巴蜀及楚地的漆器生产优势。在对"战国时期的秦漆器"进行分析时写道:"丰富的生漆资源,为巴蜀漆器手工业发展奠定了坚实基础。随着秦对巴蜀地区的占领,秦漆器手工业在传承吸收的基础上,得到了创新发展。"②这样的认识,似乎低估了周人漆器生产经验继承的意义,也低估了秦岭即"南山之漆"以及秦人曾经经营多年的陇山林区"生漆资源"的优势。

秦国"榛娥"名号的发生与生漆产出与漆器制作是否有关,是值得用心思考的学术问题。如果能够研究收获能够说明发生于秦地的"榛娥"称谓与秦国的林业开发和手工业生产有怎样的关系,确实是一件有意思的事。

秦人在陇东最初发展,其经济生活中应当已经较早有漆的生产与消费。陇东早期经济史迹可见或许与秦并非同一文化系统的族群物质遗存中有漆器使用。据王永安、张俊民、郑国穆《甘肃宁县石家墓群 2016 年发掘收获》介绍,这一东周墓群出土"漆器如漆盒、漆耳杯、漆盘等"。③

---

① 朱学文:《秦漆器研究》,三秦出版社 2016 年 2 月版,第 240 页。
② 同上,第 29—30 页。
③ 《2016 中国重要考古发现》,文物出版社 2017 年 4 月版,第 65 页。

王永安、张俊民《甘肃宁县石家墓群发掘 5 座春秋高等级墓葬》所介绍 M216 "椁室四壁抹一层浅绿色涂料，代替木板构筑椁壁以装饰墓壁"，以及 M36 "墓圹四壁一定深度下抹浅绿色涂料"的情形，也值得注意。[①] 可知大致在春秋甚至更早的时期，这一地区林业资源中"漆"已经得到开发。虽然现今考古文物资料中长江流域发现的漆器在数量和质量方面都占优势，但是我们不能因此低估由于环境因素的限定致使保存条件不理想的黄河流域漆器生产的规模、水准，以及社会消费的等级和数量。

"女称娥"的普及与"忆秦娥"文学意境

以"娥"称女子者，古例甚早。《史记》卷一《五帝本纪》："尧妻之二女，观其德于二女。"张守节《正义》："二女，娥皇、女英也。娥皇无子，女英生商均。舜升天子，娥皇为后，女英为妃。"关于"姮娥"即"嫦娥"的传说，《山海经》《淮南子》等都有记载。《淮南子·览冥》："羿请不死之药于西王母，姮娥窃以奔月，怅然有

---

① 《中国文物报》2017 年 11 月 17 日 8 版，《豳风》2017 年第 1 期。

丧，无以续之。"袁珂说："姮娥即《山海经·大荒西经》所记'生月十二'之常羲。古音读羲为娥，逐渐演变为奔月之常娥。《文选》注两引《归藏》，均谓常娥服不死药奔月。知常娥神话古有流传，非始于《淮南子》。""《诗·生民》'时维后稷'孔颖达疏引《大戴礼记·帝系篇》又作常仪，……羲、仪、娥，古音同。"①

秦汉之际又有吕后字娥姁的实例。《史记》卷九《吕太后本纪》司马贞《索隐》说吕后"讳雉，字娥姁也"。《史记》卷四九《外戚世家》："汉兴，吕娥姁为高祖正后。"刘增贵研究汉代女子名字，考察其中所透露的历史文化信息，注意到用"娥"的实例，所辑录计8例。②

《能改斋漫录》卷二《事始》"女称娥"分析了"娥"作为女子称谓的由来和演变："唐乐府有《忆秦娥》。娥字见《史记·齐悼惠王传》：'王太后有爱女，曰修成君，修成君有女，名娥。'后汉顺帝，乳母宋娥。又《史记·外戚世家》：'武帝时幸夫人尹婕好、邢夫人，众人谓之婕娥。'"③《史记》中华书局标点本断句作："武帝时，幸夫人尹婕好。邢夫人号婕娥，众人谓之'婕何'。婕何秩比

---

① 袁珂编：《中国神话大词典》，四川辞书出版社1998年1月版，第435、591页。
② 刘增贵：《汉代妇女的名字》，《新史学》7卷4期，1996年。
③ 〔宋〕吴曾：《能改斋漫录》，上海古籍出版社1979年11月版，第29页。

中二千石。"司马贞《索隐》:"《说文》云'婕,长也,好也'。许慎云'秦晋之间谓好为婕'。又《方言》曰'美貌谓之娥'。""婕娥"名号,是将"秦晋之间"言"好"及"美貌"的词语结合了起来。据《汉书》卷九七上《外戚传上》,"婕娥"之号及相应"爵位"为"武帝制"。《后汉书》卷一〇上《皇后纪上》李贤注:"婕妤一,婕娥二,容华三,充衣四,已上武帝置。"关于修成君有女名娥事,《史记》卷五二《齐悼惠王世家》:"皇太后有爱女曰修成君,修成君非刘氏,太后怜之。修成君有女名娥,……"《汉书》卷三八《高五王传》:"皇太后有爱女曰修成君,修成君非刘氏子,太后怜之。修成君有女娥,……"

东汉"名娥"即以"娥"为名字的女子又见数例。《后汉书》卷六一《左雄传》:"初,帝废为济阴王,乳母宋娥与黄门孙程等共议立帝,帝后以娥前有谋,遂封为山阳君,邑五千户。"这位"宋娥"以"高官增邑"为交换接收"货赂"等罪行"夺爵归田舍"情形,见于《后汉书》卷七八《宦者列传·孙程》。此外,《后汉书》卷九《献帝纪》李贤注引《续汉志》曰:"女子李娥,年六十余死,瘗于城外。有行人闻冢中有声,告家人出之。"其事见于《续汉书·五行志五》。《后汉书》卷五五《章帝八王传·清河孝王庆》:"帝所生母左姬,字小娥,小娥姊字大娥,犍为人也。初,伯父圣坐妖言伏诛,家属没官,二娥数岁入掖庭，及长，并有才色。小娥善史书，喜辞赋。和帝赐诸王宫人，因入清河第。"《后汉书》卷八四《列女传·孝女曹娥》："孝女曹娥者，会稽上虞人也。父盱，能弦歌，为巫祝。汉安二年五月五日，于县江沂涛婆娑迎神，溺死，不得尸骸。娥年十四，乃沿江号哭，昼夜不绝声，旬有七日，遂投江而死。至元嘉元年，县长度尚改葬娥于江南道傍，为立碑焉。"曹娥故事，《三国志》卷五七《吴书·虞翻传》、《晋书》卷九四《隐逸传·夏统》也有记载。《后汉书》卷八四《列女传·庞淯母》："酒泉庞淯母者，赵氏之女也，字娥。父为同县人所杀，而娥兄弟三人，时俱病物故，雠乃喜而自贺，以为莫己报也。娥阴怀感愤，乃潜备刀兵，常帷车以候雠家。十余年不能得。后遇于都亭，刺杀之。因诣县自首。曰：'父仇已报，请就刑戮。'禄福长尹嘉义之，解印绶欲与俱亡。娥不肯去。曰：'怨塞身死，妾之明分；结罪理狱，君之常理。何敢苟生，以枉公法！'后遇赦得免。"

张孟伦《汉魏人名考》分析"几种特殊的女子名字"，先举"妖冶"一类，以为"秦代统治天下，防民正俗，严禁淫泆"，"汉则不然"，宫廷"淫逸之习，固已毫无禁忌"，"而女子命名，也都诲奸诲淫，充满了邪妖娇娆的意味。"又说到"娥"："汉制，宫中位号，有婕娥爵级。'婕娥，皆美貌也'（《汉书·外戚传》颜注）。故'好而轻者谓之娥'（《方言》）。是娥乃美容轻佻，诱人玩弄之尤物。两汉女子，却多有名娥的。"所举实例，有修成君女娥、宋娥、曹娥、赵娥及汉安帝母家"二娥"。[①] 所谓"诲奸诲淫""邪妖娇娆""美容轻佻，诱人玩弄"的说法我们不能同意，而且应当指出，秦汉民俗并没有明显的由"严禁淫泆"到"毫无禁忌"的根本性转变。就"娥"字的使用而言，汉人其实继承了秦俗。有学者在分析现代女性人名用字的特点时，指出："在我们民族的传统中，男子和女子的名字一般是要有区别的。特别是女子的名字，总要反映出女性的特征来。"研究者又分别指出如下现象：（1）"常取表现美貌的字……。"（2）"有时借用他物来形容美貌。如用花草的名称或开花的状态形容……。"（3）"或用自然界的季节、美好的景物来形容……。"（4）"或用美丽的鸟儿来形容……。"（5）"常取表示珍贵的字。……"第（1）"常取表现美貌的字"，列举"姗、姣、娟、娥、婵、嫦、婍、婉、妙、媛、婷、妍、嫣、娜、娇、媚、丽、美、艳、彩、仙、俊等等"，[②] "娥"列位于第四。思考这样的文化人类学或者社会学现象，应当注意现代相关理念，可

---

① 张孟伦：《汉魏人名考》，兰州大学出版社1988年9月版，第68、71—72页。

② 中国社会科学院语言文字应用研究所汉字整理研究室：《人名用字和性别的关系》，中国社会科学院语言文字应用研究所汉字整理研究室编：《姓氏人名用字分析统计》，语文出版社1991年10月版，第455页。

以在秦人有关"榛娥"的历史文化信息中发现早期渊源。

《艺文类聚》卷四引隋庾信《七夕赋》曰："兔月先上，羊灯次安。睹牛星之曜景，视织女之阑干。于是秦娥丽妾，赵艳佳人，窈窕名燕，逶迤姓秦。嫌朝妆之半故，怜晚拭之全新。此时并舍房栊，共往庭中，缕条紧而贯矩，针鼻细而穿矩。"其中"秦娥丽妾"与"赵艳佳人"排比对应。"赵艳"即赵地女子以色艺优长活跃于社会上层，是人们熟悉的社会史现象。《战国策·中山策》："赵，天下善为音，佳丽人之所出也。"《史记》卷一二九《货殖列传》："女子则鼓鸣瑟，跕屣，游媚贵富，入后宫，徧诸侯。"《太平御览》卷一六一引《赵记》："女子盛饰冶容，习丝竹长袖，倾绝诸侯。"方诗铭《战国秦汉的"赵女"与"邯郸倡"及其在政治上的表现》[1] 有所论说。而"窈窕名燕，逶迤姓秦"，大致体现了秦崛起之后"弃击瓮叩缶而就《郑》《卫》"，"佳冶窈窕赵女""立于前"（《史记》卷八七《李斯列传》载《谏逐客书》）的情形。因政治强权的作用，各地美女"逶迤姓秦"。另一方面，"秦娥"称谓体现的原生于秦的"娥"这一女子美称，可能又由于秦文化借助军政强势的向东扩张，影响到更广阔的地域。上文引录周振鹤、游汝杰的分析："到了两汉之交，由于秦

---

① 《史林》1995 年第 1 期，收入《方诗铭文集》，上海社会科学院出版社 2010 年 4 月版。

人的东进，秦晋的方言已经糅合而一了。"或许这种方言的变化可以理解为起始于战国时期"秦人的东进"。周振鹤、游汝杰还指出："春秋之前诸夏语言的中心地区是成周（今河南洛阳）一带，那时候秦国的语言还偏在西方，在诸夏语言区域中并无重要的地位，到了两汉之交秦晋的方言一跃而占显要地位。在秦汉之后汉语的最终形成和后来的发展中，秦语起了关键的作用。后世的北方汉语就是以当时的秦晋和雒阳一带方言为基础，逐渐定型的。"[1]

前引《能改斋漫录》卷二《事始》"女称娥"开篇就说"唐乐府有《忆秦娥》"。"徐矩《事务原始》云：词始于李太白。"李白词作"乃后世倚声填词之祖"，相传李白有《忆秦娥》，"被认为百代词曲之祖（见郑樵《通志》）"。"《忆秦娥》自然是标准的词，但许多人疑心不是李白所作（例如《词苑丛谈》)。"无论是何人所作，其艺术水准之高是没有异议的，其中"秦娥梦断秦楼月""咸阳古道音尘绝"[2] 等句体现出对秦史及"咸阳"地方史的追忆，也是没有疑问的。

---

① 周振鹤、游汝杰：《方言与中国文化》(修订本)，上海人民出版社 1998 年 4 月版，第 99 页。
② 王力：《汉语诗律学》，上海教育出版社 2005 年 4 月版，第495—497 页。

长安碎影

秦二世望夷宫"祠泾"故事

　　秦始皇出巡途中去世，车队在"秘之，不发丧"的情况下继续行进。秦二世胡亥与载运秦始皇尸身的辒凉车经行直道回到咸阳。秦二世胡亥即位之后，曾效法"先帝巡行郡县，以示疆，威服海内"，以扩张行政权势为目的东巡，至辽东，还至咸阳，很可能再次经历直道。导致望夷宫之变发生的"二世梦白虎啮其左骖马，杀之，心不乐"，占梦卜曰"泾水为祟"，于是"乃斋于望夷宫，欲祠泾，沈四白马"事，成为距离咸阳最近的重要的祠祀水神仪式。

　　战国秦汉时期，秦人对于出行，怀有浓重的神秘主义意识。《史记》卷六《秦始皇本纪》"三十七年十月癸丑，始皇出游"，是秦始皇诸多出行实践记录中有关启程时间的唯一信息。《史记》保留这一日期或有深意。这是秦始皇最后一次出巡。十月癸丑，睡虎地秦简《日书》中属于秦人建除系统的"秦除"和"稷辰"中皆未见与"行"有关的文字，而在可能属于楚人建除系统的"除"中则正当"交日"。而"交日，利以实事。凿井，吉。以祭门行、行水，吉"（甲种四正贰）。"祭门行"仪式的意义，或即"告将行也"（《仪礼·聘礼》郑玄注），"行水"则是水路交通形式。秦始皇此次出行先抵江汉地区，"十一月，行至云梦"，很可能因此而据楚数术书择日。另一方面，"秦除"、"稷辰"虽未言"行吉"，但"十月癸丑"亦不值行忌日。可见，事实确如李学勤所说，"楚、秦的建除虽有差别"，但"又有一定的渊源关系"。[①] 现在分析，属于秦人建除系统的"秦除"和"稷辰"中，均未见"行吉"日。据此或许可以推想，秦人有可能是将"不可行"日之外的其他的日子都作为"利以行"、"行有得"或"行吉"之日看待的。这样说来，秦人建除中虽不著明"行吉"之日，而事实上的"行吉"日则有可能远较楚人建除为多。

秦二世言行也体现出对于出行的重视。《史记》卷六《秦始皇本纪》记载："诸侯咸率其众西乡。沛公将数万人已屠武关，使人私于高，高恐二世怒，诛及其身，乃谢病不朝见。"于是发生了导致其人生悲剧结局的值得注意的情节：

---

① 李学勤：《睡虎地秦简〈日书〉与楚、秦社会》，《江汉考古》1985年第4期。

> 二世梦白虎啮其左骖马，杀之，心不乐，怪问占
> 梦。卜曰："泾水为祟。"二世乃斋于望夷宫，欲祠
> 泾，沈四白马。

正是在望夷宫，秦二世与赵高矛盾的激化，致使赵高令阎乐率吏卒入宫，逼迫胡亥自杀。《史记》卷六《秦始皇本纪》："（二世）使使责让高以盗贼事。高惧，乃阴与其婿咸阳令阎乐、其弟赵成谋曰：'上不听谏，今事急，欲归祸于吾宗。吾欲易置上，更立公子婴。子婴仁俭，百姓皆载其言。'使郎中令为内应，诈为有大贼，令乐召吏发卒，追劫乐母置高舍。遣乐将吏卒千余人至望夷宫殿门，缚卫令仆射，曰：'贼入此，何不止？'令曰：'周庐设卒甚谨，安得贼敢入宫？'乐遂斩卫令，直将吏入，行射，郎宦者大惊，或走或格，格者辄死，死者数十人。郎中令与乐俱入，射上幄坐帏。二世怒，召左右，左右皆惶扰不斗。旁有宦者一人，侍不敢去。二世入内，谓曰：'公何不蚤告我？乃至于此！'宦者曰：'臣不敢言，故得全。使臣蚤言，皆已诛，安得至今？'阎乐前即二世数曰：'足下骄恣，诛杀无道，天下共畔足下，足下其自为计。'二世曰：'丞相可得见否？'乐曰：'不可。'二世曰：'吾愿得一郡为王。'弗许。又曰：'愿为万户侯。'弗许。曰：'愿与妻子为黔首，比诸公子。'阎乐曰：'臣受命于丞相，为

天下诛足下，足下虽多言，臣不敢报。'麾其兵进。二世自杀。"

望夷宫之变，标志秦帝国政治生命的完结。《史记》卷六《秦始皇本纪》："阎乐归报赵高，赵高乃悉召诸大臣公子，告以诛二世之状。曰：'秦故王国，始皇君天下，故称帝。今六国复自立，秦地益小，乃以空名为帝，不可。宜为王如故，便。'立二世之兄子公子婴为秦王。以黔首葬二世杜南宜春苑中。令子婴斋，当庙见，受王玺。"

望夷宫之变后，秦放弃帝号，回复"王国"名义。望夷宫，作为空间坐标，同时也是时间坐标，可以看作秦帝国史的终止符。

"梦白虎啮其左骖马，杀之"，是体现为交通危难的凶兆。于是秦二世"心不乐，怪"，是自然的。所谓"二世乃斋于望夷宫，欲祠泾，沈四白马"，似具有某种特别的涵义。裴骃《集解》："张晏曰：'望夷宫在长陵西北长平观道东故亭处是也。临泾水作之，以望北夷。'"张守节《正义》："《括地志》云：'秦望夷宫在雍州咸阳县东南八里。张晏云临泾水作之，望北夷。'""望夷宫"名义，即"望北夷"，具有联系北边，面向边疆"夷"族的空间形势。这自然会使人联想到直道的方向。"望夷宫在长陵西北长平观道东故亭处是也"，可知正当直道起点云阳甘泉通往咸阳的交通要道上。

"白虎"在方位象征秩序中通常对应西方，然而如果在从自直道南行往咸阳的路线上，"左骖"对应的正是东方，即将军冯劫谏言"关东群盗并起"（《史记》卷六《秦始皇本纪》）体现的政治危局。

《太平御览》卷六九七引《拾遗录》曰："秦王子婴寝于望夷宫，夜梦有人长文须，鬓绝青，纳王舃而乘丹车。告云：天下当乱，王乃杀赵高。所梦则始皇之灵，所着舃则安期所遗者。"这是另一则关于"望夷宫"的故事。《太平广记》卷七一《道术一·赵高》写道："秦王子婴常寝于望夷宫。夜梦有人身长十丈。鬓发绝伟。纳玉舃而乘丹车。驾朱马。至宫门、云欲见秦王婴、阍者许进焉、子婴乃与之言：谓婴曰：予是天使也，从沙丘来。天下将乱，当有欲诛暴者。翌日乃起，子婴既疑赵高，因囚高于咸阳。"秦王子婴梦中的"始皇之灵"，其交通能力借助"纳玉舃而乘丹车"得以表现。"望夷宫"在秦代交通系统中的地位亦得昭显。明代诗人王圻《望夷宫》诗："泾原筑望夷，欲觇边尘起。讵知亡国胡，生长祈年里。"①可知通常人们的理解，"望夷"可以观察"边尘""胡""夷"动向。清人杨鸾《长城》诗："嗟乎亡秦者胡，北胡何能啮骖者？虎祟乃非径，望夷宫中忽有兵。"②也强调"望夷

---

① 〔明〕王圻：《王侍御类稿》卷一四，明万历刻本。

② 〔清〕杨鸾：《邀云楼集六种·邀云三编》清乾隆道光间刻本。

宫"面对"北胡"即"望北夷"的作用。

秦二世"欲祠泾，沈四白马"的做法很可能与当时的交通观念有关。这一推想也许可以通过秦始皇相关事迹得到旁证。《史记》卷六《秦始皇本纪》记载："（三十六年）秋，使者从关东夜过华阴平舒道，有人持璧遮使者曰：'为吾遗滈池君。'因言曰：'今年祖龙死。'使者问其故，因忽不见，置其璧去。使者奉璧具以闻。始皇默然良久，曰：'山鬼固不过知一岁事也。'退言曰：'祖龙者，人之先也。'使御府视璧，乃二十八年行渡江所沈璧也。"《秦始皇本纪》接着记述了又一例神秘主义意识导致的交通行为："于是始皇卜之，卦得游徙吉。迁北河榆中三万家。拜爵一级。"张守节《正义》："谓北河胜州也。榆中即今胜州榆林县也。言徙三万家以应卜游徙吉也。""渡江""沈璧"应用以祈祝平安顺利，或与"祠泾，沈四白马"意义接近。而出行途中渡江河遇到艰难险阻的著名史例，有秦始皇三十七年（前210）出巡，"临浙江，水波恶，乃西百二十里从狭中渡。"而此行"少子胡亥爱慕请从，上许之"，也就是说，秦二世当时经与秦始皇同行，曾经亲历"临浙江，水波恶"的情形。

还有一则历史记载值得注意，《穆天子传》卷一记述周穆王与河宗柏夭相会的情形，曾经举行祭祀活动，其中有"沈马"的情节："天子授河宗璧。河宗柏夭受璧，西

　　　　　　　　　　　长安碎影

向沈璧于河，再拜稽首。祝沈马牛豕羊。"周穆王在河宗柏夭配合下"沈璧于河"又"沈马牛豕羊"的地点，在今内蒙古包头地方，即秦始皇直道的起点。而秦二世"欲祠泾，沈四白马"之所在，在直道终点与咸阳的交通道路上。一北一南两相比照，也是耐人寻味的。

踏行秦始皇直道

秦始皇时代，自九原（今内蒙古包头）至甘泉（今陕西淳化）修筑了一条高等级的道路"直道"。司马迁在自己的史学著述中保留了对于秦始皇直道的珍贵的历史记忆。《史记》卷六《秦始皇本纪》写道："三十五年，除道，道九原抵云阳，堑山堙谷，直通之。"《史记》卷一五《六国年表》也有"（三十五年）为直道，道九原，通甘泉"的记述。《史记》卷八八《蒙恬列传》说，"（秦始皇）使蒙恬通道，自九原抵甘泉，堑山堙谷，千八百里。"秦始皇直道的考察与研究，有助于深化对秦史的认识和理解，对于中国古代交通史的总结，也有重要的意义。

秦政的纪念

秦人有经营宏大工程的传统。秦穆公时代，向戎王使节由余展示炫耀宫殿和仓储建筑，对方感叹："使鬼为之，则劳神矣。使人为之，亦苦民矣。"（《史记》卷五《秦本纪》）秦统一之后的大规模营造，有长城工程、驰道工程、宫室工程、陵墓工程等。而直道工程自秦始皇三十五年（前212）方始启动，到三十七年（前210）载运秦始皇尸身的车队"行从直道至咸阳"，全程筑作过程大致只有两年左右的时间。虽然《史记》卷八八《蒙恬列传》有"道未就"的说法，然而赵高、李斯、胡亥等护送秦始皇柩车经行直道回归咸阳，"銮舆风过鲍鱼腥"（胡曾《咏史诗·沙丘》），说明这条道路已经具备可以通行帝王乘舆的规格。直道工程量非常浩巨而工期短暂，体现了秦帝国超常的行政效率。秦始皇直道，可以看作秦政的纪念。

秦始皇直道工程与长城工程由秦王朝负责经营"北边"防线的名将蒙恬主持。《史记》卷一一〇《匈奴列传》记载："始皇帝使蒙恬将十万之众北击胡，悉收河南地。因河为塞，筑四十四县城临河，徙適戍以充之。而通直道，自九原至云阳，因边山险堑溪谷可缮者治之，起临洮至辽东万余里。又度河据阳山北假中。"直道对于"击胡"即抗击北方草原强势民族之军事战略的特殊意义是明朗的。秦始皇时代在"北边""南海"两个方向的拓展，使得中原文化影响空前扩张。而长城防线因直道得到内地的直接支持。

关于直道工程，司马迁使用"堑山堙谷"一语。秦始皇直道的考古调查与考古发掘，证实了这种施工形式的普遍。陕甘之间保留的秦直道遗存，许多路段仍然有宽度超过50米的路面。"千八百里""直通之"的秦始皇直道在交通史上声名显赫，对于具体的道路工程史研究，也提供了实证信息。

秦始皇去世，秘不发丧，车队"行从直道至咸阳"，随后"太子胡亥袭位，为二世皇帝"。经历"辒凉车载鲍鱼归"（〔宋〕刘克庄：《读秦纪七绝》）即直道的规划者最终以极其特殊的方式经行这条道路的情节，秦史逐步走向尾声。

直道：司马迁的足迹、笔迹和心迹

司马迁是著名的重视实地考察、喜爱远程游历的历史学者。王国维说："是史公足迹殆遍宇内，所未至者，朝鲜、河西、岭南诸初郡耳。"（《太史公行年考》）在《史记》卷八八《蒙恬列传》篇末，司马迁记录了亲身行历直道的体验："太史公曰：吾适北边，自直道归，行观蒙恬所为秦筑长城亭障，堑山堙谷，通直道，固轻百姓力矣！"我们今天行走在秦直道宽广坚实的路面上，会想到司马迁"自直道归"的经历以及"固轻百姓力矣"的叹息。如果没有司马迁对于秦始皇直道的高度关注、亲身踏察与具体记述，对于这条堪称最伟大交通工程之卓越成品的古代道路，也许后世人们会长期心怀基于无知的冷漠。司马迁之后二千余年，我们基本没有看到对秦直道予以特别关注的文史论著。

所谓"固轻百姓力矣"，是司马迁立足民本立场的历史感叹，指出了秦直道工程建设其社会付出代价的沉重。脚踏路草黄尘，追想太史公当年的足音，可以体会史家名言的深切内涵。而天风林籁，也回响着古今的共鸣。作为役人的兵士和农夫在直道路基一层层的夯土间抛洒了汗水，甚至牺牲了生命。考古学者在秦汉地层发掘清理出当时人在直道路面行走的真切足迹。我们看到这些遗存，可以曲折体会其中隐含的历史语言和文化意识，理解"百姓"对秦直道工程的感觉。相关体现心态史的文字资料，可见行经直道的文人、商贾们的感受在相关方志中"艺文"部分的片断存留。

不过，我们感受到的最清醒最开明的历史理念的体现，还是司马迁的名句"固轻百姓力矣"。

秦始皇直道的考察与研究

秦直道"千八百里""直通之"，沿途有草原荒漠、黄土高原等不同地貌，南段修筑在子午岭山脊之上。一路经历沙地、草甸、高山、疏林，遗迹现象残断，遗存形式复杂。千百年来，实际上并没有真正进入史家的视野。

对秦始皇直道的科学研究自20世纪70年代始。内蒙古自治区的考古学者对秦始皇直道北段进行了实地调查。史念海先生的历史地理学名作《秦始皇直道遗迹的探索》，宣示秦直道研究的学术路径正式开启。此后，许多学者开始关心这一研究主题，并致力于学术实践。历史地理学研究者和交通史志研究者结合文献研究与田野考察，相继发表了一系列值得重视的学术成果。陕西、甘肃、内蒙古的考古学家和许多珍视并致力于保护古代文化遗存的人文学者分别进行了多次直道遗迹的艰苦调查。靳之林、王开、徐君峰等先生坚持数年的秦直道考察，为秦直道研究提供了值得重视的第一手资料。陕西省考古研究院张在明教授主持的秦直道发掘，获得了重要成果。他在陕西富县进行的发掘，列名 2009 年度全国十大考古新发现。民间热爱中国历史文化，关注秦始皇直道的人们，也曾经发起多种形式的对于秦直道保护和考察极有意义的活动。如"善行天下"公益徒步活动组委会策划并实践的多次对秦始皇直道北段的徒步考察，以及史军、刘敬伟、于恬恬、荣浪 2014 年 9 月至 10 月自淳化至包头对秦始皇直道全程的徒步考察等。他们以数十年的辛苦努力，通过脚步和手铲，亲近秦直道，观摩秦直道，踏察秦直道，于是形成了科学考论秦直道的新的条件。

陕西师范大学出版总社组织的秦直道遗迹考察（2013年 8 月 7 日至 17 日），集合了数十名历史学者和考古学者，行历陕西淳化、旬邑—甘肃正宁、宁县—陕西黄陵、富县、甘泉，获得了诸多收获。这样的工作，也成为"秦直道"丛书编撰的重要的学术基础之一。

"秦直道"丛书面世的意义

陕西师范大学出版社的朋友们为推进秦始皇直道的研

究精心策划，精心组织，精心操作，推促学界朋友合力完成了"秦直道"丛书。作为有识见的出版家的这一功德事，秦史研究者、历史地理研究者、中国古代交通史研究者以及所有关心中国历史文化的朋友们都会由衷感激。列入国家"十三五"重点出版规划项目、2012年陕西出版基金资助项目的这部"秦直道"丛书包括徐卫民、喻鹏涛著《秦直道与长城——秦的两大军事工程》，徐君峰著《秦直道道路走向与文化影响》，张在明、王有为、陈兰、喻鹏涛著《岭壑无语——秦直道考古纪实》，徐君峰著《秦直道考察行记》，王子今著《秦始皇直道考察与研究》，宋超、孙家洲著《秦直道与汉匈战争》，马骕、雷兴鹤、吴宏岐编著《秦直道线路与沿线遗存》、孙闻博编《秦直道研究论集》。丛书编写的学术构想，不强求作者学术意见的简单一致。读者可以看到，不同的学术见解，例如对于所谓"东线说"和"西线说"的不同认识，分别呈示于作者们各自的论著中。编撰者愿意学习仿效当年《古史辨》的编者以宏大胸怀同时发布相互对立的学术观点的做法，以方便读者能够一览学术全局，明了学术流变，自主学术分析，形成学术新知。应当说明，尽管若干学术意见存在分歧，但是对实证原则的坚守，对历史真实的探索，对科学真知的追求，对学术规范的遵循，是"秦直道"丛书作者们共同的理念。关于秦直道起点和终点的科学表述，关于秦直道在汉与匈奴战争中的作用，关于秦直道的经济效能，关于秦直道与子午道的关系，关于秦直道与长城构成的军事建设格局，关于秦直道联系"径路神祠"即"匈奴祭天处"与华夏人祭黄帝处的意义，关于秦直道沿线遗存的认识等等，作者分别发表了新的学术意见。秦始皇直道营造的起因，在于与匈奴的战争。军事学家克劳塞维茨说，"战争是一种人类交往的行为。"① 马克思和恩格斯在回顾"奴隶制"以来的历史时也曾经指出，历史"逐渐发展"的重要因素之一，是"战争和交易这种外部交往的扩大"。除了"帝政""武装配备"及"冲突""暴动""起义"的作用外，他们注意到"军事制度"与"征服""破坏"的历史影响，指出"战争本身还是一种通常的交往形式"。② 回顾秦汉历史，与战争同时发生的民族之间的文化"交往"形式，还有和亲、赂遗，以及关市等。其性质也可以看作"交易"。由于直道通行条件的便利，成为这些活动的首选线路。在战争史的视角之外，同时从交往史、民族史、开发史、工程史的视角考察理解直道的历史意义，应当是适宜的。这样的工作，自"秦直道"丛书已经迈出

---

① 《战争论》第 1 卷，中国人民解放军军事科学院译，解放军出版社 1964 年 2 月版，第 179 页。
② 《德意志意识形态》，《马克思恩格斯选集》第 1 卷，人民出版社 2012 年 9 月版，第 148—149、186、206 页。

初步。

相信随着今后秦直道研究工作的进展，特别是秦直道考古工作新收获的取得，一些学术疑问能够得以澄清，若干学术共识应当可以逐步形成。

史念海先生多年在陕西师范大学工作。"秦直道"丛书由陕西师范大学出版总社推出，应当符合史念海先生的心愿。"秦直道"丛书郑重面世，可以看作对史念海先生的一种纪念。作为学生、晚辈和学术追随者，我们也表示这样的心愿：今后我们将进一步努力实现历史文献学、考古学、历史地理学、军事学、建筑学的完满结合，深化并充实秦直道的研究，并进一步推动秦汉历史文化的多方位考察。

东方斯巴达的精神塑像

　　几位中青年历史学者组织编撰的一套尝试更新传统史学撰述形式的历史学术著作，1998 年由中国青年出版社推出。这套书总题《龙蛇沧桑》，其中的秦代卷，是王和先生的《猛士的乐土》。

　　对于中国历史稍有了解的人都会知道，秦史虽然短暂，却如雷驰电射，于中国古代社会震动极大，对后来 2000 年的历史的影响，也是极其深刻的。自汉初起，就多有学者对秦史进行回顾与总结，历代见仁见智，言人人殊，其中不乏灼见真知，但是在传统史学的框架中，认识大多未能跳出取鉴于治乱兴亡的旧轨，是自然的。近世新史学观的影响，一扫旧史学的千年尘霾，看起来多有破除，但是累累论著，却依然在总结政治史方面作文章。对于探讨社会文化真正的演进方向与演进历程，似乎普遍漠视。比如，从文化史的角度说明如秦史这样的重要的历史阶段的研究成果，就罕见发表。这实在是令人遗憾的事。

现在我们读到的《猛士的乐土》，则是从宏观文化之历史演进的角度论说秦史的成功之作。

对于秦帝国兴起和灭亡的原因，作者认为，以往的概括归纳多属"政治解释"，多是政治家、政论家视角的观察和认识。而按照布罗代尔的观点，"政治行为"对于人类社会的作用和影响虽然最为直接，然而也最为短暂，相比之下，文化的作用则远为持久和深远。王和先生有意探讨秦之兴亡除了政治行为的原因之外的"其成因和作用更为久远的、文化意义（此处主要指行为模式、思维方式、价值取向等等）上的深层背景"，发现了秦文化迥异于华夏文化的诸多特质，发现了秦人独特的文化精神。在这一认识基点上回顾秦史，指出"秦帝国兴亡的历史，也即是秦文化兴亡的历史"，于是秦人历史创造的生动辉煌和秦帝国最终的灭亡命运，都得到文化的解释，使秦史研究开了新生面。

王和先生运用社会学、文化学的理论来阐释华夏文化以及"僻在雍州，不与中国诸侯之会盟，夷翟遇之"的秦人的文化的本质特征，有新的发现。王和先生指出，华夏文化的本质是一种以人际关系思想的成熟与发达为基础的"群体本位"文化，而秦则界于夷狄和华夏之间，由于传统的作用以及现实的内外部条件与环境的制约，直到统一天下乃至灭亡，都始终未能形成"群体本位"文化的特征。秦国宗法制度很不发达的事实，以前有学者曾经揭示。王和先生又进行了更为透彻的历史说明。而关于所谓秦人"不断进取的""文化特质"，秦人"无止境的功利意识"，秦人"不讲'中庸'、不知行事有节的价值观念"的文化透视与历史评判，应当说是极有价值的新识。总结秦短促而亡的历史，王和先生认为，秦始皇"一生果敢有为，明察英断"，然而却以"超负荷地役使民力的酷烈统治"，"使秦王朝走到了崩溃的边缘"，其原因，在于形成文化传统的秦人价值观的作用，而"续六世之余烈，振长策而御宇内"的成功，更证明了这种传统的正确与有效，"所以说到底，秦始皇个人的行为错误，不过是反映了秦文化的本身缺陷而已。"这一结论，也是有说服力的。

《猛士的乐土》的作者长于史学理论的理解和运用。中国史，特别是中国古代史的专著于理论如此明习惯练，运用又并不生硬刻板者，实不多见。近年来，学术生活中以"比较"为标榜的研究渐成气候。若干学科冠以"比较"二字，似乎即面目一新。不过，"比较"，绝不只是一种简单的标牌，而是一种体现出新的学术视界和新的文化意境的研究方法。比较研究，或许可以说是代表了一种拓广学术视野，推动学术进步的时代方向。中西文化的对照和比较，长期是诸多中国古史研究者不习用的方法。近来有学者使用，有取得成功的，也有标榜新奇，却流于华而不实的。《猛士的乐土》一书有关"东方斯巴达"的论述，则是切近历史真实的一例，同时又使读者体味到生动新鲜的文化感觉。王和先生指出，斯巴达人"在军事上的卓越成就"与"在文化上的贫乏低能"，"适成鲜明对照"。"古希腊的辉煌属于雅典，而对于斯巴达，我们除了其军事活动的史实之外，再也看不到任何具有久远价值和意义的遗产。军国主义的道路，大都是这样冷酷而乏味，缺乏任何动人的光彩。秦国的发展之路，就是典型的军国主义道路。"这样的历史比较究竟是否科学，当然还可以讨论，但是通过军事成功与文化建设这两个方面的对比进行历史文化分析，确实可以发人深思。

《猛士的乐土》一书中关于秦史与秦文化若干以往没有受到普遍重视的具体问题的注意和揭示，也值得称道。例如对于王氏家族、蒙氏家族、李氏家族等秦名将世家的历史作用的分析，发人所未发，读来也可以得到重要的启示。

《龙蛇沧桑》丛书的组织者的设想，是"每部书都要用一个人物群体作为主要线索，通过这个人物群体的活动，反射出他们所处时代的精神风貌和时代特色"。现在《猛士的乐土》一书的问世，确实使我们看到了秦人立体的精神塑像和秦文化鲜明的时代风貌。《龙蛇沧桑》同仁们钦慕一些优秀海外历史读物"跳跃的思路、活泼的笔调和自由的议论"，可能有这种积极的启发的作用，《猛士的乐土》一书的学术倾向和文化追求是明确的，其中闪亮的思想火花和明朗的论说风格，也可以给读者深刻的印象。应当说，作者期望更新历史学术风格，以求"事出于沉思，义归于翰藻"的努力，基本取得了预期的成功。不过，要真正接近理想的境界，确实是困难的事。这可能要依靠更多学者的共同的长期实践。而在进行这种努力的同时，又应当力戒片面追求新异而失之于空疏，这也是我们应当共同警惕的。

孔鲋的文化立场

孔子八世孙孔鲋是秦代文化闻人。实现统一之后的秦帝国任用了一些儒生多方面参与文化咨询，孔鲋没有进入这一群体。在陈涉发起反秦暴动，六国复国浪潮涌起之后，孔鲋任职张楚政权。孔鲋持与秦王朝不合作的立场，据说有"吾为无用之学"，"秦非吾友"的表态。孔鲋通过切身体会，应当认识到秦文化的实用风格怎样阻碍了社会才力的发挥，延滞了学术思辨的进步，并且影响了秦政治史的走向。考察孔鲋的文化立场，对于理解秦汉之际儒学的历史风格，也有积极的意义。

"陈涉博士"孔鲋

《史记》卷一二一《儒林列传》记载了孔鲋在秦末社

会动荡中"往归"农民暴动首领陈胜的事迹:"及至秦之季世,焚《诗》《书》,坑术士,《六蓻》从此缺焉。陈涉之王也,而鲁诸儒持孔氏之礼器往归陈王。于是孔甲为陈涉博士,卒与涉俱死。陈涉起匹夫,驱瓦合適戍,旬月以王楚,不满半岁竟灭亡,其事至微浅,然而缙绅先生之徒负孔子礼器往委质为臣者,何也?以秦焚其业,积怨而发愤于陈王也。""于是孔甲为陈涉博士",裴骃《集解》:"徐广曰:'孔子八世孙,名鲋字甲也。'"

据《史记》卷四七《孔子世家》记载,孔子至孔鲋世系,于"孔子生鲤,字伯鱼","伯鱼生伋,字子思","子思生白,字子上","子上生求,字子家","子家生箕,字子京","子京生穿,字子高"之后,又说:"子高生子慎,年五十七,尝为魏相。子慎生鲋,年五十七,为陈王涉博士,死于陈下。"梁玉绳《史记志疑》就孔鲋的名号有所讨论:"案:《孔光传》是'鲋',而《儒林传》作'甲',师古曰'名鲋字甲'。《后序》子鱼名鲋,后名甲。《孔丛·独治篇》子鱼名鲋甲,陈人或谓之子鲋,或称孔甲。《史》失书其字。"

班固《汉书》卷二〇《古今人表》载录内容截止于秦末。表列九个阶次,即所谓"列九等之序",以"归乎显善昭恶,劝戒后人"。九等,即:"上上圣人""上中仁人""上下智人""中上""中中""中下""下上""下中""下下愚人"。孔鲋列名于"中中"，与时代大略接近的人物淳于越、李牧、燕太子丹、鞠武、荆轲、樊於期等列为同一等级。较列为"中上"的韩非、燕将渠、乐间、高渐离低一等次。而高于列为"中下"的秦始皇、李斯、秦武阳、项梁、秦子婴、项羽、陈胜、吴广。班固等列古人，或许自有其文化深意。

孔鲋的职任

臧励龢等编《中国人名大辞典》"孔鲋"条说："孔鲋，秦。穿子，字子鱼，亦字甲。博通经史。秦始皇并天下，召为鲁国文通君，迁少傅。李斯始议焚书，鲋闻之，收其家《论语》《尚书》《孝经》等书藏于旧宅壁中。隐居嵩山，教弟子百余人。后陈涉为楚王，聘为太傅，寻托疾而退，卒于陈。著书二十篇，名曰《孔丛子》。"（《中国人名大辞典》，上海书店据商务印书馆 1921 年版 1980 年 11 月复印版，第 46 页）《阙里谱系》写道："九代鲋，字子鱼。该览六艺，秦并天下，召为鲁国文通君，拜少傅。秦焚书，乃归藏书屋壁，自隐嵩山。陈涉起，聘为博士，迁太傅，仕六旬，言不用，退。卒于陈，年五十七。著《孔丛子》。"孔鲋"鲁国文通君""少傅"等职任的有关信息，当据此。

长安碎影

《孔丛子》见于《隋书》卷三二《经籍志一·经》，称"陈胜博士孔鲋撰"。《宋史》卷二〇五《艺文志四》称"汉孔鲋撰"。《孔丛子》又有题"汉太傅孔鲋著"者。（〔清〕丁丙撰：《善本书室藏书志》卷一五）所谓"汉孔鲋"与"汉太傅孔鲋"之说，与《史记》有关孔鲋死于陈涉败亡之时的记叙不合。

前引《史记》卷四七《孔子世家》说，孔鲋"为陈王涉博士"，《史记》卷一二一《儒林列传》说"为陈涉博士"。孔鲋任张楚政权"博士"，大概是确实的。

孔鲋之死

称《孔丛子》"汉孔鲋撰"，"汉太傅孔鲋著"者，都是错误的。孔鲋人生的终点，在汉王朝建立之前。

前引《阙里谱系》说：孔鲋投入陈涉政权，"仕六旬，言不用，退。卒于陈，年五十七。"宋人已有孔鲋在张楚政权"托目疾而退"的说法。如宋咸《孔丛子序》，晁公武《郡斋读书志》"《孔丛子》十卷"条。所谓"退"，似有意疏隔孔鲋与张楚的关系。但是此说没有早期文献的依据。孔鲋"卒于陈"的具体情形，《史记》卷四七《孔子世家》："为陈王涉博士，死于陈下。"《史记》卷一二一

《儒林列传》："为陈涉博士，卒与涉俱死。"《汉书》卷八八《儒林传》："陈涉之王也，鲁诸儒持孔氏礼器往归之，于是孔甲为涉博士，卒与俱死。"

我们看到两种说法：一说孔鲋已"退"，但是仍然"卒于陈"；一说"与涉俱死"。看来后一种说法或许可信。而且即使"言不用，退"，或者托疾"退"，也同样可能"与涉俱死"。《盐铁论·褒贤》"大夫"之言也有关于孔鲋之死的信息："文学高行，矫然若不可卷；盛节絜言，皭然若不可涅。然戍卒陈胜释挽辂，首为叛逆，自立张楚，素非有回、由处士之行，宰相列臣之位也。奋于大泽，不过旬月，而齐、鲁儒墨缙绅之徒，肆其长衣，——长衣，容衣也。——负孔氏之礼器《诗》《书》，委质为臣。孔甲为涉博士，卒俱死陈，为天下大笑。深藏高逝者固若是也？"也说"俱死陈"。所谓"与涉俱死"，可以说明孔鲋的政治表现。

陈胜暴动，"奋于大泽，不过旬月"而孔鲋往投。农民军失败，"卒俱死陈"。孔鲋之死体现的文化风格、政治态度和人生原则，其实是值得文化史学者重视的。

孔鲋："秦非吾友"

《史记》卷二八《封禅书》记载，秦始皇东巡至泰山下，曾经就"封禅"程式咨询齐鲁儒生博士，因所议"难施用"，于是"由此绌儒生"。看来，可否"施用"，是秦始皇文化判断和政策选择的重要标尺。"难施用"，《史记》卷一二《孝武本纪》写作"难施行"。《史记》卷七四《孟子荀卿列传》评价东方学者所谓"戚也文具难施"之"难施"，应当有与"难施用"、"难施行"接近的语义。

据《资治通鉴》卷七《秦纪二》"始皇帝三十四年"，孔鲋评价秦政，曾经表示："吾为无用之学"，"秦非吾友。"也强调了文化态度的这种区别。《孔丛子》卷中写道："秦始皇东并。子鱼谓其徒叔孙通曰：'子之学可矣，盍仕乎？'对曰：'臣所学于先生者不用于今，不可仕也。'子鱼曰：'子之材能见时变今。为不用之学，殆非子情也。'叔孙通遂辞去，以法仕秦。"对于秦政鄙薄和敌视儒家"文学"的政策，有的儒生依然坚守文化立场"为不用之学"，有的儒生则"能见时变今"。"所学"之"用"与"不用"，似乎形成了政治态度的分野。

据傅亚庶《孔丛子校释》，《孔丛子》有的版本记录孔鲋明确说到"有用之学"。叶氏藏本、蔡宗尧本、汉承弼校跋本、章钰校跋本孔鲋语都可以看到"吾不为有用之学，知吾者唯友。秦非吾友，吾何危哉？"字样。明人董斯张《广博物志》卷二八《艺苑三·图籍》引《孔丛子》

所载子鱼语则作"吾为无用之学，知吾者唯友。秦非吾友，吾何危哉?"《资治通鉴》所取用的，应当就是这一记录。孔鲋言辞所透露的信息，似乎可以反映秦时当政者对所谓"无用之学"的轻蔑与无知。

秦文化高度务实的倾向在特定历史条件下的积极作用得以突出显现。秦实现统一，技术层面诸多优越条件的作用[①]，应与此有密切关系。但是另一方面，推崇"实用"之学至于极端，简单武断地否定所谓"不用之学"、"无用之学"，自然不利于历史意义深刻而长久的理论思考、文化建设和教育进步。[②]

有学者曾经指出，"秦之学术的作用多在形而下的实用方面。这个特点实际在于由秦国到秦王朝的统治者对学术的约束而形成的。""秦统治者的这种态度也是春秋战国时期严峻的国与国的政治形势决定的。他们需要的是用速成的办法富国强兵，以应付当时对秦国不利的国际环境。这样一来，真正思辨的思想家是难于见用的。"[③]这样的意见是基本正确的。然而，既要看到当时普遍的政治情

① 王子今：《秦统一原因的技术层面考察》，《社会科学战线》2009年第9期。
② 王子今：《秦"功用"追求的极端性及其文化影响》，《陕西历史博物馆馆刊》第20辑。
③ 张文立、宋尚文：《秦学术史探赜》，陕西人民出版社2004年5月版，第19页。

势，也应当注意秦人"功用"追求的极端化特征及其文化传统背景。孔鲋"吾为无用之学"，"秦非吾友"的表态，是清醒的政治态度的申明，也体现了对确定的文化立场的坚守。

英雄歌哭：太史公笔下刘项的心思和表情

正如鲁迅"史家之绝唱，无韵之《离骚》"[①]所言，《史记》作为史学的经典，也是文学名著。而其中蕴涵的文化识见，也多有高明深刻之处，可以给读者启迪。

垓下：项王"悲歌忼慨""泣数行下"

读《史记》卷七《项羽本纪》，都会注意到对垓下决战的精彩写述。楚霸王英雄生涯最后一幕的重要情节，使人印象至深："项王军壁垓下，兵少食尽，汉军及诸侯兵围之数重。夜闻汉军四面皆楚歌，项王乃大惊曰：'汉皆已得楚乎？是何楚人之多也！'项王则夜起，饮帐中。有

---

① 《汉文学史纲要》，《鲁迅全集》，人民文学出版社1981年版，第420页。

美人名虞，常幸从；骏马名骓，常骑之。于是项王乃悲歌忼慨，自为诗曰：'力拔山兮气盖世，时不利兮骓不逝。骓不逝兮可奈何，虞兮虞兮奈若何！'歌数阕，美人和之。项王泣数行下，左右皆泣，莫能仰视。"

这是我们熟悉的故事，这是我们熟悉的歌诗。对于"力拔山兮气盖世"的"气"，宋代理学家谈"浩然之气"时以此为例："浩然之气只是气大敢做，而今一样人畏避退缩，事不敢做，只是气小。有一样人未必识道理，然事事敢做，是他气大。如项羽'力拔山兮气盖世'，便是这样气。人须是有盖世之气方得。"

这是朱熹老夫子引程子的话，见《朱子语类》卷五二。

沛宫：高祖"慷慨伤怀，泣数行下"

鸿沟是刘邦、项羽两军分界。唐人张碧《鸿沟》诗写了自称"力拔山兮气盖世"的英雄项羽败死之后刘邦得意登基的历史转变："吴娃捧酒横秋波，霜天月照空城垒。力拔山兮忽到此，骓嘶懒渡乌江水。新丰瑞色生楼台，西楚寒蒿哭愁鬼。三尺霜鸣金匣里，神光一掉八千里。汉皇骤马意气生，西南扫地迎天子。"(《全唐诗》卷四六九）所谓"三尺霜鸣"，是指刘邦建国大业起始时斩白蛇神话中的那柄"三尺剑"。据《全唐诗》，"神光一掉八千里"一作"神光一透八千里"。而《御定全唐诗录》卷五七作"神光一照八千里"，《唐诗纪事》卷四五作"神光一万八千里"。诗句中成败盛衰比照鲜明，与"西楚寒蒿哭愁鬼"对应的是"新丰瑞色""汉皇""意气"。

我们看到，和项羽"力拔山兮"悲歌享有大致同样知名度的，还有刘邦的《大风歌》。《史记》卷八《高祖本纪》有如下记述："高祖还归，过沛，留。置酒沛宫，悉召故人父老子弟纵酒，发沛中儿得百二十人，教之歌。酒酣，高祖击筑，自为歌诗曰：'大风起兮云飞扬，威加海内兮归故乡，安得猛士兮守四方！'令儿皆和习之。高祖乃起舞，慷慨伤怀，泣数行下。"

英雄成败——一样的表情，不一样的心思

项羽歌"力拔山兮"事在《史记》卷七，刘邦歌"大风起兮"事在《史记》卷八。据篇次相邻的文字记录，虽一胜一负，一败一成，一枯一荣，两位各自均"气大敢做"的英雄，在彼此不同的故事情境中，却有相近的表现。项羽"自为诗曰"，刘邦"自为歌诗曰"。项羽"悲歌忼慨"，

刘邦"慷慨伤怀"。项羽"饮帐中",刘邦"置酒沛宫","纵酒","酒酣"。项羽"歌数阕,美人和之",似乎是男女声共同的表演;而刘邦先则"击筑",后"乃起舞",也参与了集体狂欢。

刘邦歌"大风"之后,太史公又记载:"谓沛父兄曰:'游子悲故乡。吾虽都关中,万岁后吾魂魄犹乐思沛。且朕自沛公以诛暴逆,遂有天下,其以沛为朕汤沐邑,复其民,世世无有所与。'沛父兄诸母故人日乐饮极欢,道旧故为笑乐。"这段记述三次出现"乐"字,"乐","乐饮极欢","道旧故为笑乐"。然而刘邦自己的表现,在"乐"的另一面,又似乎流露出深心的悲怆。据太史公的具体记载,"慷慨伤怀"之后,即"泣数行下"。此高祖"泣数行下"与"项王泣数行下"的表情记录,竟然完全相同,一字不差。

一个失败的英雄,面对悲剧结局,自为壮歌,"泣数行下"。一个成功的英雄,面对"神光一万八千里","西南扫地迎天子"的胜利庆典,同样在"自为歌诗","令儿皆和习之"之后,"泣数行下"。

太史公深意推想

在刘项故事两处各见"泣数行下"四字的背后,太史公有什么深意吗？

　　对于项羽与刘邦之歌哭近似的描写，是否意味着在二者之间的情感天平上维持了一种特殊的平衡，也就是说，提升了项羽的历史地位和文化感召力呢？有关项羽言行的记述，长期被史学史研究者看作太史公历史著述的亮点。或由此肯定项羽"尤一时之雄也"（郝敬：《史汉愚按》卷二），或说《项羽本纪》乃太史公"嗟惜之辞"（叶适：《习学记言序目》卷一九《史记》）。吴见思说："项羽力拔山气盖世，何等英雄，何等力量，太史公亦以全神付之，成此英雄力量之文"，"精神笔力，力透纸背"（《史记论文·项羽本纪》）。李晚芳写道："羽之神勇，千古无二；太史公以神勇之笔，写神勇之人，亦千古无二。""后之作史者，谁有此笔力？"（《读史管见》卷一《项羽本纪》）徐与乔也说，太史公对项羽的描写，"如绘神笔也。"（《经史辨体·史部·项羽本纪》）而郭嵩焘特别指出，"垓下"史事的记述，"自是史公《项羽纪》中聚精会神极得意文字。"（《史记札记》卷一《项羽本纪》）太史公对项羽事迹的回顾，固然倾注了自己深切的同情，然而基本史实的记录，应当坚持了严肃史家的清醒。有学者说，太史公对项羽的表现，"以深刻的真理、壮丽的诗情和英雄的格调使我们深受鼓舞。"[①] 这样的说法或许有一定的参考意义，但

<hr>

① 　陈曦：《此身合是诗人未？——〈史记·项羽本纪〉的另一种解释》，《名作欣赏》2007 年第 2 期。

所谓"深刻的真理"究竟是什么，似乎应当有所说明。

就刘邦"酒酣"唱"大风"故事的描写，刘辰翁说："古今文字，淋漓尽兴，言笑有情，少可及此。"(《班马异同》卷二）吴见思说，"沛中留饮处"，"写其豁达本色，语语入神。"(《史记论文·高祖本纪》）李晚芳也有近似的评价："沛中留饮，处处画出豁达大度"，"语语入神"。(《读史管见》卷一《高祖本纪》)"泣数行下"是否可以理解为"豁达"的表现，还可以思索。而有的学者对刘邦这样的分析或许也与太史公的意思有所接近：功成业就后生发的空虚失落使他处于深层的精神痛苦中。[1]寂寞与孤独，说不定也是让帝王垂泪的因由。

可以说太史公确实认真进行了对历史人物心态考察与写摹的探索。正如钱锺书所说，《高祖本纪》"并言其心性"，《项羽本纪》也涉及其"性情气质"。对项羽"科以心学性理，犁然有当"，"谈士每以'虞兮'之歌，谓羽风云之气而兼儿女之情，尚粗浅乎言之也。"[2]我们比较刘项的"泣数行下"，也许应当注意太史公分析"性情气质""心学性理"的功夫。

顾颉刚《司马谈作史》写道："《史记》一书，其最精

---

[1] 赵明正：《生命的悲剧形象展示——〈史记·高祖本纪〉新解读》，《山西师范大学学报》2000年第4期。
[2] 《管锥编》第1册，中华书局1979年版，第275页。

彩及价值最高之部分有二，一为楚、汉之际，一为武帝之世。……若楚、汉之际，当为谈所集材。谈生文帝初叶，其时战国遗黎、汉初宿将犹有存者，故得就其口述，作为多方面之记述。此一时期史事之保存，惟谈为当首功。其笔力之健，亦复震撼一世，叱咤千古。"除了"生龙活虎，绘声绘色"，表现出"文学造诣之高"而外，"其史学见解之深辟又可知"。

看来，要追求"笔力之健"，至于"震撼一世，叱咤千古"的境界，似乎应当首先以"史学见解之深辟"为前提。而关于刘项自为歌诗又"泣数行下"的记述形式，或许就是"史学见解之深辟"的表现。

关于刘项"不读书"

　　傅斯年访延安，毛泽东书章碣《焚书坑》诗相赠，并致信："孟真先生：遵嘱写了数字。不像样子，聊作纪念，今日闻陈胜吴广之说，未免过谦，故述唐人语以广之。"所谓"今日闻陈胜吴广之说，未免过谦"，据说指毛泽东赞扬傅斯年在五四运动中的表现时傅的对答："我们不过是陈胜、吴广，你们才是项羽、刘邦。"于是，论者对于谁是"陈胜吴广"，谁是"刘项"，乃至毛泽东书赠此诗的深意何在，异议纷纭。而我们更为重视的，是章碣诗作中体现的历史理念可能曾经为毛泽东和傅斯年共同接受的事实。在五四时代，他们确曾一北一南，举起了《新潮》和《湘江评论》两面旗帜，鼓动了新的文化条件下类同两千一百多年前"山东乱"的革命形势。

"秦家事"反思

中国古代诗人多有"咏史""怀古"之作，这首《焚书坑》诗可以看作透露出先进历史观的值得珍视的精品。据唐人韦縠编《才调集》卷八所收录，章碣写道："竹帛烟销帝业虚，关河空锁祖龙居。坑灰未冷山东乱，刘项元来不读书。"有人曾经批评诗句中"搀入议论"，[①] 其实，在对史事的咏叹中发表史识，早已是中国诗家的传统。

以诗评史是一种特殊的史学形式。读"诗话"一类著作时欣赏对这种文学形式进行的评论，也是一件有意思的事。比如清代学者吴景旭撰《历代诗话》卷五三《焚书》可以看到所引录对章碣《焚书坑》的评论。"万历中，陈眉公诗：'雪满前山酒满觚，一编常对老潜夫。尔曹空恨咸阳火，焚后残书读尽无。'天启中，叶圣野诗：'黄鸟歌残恨未央，可怜一夕葬三良。坑儒旧是秦家事，何独伤心怨始皇。'一诘责后人，一追咎前人，各妙。"吴景旭说："秦时未尝废儒，而始皇所坑者，盖一时议论不合者耳。"

---

① 〔明〕胡震亨：《唐音癸签》卷一〇《评汇六》。

毛泽东对此加了圈点。[①] 宋人萧森希《通录》曾经说，"按史书所坑特侯生、卢生四百六十余人，非尽坑天下儒者"，而且"为其所坑，又非儒者"，"卢生等……特方伎之流耳，岂所谓儒者哉？"[②] 秦未曾坑儒的说法，今天仍然有人坚持。主要论点，也以为所坑杀的对象是"术士"而非"儒生"。其实，正如顾颉刚曾经指出的："当时儒生和方士本是同等待遇。""（秦始皇）把养着的儒生方士都发去审问，结果，把犯禁的四百六十余人活葬在咸阳：这就是'坑儒'的故事。"[③] 以为受害者乃"儒生方士"，两种身份并说。坑儒事后，"始皇长子扶苏谏曰：'天下初定，远方黔首未集。诸生皆诵法孔子，今上皆重法绳之，臣恐天下不安。唯上察之。'"（《史记》卷六《秦始皇本纪》）

扶苏作为最接近秦王朝执政集团决策者的人士，也是事件发生随即有所评论之，他的意见是最值得重视的。所谓"诸生皆诵法孔子"，指义非常明确。

对于"焚书坑儒"，毛泽东 1964 年 8 月 30 日的一次谈话中说：秦始皇是个好皇帝。焚书坑儒，实际上坑了460 个人，是属于孟夫子那一派的。其实也没有坑光，叔

---

① 陈晋主编：《毛泽东读书笔记解析》，广东人民出版社 1996 年 7 月版，第 1319 页。
② 〔元〕陶宗仪《南村辍耕录》卷二五。
③ 《秦汉的方士和儒生》，上海古籍出版社 1978 年版，第 12 页。

孙通就没杀么。虽然历史上任何每一次政治迫害运动之后，都依然会有迫害对象和迫害对象同等级者的存留。然而这一情形，并不能否定这种行为的残酷性。

秦始皇事后回顾"焚书"事，言"吾前收天下书不中用者尽去之"（《史记》卷六《秦始皇本纪》）。称"焚书"对象为"天下书不中用者"。医药、卜筮、种树之书等实用之学的积累确实得以保存，又有学者指出兵学知识仍然在民间普及，如袁宏道《经下邳》诗所谓"枉把六经灰火底，桥边犹有未烧书"（《明诗综》卷六二）。也有人据"夜半桥边呼孺子，人间犹有未烧书"咏张良事迹诗，论"兵家言原在'不燔'之列"（陈恭尹：《读〈秦纪〉》）。除了张良"夜半桥边"故事之外，项羽"万人敌"与韩信"背水阵"故事，也反映民间兵学的普及。尽管秦文化重视实用的风格使得许多技术层面的知识得以存留，但是以理论为主题的体现较高思辨等级的文化遗产遭遇"秦火"导致的中国文化的严重劫难，是不可否认的历史真实。虽然"民间《诗》《书》，未必能家摧而户烧之，燔余烬遗，往往或有"，[1] 但我们绝不能在回顾文化史时，轻易宽恕毁灭文明成就的文化专制主义的罪恶。

为什么坑杀了四百六十位诸生，历史记忆中留下如此

---

[1] 刘师培：《六经残于秦火考》，《左庵集》卷三。

深刻的"坑儒"的文化伤痕，但是还有不少儒学学者依然以博士身份服务于秦始皇呢？看来儒学背景的博士们大概表面上可以议政参政，但是不能发表与最高执政者政见不同的言论。当时秦王朝确定的文化政策，坚持极其严厉的原则，即所谓"有敢偶语《诗》《书》者弃市"，"以古非今者族"。"焚书坑儒"破坏的不是所有的文化，破坏的是思想；"焚书坑儒"迫害的不是所有的文化人，迫害的是思想者。

"焚书坑儒"在后世秦政批判的史论和政论中，往往被作为主要罪行受到谴责。而历史事实正如谭嗣同所说："二千年来之政，秦政也，皆大盗也。"（《仁学》卷二十九）扼杀思想，扼杀思想者，是中国帝制时代长期贯彻的文化政策。在有的历史时期，文字狱的残酷，甚至超过秦代。

"英雄之后，更有英雄"，"载籍而外，岂无载籍"

章碣《焚书坑》诗宣传的历史哲理，是得到许多文化共鸣的。明代学者叶廷秀《诗谭》卷二"题焚书坑"条写道："唐章碣《题焚书坑》……足为士子吐气。又见一诗：'焚书只是要人愚，人未愚时国已墟。惟有一人愚不得，又从黄石读兵书。'意亦相类。"这首诗较早见于明人陆容《菽园杂记》卷一："'焚书只是要人愚，人未愚时国已墟。惟有一人愚不得，又从黄石授兵书。'此《焚书坑》诗，不知何人所作。家君常诵之，坑在骊山下，即坑儒谷是也。"明代学者蒲秉权就此发表了这样的议论："有宇宙来，种种人物，种种情境，种种事，种种理，种种理外之事，为今时所未见，皆古时所已有，而其成迹悉备于书。书者，破愚益智之资也。祖龙氏恃其才智，并吞六国，帝制自为谓可长世，而又虑天下有聪明男子知读书解义理者，崛起而出其右，故坑儒不已，继之焚书，盖妄意去其益智者，而人之愚，益不可破，茫茫世界，可以惟我所镌磨锻炼。而不知天地精灵，分毓为人；人心精灵，吐露为书。英雄之后，更有英雄。则载籍而外，岂无载籍？始皇于此关捩全未勘破，必欲以一炬塞其兑。其智已愚人，乃其所以自愚也。故当时好事者题其坑云：'焚书只是要人愚，人未愚时国已墟。况有一人愚不得，又从黄石读兵书。'呜呼，尽之矣！"（《硕薖园集》卷九）

历史的进步无法阻挡，即所谓"英雄之后，更有英雄"。而思想的"精灵"，自由追求和创新趋向，当然也不可能以坑火灭绝。

这首言"人未愚时国已墟"的诗作，许多著作有所引录，均言"不知何人所作"。明代文学家俞弁《逸老堂诗

长安碎影

话》卷下考论作者是南宋诗人萧立之："《菽园杂记》载一诗云：'焚书只是要人愚，人未愚时国已墟。只有一人愚不得，又从黄石读兵书。'陆式斋云惜不知何人所作。余见韦居安《梅磵诗话》载萧冰崖立之《咏秦》诗云：'燔经初意欲民愚，民果俱愚国末墟。无奈有人愚不得，夜师黄石读兵书。'陆公所记即冰崖之诗，后人相传稍易之耳。"

"古今一条规律"

毛泽东除书赠傅斯年外，后来对章碣《焚书坑》诗仍有所关心。1959 年，他曾经请康生查核章碣生平以及此诗是否其作品。康生在 12 月 8 日给毛泽东的报告中说："主席：关于章碣的生平材料很少，查了几条，但同中国文学家大辞典所记文字差不多，送上请阅。"毛泽东又请林克再查。12 月 11 日在康生的报告上写了致林克的信："林克：请查《焚书坑》一诗，是否浙人章碣（晚唐人）写的？诗云：竹帛烟销帝业虚，关河空锁祖龙居。坑灰未冷山东乱，刘项原来不读书。"据陈晋的说明，"或许是康生送上的材料不能最终回答毛泽东的询问，故他又请林克再查。"①1966 年 6 月 14 日在《对〈在京艺术院校试行半工（农）半读〉一文的批语》中，毛泽东又引用了这首诗，以助证"学问少的打倒学问多的""是古今一条规律"。

我们看到，与书赠傅斯年同样，毛泽东把"坑灰未冷山东乱"写作"坑灰未烬山东乱"。这并不是毛泽东记忆失误，清人褚人获《坚瓠集》四集卷四所引章碣《焚书坑》诗就写作"烬"。通过毛泽东对这首诗的熟悉和关注，亦可觉察他对作者在诗句背后的"人心精灵"的体悟。

作为一位革命家，毛泽东对思想禁锢和文化专制曾经深心反感。青年时期，他在《〈伦理学原理〉批注》中曾积极提倡"自由之意志"，鼓吹"思想的解放"。1962 年 1 月 30 日他在扩大的中央工作会议上的讲话中还说道："让人讲话，天不会塌下来，自己也不会垮台。不让人讲话呢？那就难免有一天要垮台。"这样的认识应当就与"坑灰未冷山东乱"提示的历史理念有相通之处。不过，因为时势的演进和地位的变易，晚年毛泽东对秦始皇的判断已经与青年时完全不同，对于"焚书坑儒"的评价也发生了变化。对于社会思想自由度的主张当然也明显异于往昔。

郑樵《通志》卷七一《校雠略》"秦不绝儒学论"说："秦时未尝废儒，而始皇所坑者，盖一时议论不合者

---

① 陈晋主编：《毛泽东读书笔记解析》，广东人民出版社 1996 年版，第 1319 页。

耳。""秦亦未尝无书籍也，其所焚者一时间事耳。"《历代诗话》卷五三《焚书》引录章碣诗，随即引《通志》以上评断，这些文字，说秦始皇焚书坑儒，其实并不如后世所说那么惨厉。毛泽东对此都加了圈点。前引1964年8月30日的讲话中所谓秦始皇"焚书坑儒"其实也没有坑光，叔孙通就没杀么，体现出对这种史论的认同。传李贽评纂《史纲评要》卷四《后秦纪》关于李斯焚书建议得到秦始皇认可的记述，有如下评语："大是英雄之言，然下手太毒矣。当战国横议之后，势必至此。自是儒生千古一劫，埋怨不得李丞相、秦始皇也。"此段文字眉批明确写道："刘项原来不读书。"七字旁侧均有圈点。据中华书局1974年8月的《出版说明》，对此说有肯定的评价；"他还认为秦始皇、李斯实行'焚书坑儒'，是当时斗争情势下采取的必要措施，说'当战国横议之后，势必至此'。"[1] 这正是毛泽东书写"焚坑事业要商量"诗句的时候。

领袖人物的历史认知可以影响政治导向。当时中国思想文化在"革命"的名义下经历的厄运，大家都是熟知的。

《史纲评要》眉批"刘项原来不读书"，语义并不明朗。我们不清楚这七个字写在这里是强调"刘项"事业即

---

① 〔明〕李贽评纂：《史纲评要》，中华书局1974年11月版，第90、2页。

"焚坑"政策之后又一层意义上的"势必至此"，抑或是对"当战国横议之后，势必至此"之说的适当修正。也许作为知识人，在倾向于理解和支持"焚坑"的同时，也难以表示绝对的肯定。所谓"大是英雄之言，然下手太毒矣"，后半句"下手太毒"的感叹，或许就透露出这种心理。而毛泽东诗句"焚坑事业要商量"或作"焚坑事业待商量"，"商量"二字的语气，大概也值得我们细心品味。

汉王朝建国史与治国史中的吕后

吕后从刘邦反秦，终得安定天下。后来曾经专权一时，史称"吕太后称制，天下事皆决于高后"（《史记》卷五二《齐悼惠王世家》）。吕后决断朝政，除所谓"吕太后称制"[①]外，又有"吕太后用事"（《史记》卷九七《郦生陆贾列传》）、"吕后专制"（《三国志》卷五〇《吴书·妃嫔传·吴主权潘夫人》）等说法。考察汉王朝的建国史和治国史，有必要分析和评价这位强势女子的政治表现和文化表现。

《史》《汉》吕后故事

《史记》卷九《吕太后本纪》和《汉书》卷三《高后

[①] 《史记》卷五二《齐悼惠王世家》，《汉书》卷三八《高五王传·燕灵王刘建》。

纪》，以及《史》《汉》中其他一些关于吕后事迹的内容。

吕雉字娥姁。这位吕后在刘邦"病甚"时，曾经询问萧何之后"令谁代之"，在人选安排方面接受了继而曹参，次则王陵、陈平、周勃的明确指示（《史记》卷八《高祖本纪》），可知后来她对政局的实际控制，在一定程度上得到高皇帝的认可。在刘邦辞世后，吕雉帮助汉惠帝行政七年，后来又以皇太后身份专制八年，"号令一出太后"（《史记》卷九《吕太后本纪》），实际上管理汉家天下十五年之久。宋人文天祥《徐州道中》诗句"巍然女娲帝中闱"（《文山集》卷一九《指南后录一》），承认吕雉身居"中闱"然而已经"巍然"显示着"帝"的威权。元人许衡《稽古千文》所谓"吕雉鸣晨，房闼出政"（《鲁斋遗书》卷一〇），则以歧视女性的鄙薄之文形容同一事实。

吕太后是中国历史上第一个权力地位等同于皇帝的女人。作为女性，她的政治控制力和社会影响力可以说前无古人，在后世政治史中也极其罕见。宋代诗人汪元量有《把酒听歌行》，其中写道："君把酒听我歌，汉家之乱吕太后，唐家之乱武则天。魏公铜台化焦土，隋炀月殿成飞烟。"（《湖山类稿》卷三）关于女性对最高权力的干预，首先说到吕太后和武则天。后人评价说，吕太后和唐代武则天的区别，仅仅是没有把汉王朝的"汉"这个字符修改掉。

然而如朱熹所说："吕后只是一个村妇人，因戚姬遂迤逦做到后来许多不好。武后乃是武功臣之女，合下便有无君之心。"(《朱子语类》卷一三二）明人周琦也说："女主自王有二：吕后其一，武后其二。吕后止于称制与诸吕危刘之祸，武后则不止称制。"(《东溪日谈录》卷一四《史系谈下·唐》)

《史记》在《高祖本纪》之后就是《吕太后本纪》。《汉书》则有《惠帝纪》。看来班固努力维护正统。而司马迁更尊重政治史的实际。

明代学者胡广在《胡文穆杂著》中指出《汉书》有一事于两处记载，而情节有出入者，举了《季布传》记载匈奴单于致书吕后，语有欺嫚，樊哙称"臣愿得十万众横行匈奴中"，遭季布驳斥的故事。而《匈奴传》则记录了匈奴来信的具体言辞，季布的话也更为具体。而回信有"退日自图，年老气衰，发齿堕落，行步失度，单于过听，不足以自污"语。胡广说，季布一个人的话，前后不同，前说本于《史记》，"后说不知有何从出也。"特别是"中间二书，媟秽尤甚"，都应当"刊削，不宜留污简牍"。《史记》的相关记录相对简略，"于此亦可见《史记》《汉书》之优劣也"。然而我们今天读史的人，则大致都会认为《汉书》的记录更为可贵。

宋人谢采伯《密斋笔记》卷二注意到，《汉书》的

《外戚传》在《匈奴传》之后，以为缘由在于吕后对国家的祸害甚至超过匈奴威胁："班固以为平日后宫之费，不下一敌国，而吕太后、赵飞燕等内戕皇嗣，外擅兵权，汉之存亡，在其掌握，甚于匈奴，虽谓之'女戎'可也，置之于'匈奴'之后亦可也。"她们因为"负宗社、误国家"，附之于帝纪之后，是不可以的。这位谢先生又说："是百万之师不若一女子足以亡人之国也。"他以为其他正史都没有将《外戚传》置于《匈奴传》之后的，这体现了班固《汉书》的优越，"此班史所以为诸史冠也。"这样的分析，恐怕许多关心《史》《汉》的朋友都未必同意。

"村妇人"吕雉

对于吕后出身，《史记》卷八《高祖本纪》强调了她与刘邦家业及社会影响的悬殊。"单父人吕公善沛令，避仇从之客，因家沛焉。沛中豪桀吏闻令有重客，皆往贺。萧何为主吏，主进，令诸大夫曰：'进不满千钱，坐之堂下。'高祖为亭长，素易诸吏，乃给为谒曰'贺钱万'，实不持一钱。"于是，"谒入，吕公大惊，起，迎之门。"所谓"给"，裴骃《集解》："应劭曰：'给，欺也。'"司马贞《索隐》："韦昭云：'绐，诈也。'刘氏云：'绐，欺负也。'何休云：'绐，疑也。'谓高祖素狎易诸吏，乃诈为谒。谒谓以札书姓名，若今之通刺，而兼载钱谷也。"也就是说，刘邦是通过具有某种意义上的"欺""诈"的特殊方式进入到"吕公"视野中的。

然而"吕公"据说掌握"相人"之术。"吕公者，好相人，见高祖状貌，因重敬之，引入坐。萧何曰：'刘季固多大言，少成事。'高祖因狎侮诸客，遂坐上坐，无所诎。酒阑，吕公因目固留高祖。高祖竟酒，后。吕公曰：'臣少好相人，相人多矣，无如季相，愿季自爱。臣有息女，愿为季箕帚妾。'"

事后，"吕媪"和"吕公"因此争执。"酒罢，吕媪怒吕公曰：'公始常欲奇此女，与贵人。沛令善公，求之不与，何自妄许与刘季？'吕公曰：'此非儿女子所知也。'卒与刘季。吕公女乃吕后也，生孝惠帝、鲁元公主。"

《史记》卷八《高祖本纪》随后记述的刘邦、吕后故事也与当时民间"相人"习俗有关。太史公写道："高祖为亭长时，常告归之田。吕后与两子居田中耨，有一老父过请饮，吕后因铺之。老父相吕后曰：'夫人天下贵人。'令相两子，见孝惠，曰：'夫人所以贵者，乃此男也。'相鲁元，亦皆贵。老父已去，高祖适从旁舍来，吕后具言客有过，相我子母皆大贵。高祖问，曰：'未远。'乃追及，问老父。老父曰：'乡者夫人婴儿皆似君，君相贵不可言。'高祖乃谢曰：'诚如父言，不敢忘德。'及高祖贵，遂不知老父处。"

历史记忆中吕太后起初的历史形象，竟然是一位劳动妇女。刘邦年轻时"不事家人生产作业"，"好酒及色"。家务包括田间重体力劳动的经营，可能偏由吕雉支撑。"吕后与两子居田中耨"，我们看作秦汉之际儿童劳动与劳动儿童的珍贵史料。[①] 而同时，"吕后""耨"的劳作的历史实况，也保留下来了。"有一老父过请饮，吕后因餔之。"可见身为农妇的吕雉是颇富有同情心的。此"老父"善相，发表了吕雉"子母皆大贵"而刘邦"相贵不可言"的预言。这些信息的传布，不排除吕后张扬甚至原始制作的可能。但是这里我们更为注意的，则是司马迁为我们保留下来的吕雉率领子女从事田间生产劳作的珍贵镜头。也许正是因为这一历史细节，朱熹说"吕后只是一个村妇人"。

以"吕后"为"村妇人"的评价，"村"字含有贬义。对于吕后之评价还有语言更为轻蔑的。如清人张尚瑗《三传折诸·左传折诸》卷六《僖公》"以叔隗妻赵衰"条写道："才女贤夫，君臣僚婿，二隗二乔，千古佳耦也。吕

---

① 王子今：《秦汉儿童的世界》，中华书局2018年5月版，第281页。

后、吕媭，这婆子村不足言矣。"① "以叔隗妻赵衰"事，见于《左传·僖公二十三年》：晋公子重耳出逃，"遂奔狄。从者狐偃、赵衰、颠颉、魏武子、司空季子。狄人伐廧咎如，获其二女：叔隗，季隗。纳诸公子。公子取季隗，生伯儵、叔刘。以叔隗妻赵衰，生盾。将适齐，谓季隗曰：待我二十五年不来而后嫁。对曰：我二十五年矣，又如是而嫁，则就木焉。请待子。" "二乔"，应是说三国孙吴故事。《三国志》卷五四《吴书·周瑜传》："（孙策）时得桥公两女，皆国色也。策自纳大桥，（周）瑜纳小桥。"裴松之注引《江表传》："策从容戏瑜曰：'桥公二女虽流离，得吾二人作婿，亦足为欢。'"杜牧《赤壁》诗名句"东风不与周郎便，铜雀春深锁二乔"（《樊川文集》卷四）即用此典。吕媭是吕后的妹妹，为樊哙妻。据《史记》卷九《吕太后本纪》记载，在吕后专权时，吕媭曾封"临光侯"。是"太后欲侯诸吕"时女性为侯的特例之一。司马贞《索隐》引韦昭云："樊哙妻，封林光侯。"《史记》卷一〇《孝文本纪》裴骃《集解》引如淳曰："顷王后封阴安侯，时吕媭为林光侯，萧何夫人亦为酂侯。"

　　《史记》卷五六《陈丞相世家》记载了因"高帝怒"以致引发的陈平与樊哙的直接交接："高帝从破布军还，

---

① 文渊阁《四库全书》本，第135页。

病创，徐行至长安。燕王卢绾反，上使樊哙以相国将兵攻之。既行，人有短恶哙者。高帝怒曰：'哙见吾病，乃冀我死也。'用陈平谋而召绛侯周勃受诏床下，曰：'陈平亟驰传载勃代哙将，平至军中即斩哙头！'二人既受诏，驰传未至军，行计之曰：'樊哙，帝之故人也，功多，且又乃吕后弟吕媭之夫，有亲且贵，帝以忿怒故，欲斩之，则恐后悔。宁因而致上，上自诛之。'未至军，为坛，以节召樊哙。哙受诏，即反接载槛车，传诣长安，而令绛侯勃代将，将兵定燕反县。"陈平等有"樊哙，帝之故人也，功多，且又乃吕后弟吕媭之夫，有亲且贵"的顾虑，担心刘邦"恐后悔"，于是"载槛车，传诣长安"，留得樊哙性命。然而，刘邦很快去世，陈平深心忧虑，"平行闻高帝崩，平恐吕太后及吕媭谗怒，乃驰传先去。逢使者诏平与灌婴屯于荥阳。平受诏，立复驰至宫，哭甚哀，因奏事丧前。吕太后哀之，曰：'君劳，出休矣。'平畏谗之就，因固请得宿卫中。太后乃以为郎中令，曰：'傅教孝惠。'是后吕媭谗乃不得行。樊哙至，则赦复爵邑。"陈平"恐吕太后及吕媭谗怒"的担忧得以免除，"是后吕媭谗乃不得行"。

然而，吕媭若干"这婆子村不足言"的表现依然见于历史记录。"吕媭常以前陈平为高帝谋执樊哙，数谗曰：'陈平为相非治事，日饮醇酒，戏妇女。'陈平闻，日益甚。吕太后闻之，私独喜。"大概与对汉惠帝刘盈的表现同样，这正是吕后所需要的不欲争权的政治态度。于是，她"面质吕媭于陈平"，引"鄙语曰：'儿妇人口不可用'"，又说："顾君与我何如耳。无畏吕媭之谗也。"

张尚瑗说，"才女贤夫，君臣僚婿，二隗二乔，千古佳耦也。"说隗氏二女，晋文公"取季隗"，"以叔隗妻赵衰"。江东"桥公二女"，"策自纳大桥，（周）瑜纳小桥"，都是"才女贤夫"，"千古佳耦"，且都是两姐妹配与"君臣"。吕雉、吕媭虽然也是与"君臣僚婿"成婚，却斥言之"吕后、吕媭，这婆子村不足言矣"。所谓"这婆子村不足言"，应当是说距离"二隗二乔"道德贤惠的贵族其实甚远。

高帝与吕后共定天下

垓下一役，刘邦扫平了项羽军主力。从"四面楚歌"到"十面埋伏"，汉家骑兵军团把西楚霸王逼到乌江。这位英雄以一腔怒血和"天亡我"的悲叹结束了一个时代，西汉王朝于是成立。清代学者赵翼注意到这一历史变化实现了政治史的重要转折。他指出，刘邦出身平民，刘邦的功臣们大多出身低微，除了张良家世高贵而外，其余多为所谓"亡命无赖之徒，立功以取将相"者，西汉王朝的政治结构可以说是"布衣将相之局"。这种打破贵族政治传统定式的"前此所未有"的新的政治格局的形成，具有重要的历史意义，由此可以说明，"盖秦汉间为天地一大变局。"（《廿二史札记》卷二）

从洛阳南宫到长安未央宫，基本建成西汉政治架构的刘邦面对殿堂肃穆，朝臣俯首，得意地说："吾乃今日知为皇帝之贵也！"（《史记》卷九九《刘敬叔孙通列传》）有人说汉代皇家祫祭制度，"《汉仪》中有'高祖南向，吕后少西'"（《朱子语类》卷九〇）。这样说来，在特定情境下，据于权力体系顶端接受臣子们隆重礼拜者，除刘邦外，还有皇后吕雉。

由于吕太后过度提高吕氏的地位，严重侵害刘氏帝权，以及她人生终点发生的流血政变，即《史记》卷一〇四《田叔列传》所谓"高后崩，诸吕作乱，大臣诛之，立孝文帝"，这位曾经君临天下的强权女子的形象，被涂抹上丑恶的油彩。仅仅数十年后，汉武帝已经将吕后故事看作历史教训。他在解释残杀钩弋夫人的理由时说："往古国家所以乱也，由主少母壮。女主独居骄蹇，淫乱自恣，莫能禁也。女不闻吕后邪？"（《史记》卷四九《外戚世家》）汉光武帝又正式宣布"吕太后不宜配食高庙，同祧至尊"，剥夺了她"高皇后"的称号，"迁吕太后庙主于园。"(《后汉书》卷一下《光武帝纪下》)与刘邦并列于"至尊"的位置，换上了汉文帝的母亲薄太后。

然而在刘邦的功臣集团成员们的眼中，吕后于汉王朝建国有大功。

《史记》卷九《吕太后本纪》在临近刘邦逝世时的记述中说："吕后为人刚毅，佐高祖定天下。"又载郦寄语："高帝与吕后共定天下。"对于吕太后政治生涯前期辅助刘邦"定天下"的功绩，《史记》卷五一《荆燕世家》载田生曰："吕氏雅故本推毂高帝就天下，功至大。"甚至周勃等人在吕后专权时明确表态："高帝定天下，王子弟，今太后称制，王昆弟诸吕，无所不可。"(《史记》卷九《吕太后本纪》)

后世又如宋人史尧弼说："彼其初随高祖，颠越狼狈，艰难劳苦之态，亦备尝其极味矣。故得天下，而为汉家谋虑，亦不可谓不至。"二人"同冒百战而后得天下"，有"百战离合之恩爱"(《莲峰集》卷七《论》)。元人王沂说："昔高帝之兴，吕以佐定天下功为后"(《伊滨集》卷一八《记·复修庙记》)。明人邵宝说："高帝百战定天下，吕后从焉。"(《学史》卷十二《丑》)清人陈廷敬说："高帝起布衣，与吕后更尝忧患"(《午亭文编》卷三三《史评·汉书》)。这样说来，秦汉之间的"天地一大变局"，吕雉也是创造者之一。朱熹甚至写道："吕后与高祖同起行伍，识兵略，故布置诸吕于诸军。平、勃之成功也，适直吕后病困，故做得许多脚手。平、勃亦幸而成功。"（《朱子语类》卷一三二）照此说来，所谓"诸吕作乱"得以平定，实是一种侥幸。宋代学者张耒说："夫以陈平、周勃之才，而驭吕后、禄、产之庸人，此无以异于取诸怀中而杀之。然是二人者，惴怯畏缩而不敢发，乃更先为自安之计，以固吕后危疑之心，终吕后之世而不动。及吕后既死，是二人者其取禄、产，何其多忧自重而不敢易之？"然而，吕后绝不是"庸人"，事实也并非张耒所评断，吕后之"智谋"其实确"有深远可畏而不测者"（《柯山集》卷三七《论·平勃论》）。也有人这样评价吕太后："彼固一妇人也，而其雄猜杰黠，有猛士之肝肠。"（〔明〕梁潜：《泊庵集》卷二《高帝吕后论》）理解吕太后之"智谋"与"雄猜"，也许应当联系朱熹老夫子提醒我们注意的她"与高祖同起行伍，识兵略"的实践经历。

其实吕后在项羽彭城反击时，就与刘邦生父太公一起被捕，长期扣押于楚军中，成为人质，这就是所谓"太公、吕后质于羽军"（〔宋〕周紫芝：《太仓稊米集》卷五七《书·上皇帝》）。直到项羽同意与刘邦以鸿沟为界，中分天下时，方才释放太公、吕后。宋人舒岳祥《虞美人草》"吕雉前曾入楚军，项羽还之亦有恩"句（《阆风集》卷二

《七言古诗》），说的就是当时情形。项羽军东归，而张良建议刘邦背约追击。"程子曰：张良才识高远，有儒者气象，而亦以此说汉王，不义甚矣。"对这样的意见存在争论（〔明〕杨慎：《升庵集》卷四七《张良鸿沟之谏》），而吕后却正是在这种和议生成的背景下回到刘邦身边的。而随即发生的，是最终决定项羽败局的垓下之战。也许正因为如此，有人认为"吕后初无功于王业也"（〔宋〕马廷鸾：《碧梧玩芳集》卷二一《读史句编·吕后》）。其实，吕后很可能早在彭城失利"质于羽军"之前，也就是在反秦战争和楚汉相争的早期阶段，于刘邦的政治军事实践已经多有襄助。我们知道比较明确的实例，有芒砀云气神话的制作和传播。

楚人说："楚虽三户，亡秦必楚。"秦人亦不免夸大楚地反秦的敌情。《史记》卷八《高祖本纪》说，"秦始皇帝常曰'东南有天子气'，于是因东游以厌之。"据说刘邦亦自疑，"亡匿，隐于芒砀山泽岩石之间。"随即于丰西泽中斩蛇神话之后，又生成了刘邦所居上空常有云气的神话："吕后与人俱求，常得之。高祖怪问之。吕后曰：'季所居上常有云气，故从往常得季。'高祖心喜。"这种神异传说对于吸引群众附从发生了积极的效应，据说"沛中子弟或闻之，多欲附者矣。"《太平御览》卷一五引应劭《汉官仪》的说法具体细节又有不同："高祖在沛隐芒砀山，每出游，上辄不欲令吕后知，常在深僻处。后亦常知所在。高祖问曰：'何以知之？'后曰：'君所居处上有紫气。'"无论是"云气"还是"紫气"，传说原本都是出自"吕后曰"。吕雉的舆论准备方式，表现出异常的政治"智谋"。清人查慎行《望砀山》诗于是写道："万乘东南巡，本厌天子气。匹夫乃心动，走向此中避。云气随真龙，人谁迹刘季。可怜秦皇愚，不及吕后智。"（《敬业堂诗集》卷二〇《游梁集》）

应当看到，对于刘邦未来命运"贵不可言"的政治舆论的制造，吕后表现了特殊的"智"。

"吕后狠"

吕后在历史记录中受到严厉批评的突出表现，是残厉杀害功臣。《史记》卷九《吕太后本纪》说："所诛大臣多吕后力。"彭越、韩信之死，吕后都有直接的策划和果断的动作。宋人张耒《题淮阴侯庙》序文分析当时情势："吕太后劝高祖诛彭越，使舍人告其反，而越固未尝反也，特以为名耳。高祖将兵居外，而太后在长安，太子仁弱不知兵，而韩信方失职在京师。吕畏其乘时为乱而不可制，使人诬告其反，诈召而诛之耳。"又批评萧何对吕后的策应。其诗曰："云梦何须伪出游，遭谗犹得故乡侯。平生萧相真知己，何事还同女子谋。"原注："（萧）何不为信辨其枉也。"（《柯山集》卷二二《七言绝句》）张耒的见解，大概可以看作比较典型的意见。对于吕后之心狠手辣，我们看到这样的历史评价："曾谓国家之勋臣，取而族灭之，无遗噍类，若置中兔然，未尝有难色。后也何其忍人哉！""忍人哉后也，一至此极也。"（〔明〕梁潜：《泊庵集》卷二《高帝吕后论》）李贽《史纲评要》卷五就韩信、彭越之死两段历史记录分别批注："吕后狠。"

对于彭越、韩信究竟反与不反，历来争议纷纭。也有人说，即使冤杀韩信，主谋也是刘邦，责任不应全在吕后："吕后杀韩信事，窃意高祖必有言。史称帝畏恶其能，以'畏恶'之语观之，则知其欲去信之心必露于左右。其讨陈豨也，空国远征，信留京师，帝岂无防信之密谋乎？但他人不知，而吕后自知之。故告变一上，即用萧何之计诈而斩之。不然，信以盖世之功，为国功臣，后安得因一时之飞语不待奏报而遽杀之乎？以是观之，则欲去信之心久而有密计也审矣。"（〔明〕薛瑄：《读书录》卷六）也有人以为，刘邦和吕后除功臣是为了国家的安定："当是时，帝及吕后年皆渐高，而新造之邦，反侧未定，诸强功臣皆在列。使帝后一旦去世，太子临朝，固能安镇而驾驭之乎？未也。观后惠帝之动静，则可知矣。"（〔明〕高拱《本语》卷四）又有人指出："当高帝时，后诛韩、彭如杀狐兔。高帝崩时，且欲尽诛诸将而后发丧。"（宋马廷鸾《碧梧玩芳集》卷二一《读史旬编·吕后》）似乎诛杀功臣，已经形成了行为惯性。吕后的作为，更超过刘邦。《史记》卷九《吕太后本纪》记载："四月甲辰，高祖崩长乐宫。四日不发丧。吕后与审食其谋曰：'诸将与帝为编户民，今北面为臣，此常怏怏，今乃事少主，非尽族是，天下不安。'"据说这一说法司马光《资治通鉴》以为可疑，不予采信。清代学者王懋竑指出："高帝崩，吕后四日不发丧，谋诛诸将，以郦商而止。《通鉴》以其言为妄，削不载。然帝崩四日不发丧，此必有故。史所传非妄也。"（《白田杂注》卷五《读史漫记》）而《吕太后本纪》说到"卢绾闻高祖崩，遂亡入匈奴"，则功臣名将以为面临威胁，是确定的。

虽然对诬杀彭、韩事、迫害戚夫人以及使人持酖饮赵王如意事的判断有所不同，但是对吕太后抬升吕氏地位，危害刘姓天下的行为，历代评论者大多都予以严厉指斥，以为罪大恶极。曹植说，刘邦对吕后缺乏警惕，以致"祸殃骨肉，诸吕专权，社稷几移"（《艺文类聚》卷一二引曹植《汉二祖优劣论》）宋人石介说："吕后专制，而炎汉中否。"（《徂徕集》卷五《杂文·原乱》）史弼尧说："诸吕之势必至于倾汉"(《莲峰集》卷七《论·安刘氏者必勃论》)明代学者周琦指出,"西汉之坏"在于"诸吕",而"诸吕之乱,起于吕后"(《东溪日谈录》卷一三《史系谈上·西汉》)。对于"社稷几移"的危险,有人看的是非常严重的。我们看距吕后不远的人们的评论,袁盎说:"方吕后时,诸吕用事,擅相王,刘氏不绝如带。"(《史记》卷一〇一《袁盎晁错列传》)晁错说:"吕后专制,社稷不倾若发。"(〔唐〕马总《意林》卷二引晁错《新书》)所谓"不绝如带","不倾若发",都指出"炎汉中否"已几乎是事实,汉王朝名义上的存在,只有极其微弱的维系力量。汉光武帝时代将吕太后驱逐出高庙的宣言,也说"天命几坠",刘氏政权已成"危朝"(《后汉书》卷一下《光武帝纪下》)。宋人黄震说:"汉氏已绝而复续,分王子弟力也。不然而尽聚之京师,歼于吕氏妇人之手,无噍类矣。"(《黄氏日抄》卷四六《读史一·史记·吕后纪》)也有"汉氏已绝"的判断。明人梁潜也说:吕氏"滔天之势已成","当是时汉已亡矣。"(《泊庵集》卷二《高帝吕后论》)唐人李德裕有这样的分析:"(吕太后)称制八年,产、禄之封殖固矣。若平、勃二人溘先朝露,则刘氏之业必归吕宗。"(《李卫公外集》卷一《评史一·张辟彊论》)宋人罗大经也以为:"向非吕后先殂,平、勃交欢,则刘氏无噍类,而火德灰矣。"(《鹤林玉露》卷一〇)以为吕太后先逝,而陈平、周勃有以上表现，其实只是历史的偶然，否则势将"火德灰"而天下"必归吕宗"。乾隆《曲逆故城》诗："设非天夺吕雉魄，刘氏安危未可知。"（《御制诗五集》卷七一）也表现了类同的历史见解。

宋人史尧弼撰《吕后论》曾经就汉初和唐初政治变局发表感叹："汉、唐之初，收天下于秦、隋鼎镬之余而与民休息，意其根蒂卒未可摇动也，然皆不再世而几夺于一妇人之手者。"（《莲峰集》卷七《论》）所谓"不再世"云云，是说在第一代领导人和第二代领导人权力转递之际，就发生了国家控制权差一点就发生变易的严重危机。

我们不赞同站在王朝正统观念的立场上评价历史人物的功过得失，比如以为在吕太后的时代危害刘氏帝业者就一定应当受到历史审判。但是对政治权力是否从心底酷爱，是否全力竞夺，毕竟表现出个人的基本品性。而秦末动乱和楚汉百战之后如若发生动荡，毕竟也会影响社会生产力艰难复苏的历史进程。

吕后专权与文景之治的历史先声

吕太后残害戚夫人即后人所谓"人彘剧豺狼"（刘筠

《宣曲》诗）事件后，召汉惠帝观看。汉惠帝得知是戚夫人，大哭，"因病，岁余不能起。使人请太后曰：'此非人所为。臣为太后子，终不能治天下。'"于是，"以此日饮为淫乐，不听政。"实际上，在汉惠帝时代，主持政务的，依然是吕雉老太太。《汉书》卷三《高后纪》有这样一段记载："元年春正月，诏曰：'前日孝惠皇帝言欲除三族罪、妖言令，议未决而崩，今除之。'"据颜师古注："罪之重者戮及三族，过误之语以为妖言，今谓重酷，皆除之。"这项可以看作法制改革的举措，也算是对秦政的拨乱反正。然而清人王懋竑《白田杂著》以为："此本惠帝之意，《通鉴》不载此诏，是没惠帝之美而反移之于吕后也。"其实，如果知道汉惠帝时代真正的执政者是谁，就可以明白此"惠帝之美"，其实是可以归于吕太后名下的。有意思的是，汉文帝诏书又有"今法有诽谤妖言之罪，是使众臣不敢尽情，而上无由闻过失也"，"自今以来，有犯此者勿听治"的说法（《史记》卷一〇《孝文本纪》），颜师古注："高后元年诏除妖言之令，今此又有妖言之罪，是则中间曾重复设此条也。"似乎法令的改革又出现过反复。

在刘邦"得天下"之后，吕雉"为汉家谋虑，亦不可谓不至"的例证也有一些。除了锄灭功臣以维护帝权集中而外，也有表现出清醒政治理念的举措。例如《汉书》卷三《高后纪》记载："元年春正月，诏曰：'前日孝惠皇帝言欲除三族罪、妖言令，议未决而崩，今除之。'"按照唐代学者颜师古注的解释："罪之重者戮及三族，过误之语以为妖言，今谓重酷，皆除之。"这项重要的法制改革，也可以算是对秦政的拨乱反正。然而有的学者认为："此本惠帝之意，《通鉴》不载此诏，是没惠帝之美而反移之于吕后也。"（〔清〕王懋竑：《白田杂著》卷五《读史漫记》）其实，如果了解汉惠帝执政时真正的专权者是谁，就可以知道此"惠帝之美"，其实也可以归之为吕太后的政治贡献。关于文化政策，王夫之曾经说到"读书之种"的存留和延续，涉及汉初历史。他说，"汉之犹有贾（谊）、董（仲舒）、（王）臧、（赵）绾以存古道于百一者，非曹参有以养之乎？"（《读通鉴论》卷二《惠帝》）而注意到曹参主政时期对儒生"有以养之"的意义，其实在一定程度上也可以理解为对吕太后时代文化政策的表扬。《北堂书钞》卷六〇引《汉旧仪》有这样一句话："高后选孝廉为郎。"一般以为，汉文帝时已经有从社会基层选用"孝廉"的做法。据《汉书》卷六《武帝纪》："元光元年冬十一月，初令郡国举孝廉各一人。"于是，以"孝廉"为对象的察举制得以明确成为正统的选官制度，而旧时的世官制走向终结。有的学者指出，元光元年（前134）因汉武帝的这一指令，成为"中国学术史和中国政治史的最可纪念的一年"。^① 通过《汉旧仪》的记录我们知道，这一选官方式之历史性前进的第一步，竟然是从吕太后时代起始。

宋人吕祖谦说："在汉初高后文景时，中都所用者省，岁计不过数十万石而足。"（《历代制度详说》卷四《漕运》）元人郝经回顾汉世食货制度，也说："汉兴高后文景之际，与天下休息，劝课农桑，使民著本，屡除田租，至三十而税一。齐民始有盖藏，而既庶且富矣。"（《续后汉书》卷八九《食货录》）这种将"高后"时代和"文景"时代一并述说的方式，许多政治史家是认同的。其实，就政策设计而言，吕太后专政时代可以说已经初步开启了被看作历代政治成功典范"文景之治"的历史。

吕后称制时的一些政策设计，可以说对文景之治的历史成功有引导性的意义。司马迁在《吕太后本纪》篇末以"太史公曰"的形式表扬说："孝惠皇帝、高后之时，黎民得离战国之苦，君臣俱欲休息乎无为，故惠帝垂拱，高后女主称制，政不出房户，天下晏然。刑罚罕用，罪人是希。民务稼穑，衣食滋殖。"《汉书》卷三《高后纪》末尾的"赞曰"，也发表了类似的评断，只是字句略有不同。

如果说，在吕后专制时代已经初步开启了文景之治的

---

① 劳榦：《汉代察举制度考》，《中央研究院历史语言研究所集刊》第 17 本。

行政程式，是有历史合理性的。①

吕太后的更年期

朱熹所谓"因戚姬遂迤逦做到后来许多不好"，可能首先是指残害戚夫人与赵王如意。《史记》卷九《吕太后本纪》写道："吕后最怨戚夫人及其子赵王，乃令永巷囚戚夫人，而召赵王。"汉惠帝刘盈对刘如意曾经专意多所卫护。"孝惠帝慈仁，知太后怒，自迎赵王霸上，与入宫，自挟与赵王起居饮食。太后欲杀之，不得间。"然而悲剧终于发生，"孝惠元年十二月，帝晨出射。赵王少，不能蚤起。太后闻其独居，使人持酖饮之。犁明，孝惠还，赵王已死。"吕后随即有对戚夫人骇人听闻的残害，"太后遂断戚夫人手足，去眼，煇耳，饮瘖药，使居厕中，命曰'人彘'。"事后，吕太后又让"为人仁弱"的刘盈进入罪恶现场，"居数日，乃召孝惠帝观人彘。孝惠见，问，乃知其戚夫人，乃大哭，因病，岁余不能起。使人请太后曰：'此非人所为。臣为太后子，终不能治天下。'"汉惠

---

① 王子今：《吕后对文景之治起到了引导性的作用》，《中华读书报》2010年3月24日。

帝于是从此"日饮为淫乐，不听政"，不惜摧残自身，以麻木心态显示和国家权力的决绝。吕太后"骄蹇""自恣"的行为竟然不顾及对亲生儿子的心理刺激，而刘盈对生母也有"此非人所为"的指责，足见其凶残手段就连最亲近者也无法容忍。

对于"人彘"故事和赵王如意之死，宋人余靖《汉论上》说，孝惠"植性仁弱"，"乃感人彘之酷，意不久生，自促寿命，以成高后之势。"（《武溪集》卷四《论》）清乾隆帝对汉惠帝也有直接的责备："岂有身为人主宗社所系而不能善处家庭之理？淫乐不听政，遂以自戕身命，而吕雉之祸兴矣。惠帝实高祖之罪臣败子耳！"（《评鉴阐要》卷一《惠帝》）虽然指汉惠帝放弃政治责任为"吕雉之祸兴"的端由，然而亦以吕太后与戚夫人、赵王如意的关系为"家庭"之事。也有论者认为："呜呼！此必其闺门之间事，有无意于相激，而势必至于相激，以至于此也。"[1]又有人说："妒忌妇人之常，况吕氏之悍乎？"[2]以为"人彘之酷"只是平常"家庭""闺门之间事"者，恐怕并不能以此洗刷吕太后残戾双手的血污，也不能合理解说这一史上罕见惨虐行为的心理背景。

考察吕太后的人生轨迹，可以发现史家和政论家们所

---

① 〔宋〕史尧弼：《莲峰集》卷七《论·吕后论》。
② 〔金〕王若虚：《滹南集》卷二五《君事实辨》。

指责的她的罪恶或者过失，都发生在其晚年。这些表现，如朱熹所说，是"后来许多不好"。

看来，所谓"凶妇肆酖酷之心"（《艺文类聚》卷一二引曹植《汉二祖优劣论》），所谓"吕后之悍戾"，[1] 所谓"吕氏之凶暴"，[2] 所谓"吕后之阴险"，[3] 所谓"吕雉之悍挚"，[4] 所谓"吕后强虐"，[5] 所谓"吕后残忍险毒"[6] 等等，似乎都是吕太后"后来"的形象。[7]

明人张宁的历史评论说到吕太后，用"刚厉残忍"语（《方洲集》卷三二《读史录·安帝·建光元年》"皇太后邓氏崩"条）。语兼褒贬的前言"刚厉"，后说"残忍"，正符合这位女子的人生阶段特征。

就一位明智成熟的政治人物而言，如果说先则"刚厉"，后则"残忍"，如果说曾经"智谋""深远"，最终又"做到后来许多不好"，那么，为什么会发生这样的转变呢？

---

① 〔宋〕王应麟：《通鉴答问》卷三《汉高帝》。
② 〔宋〕张栻：《南轩集》卷一六《史论·王陵陈平周勃处吕后之事如何》。
③ 〔宋〕史尧弼：《莲峰集》卷七《论·吕后论》。
④ 〔明〕周是修：《刍荛集》卷六《杂著·平勃辨》。
⑤ 〔清〕陈廷敬：《午亭文编》卷三三《史评·汉书》。
⑥ 〔清〕蓝鼎元：《鹿洲初集》卷一一《论·汉以周昌为赵相赵尧为御史大夫论》。
⑦ 王子今：《吕太后的更年期》，《读书》2010 年第 4 期。

在记录和分析吕雉历史表现先后的差异，有人注意到她人生阶段的变化，即迈入老年的事实："太后春秋长"（《史记》卷五一《荆燕世家》田生曰）。实际上，吕雉与戚夫人怨意的发生，起初始于前者年龄的败势。《史记》卷九《吕太后本纪》"吕后年长，常留守，希见上，益疏"以及所谓"戚姬以华色专宠"，[①]已经说明了这一事实。宋人吴曾说："吕后年长有过，稀复进见，汉高弃之如去尘垢。"（《能改斋漫录》卷八《沿袭》"不去吕后为惠帝计"条）也强调了"吕后年长"。

也有人注意到，在就继嗣人选于刘盈与刘如意之间发生犹豫时，高帝"与吕后年皆渐高"。[②]据苏轼分析："自高帝之时而言之，计吕后之年，当死于惠帝之手，吕后虽悍，亦不忍夺之其子以与侄"（《东坡全集》卷四二《汉高帝论》），也说汉惠帝即位时吕后应年事已高。后来陈平、周勃等大臣的主意，也正是"姑为自全之计，以待此媪之老且死"。[③]另一种类似的说法是："从吕后之欲，俟后渐老，观衅而徐图之。"[④]

史尧弼分析吕太后事迹，《吕后论》和《安刘氏者必

---

① 〔元〕王沂：《伊滨集》卷一八《记·复修庙记》。
② 〔元〕陈世隆：《北轩笔记》。
③ 〔宋〕马廷鸾：《碧梧玩芳集》卷二一《读史旬编·吕后》。
④ 〔明〕周是修：《刍荛集》卷六《杂著·平勃辨》。

勃论》两篇政论文字都说到"妇人之情"(《莲峰集》卷七《论》)。元人张养浩《吕后》诗有"妇人阴类狠淫俱"文句(《归田类稿》卷二二《五言绝句》)。《无能子》卷中《商隐说》也写道:"吕雉女子,性复惨忍。"如果剔除这些议论中性别歧视的成分,考虑女性更年期烦躁、焦虑、多疑、易怒等不正常心理因素可能的政治史影响,或许也不失为探索若干历史现象真实原因的一种可行的思路。就女性更年期综合征多疑心态的表现而言,有分析说,主要包括感知度过敏、特别关注流言蜚语、行为动作联系、盲目怀疑等。这些心理特征,我们可以通过历史上一些女性权力掌握者老年的言行看到实例。

对于"更年期综合征"的通常解释,是人体某些器官老化,某些生理功能逐渐衰退或者丧失所引起的以自主神经功能紊乱代谢障碍为主的一系列症候群。医学界和心理学界一些研究者称之为"男性更年期综合征"的生理和心理现象,也有心悸、抑郁、暴躁、倦怠、偏执、喜怒无常,以及猜忌心重,孤独感、压抑感、恐惧感强,记忆力下降,自主决策能力减退等表现。而这些现象在中国古代帝制时代,可能会因患者控制绝对权力,也就是吕后故事所谓"骄蹇""自恣"而"莫能禁",即没有任何力量可以制约,形成极其严重的影响。在这种情况下,权力会导致危害的放大,使得某一个人的心理病症成为整个社会的全面灾祸。这种情形在晚年帝王"做到后来许多不好"的行政经历中，是并不罕见的。对于吕太后教训致使"国家所以乱"有所认识的汉武帝，晚年也曾经有"春秋高，意多所恶"（《汉书》卷六三《武五子传·戾太子刘据》），"体不平，遂苦忽忽善忘"（《资治通鉴》卷二二"汉武帝征和二年"）的心理表现。如宋代学者洪迈《容斋续笔》卷二"巫蛊之祸"条所说，"是时帝春秋已高，忍而好杀，李陵所谓法令无常，大臣无罪夷灭者数十家。"而"心术既荒，随念招妄""迷不复开"等等心理症状，也是导致"巫蛊之祸"发生的原因。

以富乐民为功

被汉文帝越级升迁，任太中大夫的洛阳少年贾谊曾经建言重视农耕，"殴（驱）民而归之农，皆著于本，使天下各食其力"，以为这样则"可以为富安天下"（《汉书》卷二四上《食货志上》）。他的《新书·无蓄》中，也有"可以为富安天下"的话。

贾谊在其他地方也曾经提出治国务在"安民"的观点。他在《过秦论》中写道："牧民之道，务在安之而已矣。"治国务在"安民"的主张，是儒学民本思想的基本内容之一。贾谊《新书·大政上》中说："闻之于政也，民无不为本也。国以为本，君以为本，吏以为本。"他又指出，"夫民者，至贱而不可简也，至愚而不可欺也。故自古至于今，与民为仇者，有迟有速，而民必胜之。"民为邦本，民众虽然至贱至愚，却不可以简慢，不可以欺压。在任何时代，敢于与民众为敌者，或早或晚，最终将为民众所战胜。而以民为本的原则，又应当落实于使民众得到看得见的物质利益的有效政策上。对于这样的主张，贾谊是这样表述的："夫为人臣者，以富乐民为功，以贫苦民为罪。"也就是说，执政者成功的政绩，应当表现为使民众"富乐"。

贾谊"为富安天下"的设计，也就是以经济发展保证政治安定的战略预想，在文景时代基本实现了。《汉书》卷二四上《食货志上》说，"文帝即位，躬修俭节，以安百姓"，对于当时经济的恢复和发展，有重要的意义。除了削省刑罚、避免征战而外，轻徭薄赋，也是当时执政集团清静无为的治国思想的体现。汉初，西汉政府比较清醒地认识了当时的社会形势，对征发兵役和徭役有所自制，又曾经多次对农民减免田租。汉文帝时代，直接从事耕作的农民的负担明显得以减轻。汉文帝二年（前178）和十二年（前168），曾两次宣布将租率减为三十税一。十三年（前167）还宣布全部免去田租。有学者认为，三十税一成为汉代的定制。汉文帝时代，算赋也由每人每年120钱减至40钱。当时徭役征发制度也有新的变革，据说一般民众的负担减少到每3年服役一次。汉初统治者实行与民休息的政策，对于促进当时社会经济的恢复和发展，有重要的作用。农耕的发展，使得粮价普遍降低。楚汉战争时，有"米石至万"（《史记》卷一二九《货殖列传》）、"米斛万钱"（《汉书》卷一上《高帝纪上》）的记载。而汉文帝时，谷价至于石数十钱（《太平御览》卷三五引桓谭《新论》）。据《史记》卷二五《律书》记载，当时粮价之低，甚至曾经达到每石"粟至十余钱"。

汉景帝执政时期，在行政制度方面有所改革，社会经济也出现了稳步走向全面富足的新气象。汉景帝的政治举措，大体遵循了贾谊当年的政治设计。贾谊的《治安策》受到毛泽东的重视，被誉为"西汉以来最好的政论"。但是毛泽东又批评其中"论太子一节近于迂腐"。贾谊《治安策》有涉及太子教育的内容。他说，国家的前途，系于太子一身。要使太子道德学问完备，在于及早进行教育，同时选择好他身边的人。及早教育容易收取良好的效果，使其修养臻于完美，智能得以开发。身边的人的影响，也会作用于他性情习惯的形成。如此，太子品行端正，见识正确，则天下可以安定。贾谊这番话所体现的对太子刘启也就是后来的汉景帝的真诚关心，也许并不"迂腐"。贾谊不过长刘启 13 岁。从其中说到"早谕教"，"心未滥而先谕教"，特别是所谓"及太子少长，知妃色，则入于学"等口气，可推知当时刘启尚是少年。贾谊去世时，刘启 20 岁，应当已经是具有成熟个性，对于世事亦有独立见解的青年。从贾谊与汉文帝的亲密关系看，刘启即使与贾谊未曾有直接接触，两者之间的相互了解以及贾谊对刘启的影响都是必然的。推想贾谊"为富安天下"的思想，"以富乐民为功"的思想，应当都收到了"谕教"的效果。从汉景帝执政初年的政治表现看，几乎完全是按照贾谊的政治设计在制定政策，推行政策。一些汉文帝已经开始落实的政治主张，在汉景帝时代得到更深入的贯彻。一些汉文帝没有来得及实行或者还心存疑虑，未必有意推行的政策，在汉景帝执政时也陆续出台。宋人胡介所谓"后皆遵之有效，一一如谊所言"，通过汉景帝时代的历史，正可得到证实。正是在这样的背景下，"文景之治"成就了中国古代最著名的盛世。

是"富民"还是"富国"，作为不同的执政原则，长期以来争议不休。其实，在专制时代，对于帝王来说，"富国"常常就是"富己"，也就是黄宗羲在《明夷待访录·原君》中所指责的，"以天下之利尽归于己"，"以我之大私为天下之公"。这种做法走向极端，则后果正如贾谊在《过秦论》中所严正警告的："贵为天子，富有天下，身不免于戮杀。"

鲁迅曾经以肯定的口气评论道，贾谊《治安策》《过秦论》等，"皆为西汉鸿文，沾溉后人，其泽甚远。"他的"富民"思想，在晚年汉武帝进行政策转变时得到重新认识，于是颁布沉痛罪己，宣布"思富养民"的轮台诏，又有封丞相田千秋为"富民侯"的举措。到了明清之际思想文化的动荡年代，"富民"思想又在新的认识基点上再次得以申说。黄宗羲所谓"富民"(《明夷待访录·田制二》),所谓"天下安富"(《明夷待访录·财计一》),唐甄所谓"夫富在编民,不在府库"(《潜书·存言》)等主张以及相关论述,都更为旗帜鲜明。唐甄还曾经强调:"上不以'富民'为功,而欲吏以'富民'为务,岂可得乎?""为治者不以'富民'为功,而欲幸致太平,是适燕而马首南指也。"(《潜书·考功》)对于这样的主张,有的思想史学者以"市民思想""民主思想"予以肯定,[①]是适宜的。

贾谊所说"富乐民"的"乐",是指什么呢?仅仅是说让百姓因"富"而"乐",还是另有深意呢?这里所谓"乐",是不是指人的其他基本权利的全面保障,是不是接近近世一位成功政治家所谓"又有统一意志,又有个人心情舒畅"的那种"心情舒畅"呢?

解答"富乐民"之"乐"这一疑问,也许还需要研究者深思。

---

① 侯外庐:《中国思想通史》第 5 卷,人民出版社 1957 年版,第 309、154 页。

　　　　　　　　　　　　　　　　长安碎影

汉代思想文化的"和合"精神

　　"和合"，在中国历史上是一种重要的文化存在。"和合"体现了一种文化倾向，也体现了一种文化理念，一种文化意境，一种文化精神。在中华民族精神形成和完善的历史过程中，"和合"表现出重要的意义。通过汉代思想史文化史的多种迹象，可以发现与"和合"相关的鲜明逻辑与的脉络。

　　"和合"有自然主义的思想渊源。在中国古代的许多时段，"和合"作为一种公众愿望，一种社会理想，又被公认为一种合理的社会政治模式。在日常社会生活中，人们也以遵循"和合"的原则，作为维护安定的一种思想的规范和行为的规范。可以说，"和合"经过漫长历史时期的文化凝集，已经成为中华民族精神中的主体内容之一。今天，认真考察和总结相关文化现象，对于科学地审视、全面地认识中国传统文化的基本构成和中华民族精神的基本风格在汉代的意识形式，无疑是有益的。

汉代《易》学的"和合"理念

历代易学学者大都注意到《周易》中阐说的"阴阳和合"思想。有学者认为，其基本精神之一，就是"和合天地自然"（赵继明：《和合：〈周易〉的精神本质》，《晋阳学刊》1999 年第 4 期）。王弼注《周易》所谓"和合相润，以成其文"（《周易注疏》卷四），如果将其中的"文"作延伸性理解，扩展到与今天我们所说的"文化"有关的范畴，也许是适宜的。

汉代《易》学的重要理念，以为"和合"即自然规律，即宇宙秩序。《史记》卷二四《乐书》"昭阳汁洽二年"句，裴骃《集解》指出"'汁'，一作'协'"。张守节《正义》："李巡云：'言阴阳化生，万物和合，故曰协洽也。'"《史记》卷二四《乐书》"洽"，李巡似读作"治"，又被理解为"合"。秦汉文献中确多有"和洽"可以解作"和合"的文例。如《史记》卷八四《屈原贾生列传》："汉兴至孝文二十余年，天下和洽。"《史记》卷九九《刘敬叔孙通列传》："及周之盛时，天下和洽，四夷乡风，慕义怀德。"《汉书》卷八《宣帝纪》："诏曰：'盖闻上古之治，君臣同心，举措曲直，各得其所。是以上下和洽，海内康平，其德弗可及已。'"《汉书》卷五六《董仲舒传》："臣闻尧受命，以天下为忧，而未以位为乐也，故……众圣辅德，贤能佐职，教化大行，天下和洽，万民皆安仁乐谊，各得其宜，动作应礼，从容中道。"《汉书》卷六五《东方朔传》："上不变天性，下不夺人伦，则天地和洽，远方怀之。"《汉书》卷七一《平当传》："三十年之间，道德和洽，制礼兴乐，灾害不生，祸乱不作。"

一个生生不息的和谐有序的世界，正是以"和合"为特征的。《焦氏易林》卷一《师·解》说：

王德五材，和合四时，阴阳顺序，国无咎灾。

作为以农耕为主体经济形式的国度，社会将这种"和合"看作体现出自然秩序的至上的原则。如果背弃这一原则，将会受到"咎灾"的惩罚。

《焦氏易林》所说，从字面看，是"和合四时"。然而下文说"阴阳顺序"。其直义，似以说"四时顺序"、"阴阳和合"为好。从全句文字看，依然是说自然的"和合"，人与自然的"和合"。清代学者李光地《榕树语录》卷一四《三礼》写道："夫五行播于四时，是天地阴阳之和合也。和合故月生焉，阴精阳气会于太虚而成象，生之谓也。"这里所解说的"五行""四时"与"天地阴阳之和合"

的关系，自可帮助我们理解《焦氏易林》所谓"五材""四时"与"阴阳""和合"的关系。

"和合"意识的发生，据说可以上溯至儒学早期精神领袖的思想理念。《孔丛子》卷上《论书》引录了一段孔子关于"和合"的言论。其中写道：

> 子张曰："仁者何乐于山？"
>
> 孔子曰："夫山者岿然高。"
>
> 子张曰："高则何乐尔？"
>
> 孔子曰："夫山，草木植焉，鸟兽蕃焉，财用出焉，直而无私焉，四方皆伐焉。直而无私，兴吐风云，以通乎天地之间，阴阳和合，雨露之泽，万物以成，百姓咸飨。此仁者之所以乐乎山也。"

这里借孔子名义发表的对"山"的赞美，体现出一种文化态度。山"直而无私，兴吐风云，以通乎天地之间，阴阳和合，雨露之泽，万物以成，百姓咸飨"，接近了"仁"的境界。所谓"万物以成，百姓咸飨"，正是李光地所说"生之谓也"。

《太平御览》卷三八引《尚书大传》也说："孔子曰：'夫山者崔嵬然，草木生焉，禽兽蕃焉，材用植焉，四方皆无私焉，出云雨以通乎天地之间，阴阳和合，雨露之泽，万物以成，百姓以飨。此仁者之乐于山也。'"又《太平御

　　　　　　　　　　　　　　　　　长安碎影

览》卷四一九引《尚书大传》曰："子张曰：'仁者何乐于山也？'孔子曰：'夫山者■然高。''■然高则何乐焉？''夫山，草木生焉，鸟兽蕃焉，财用殖焉，生财用而无私，为四方皆伐焉，每无私予焉，出云风以通乎天地之间，阴阳和合，雨露之泽，万物以成，百姓以享，此仁者之所乐于山者也。'"所引孔子的话，与《孔丛子》所见更为接近。

"和合"提供了创造生命和维护生命的环境条件。这是古代哲人的智慧发现，也是古代社会人们共有的朴素的自然主义的认识。有的学者认为，曾经深刻影响中国文化传统和民族精神的"天人合一"的观念，正是"'和合'人与自然关系的终极追求"。[①] 有的学者更明确地指出，"《易传》和合思想的核心是阴阳的对立统一，阴阳和合的最高境界是人与天地合德，是'天人合一'。"[②]

"不和""未和"的忧虑

汉代民间观念中，与"阴阳和合"不同的气候环境，

① 张冠湘：《和合：中国人的生活哲理》，《郴州师范高等专科学校学报》2003 年第 1 期。
② 陈恩林：《论〈易传〉的和合思想》，《吉林大学社会科学学报》2004 年第 1 期。

被称作"不和"。在汉代文书中又称作"不调""不时""不节"。①

玉门花海汉代烽燧遗址出土的写在一枚"觚"上的文书，以"制诏皇太子"开篇，被有的学者看作汉武帝的遗书。②其中有"方春不和时"辞句：

> 制诏皇大子朕体不安今将绝矣与地合同众不复起
> 谨视皇大之痳加曾朕在善禺百姓赋
> 敛以理存贤近圣必聚谞士表教奉先自致天子胡侅
> 自汜灭名绝纪审察朕言众身
> 毋久苍苍之天不可得久视堂堂之地不可得久履道
> 此绝矣告后世及其孙子
> 忽忽锡锡恐见故至毋贰天地更亡更在去如舍庐下
> 敦同里人固当死慎毋取（1448）③

简文所谓"方春不和时"，可以参考"方春不时"与"方春不和"理解。

敦煌汉简可见"春时风气不和"语：

---

① 王子今：《"不和"与"不节"：汉简所见西北边地异常气候记录》，《简帛研究》2004，广西师范大学出版社 2005 年版。

②③ 嘉峪关市文物保管所：《玉门花海汉代烽燧遗址出土的简牍》，《汉简研究文集》，甘肃人民出版社 1984 年 9 月版。

息子来卿叩头多问丈人无恙来卿叩头叩头春时风气不和来卿叩头唯丈人慎衣数进酒食宽忍小人愚者（779）

居延汉简中又可以看到这样的简文：

司便致言解俱叩头顷得谒见始除盛寒不和唯为时平衣强奉

酒食愚戇毋伦甚焉叩头数已张子春累毋已子侯奉以彭故不

遣亡至意得已蒙厚恩甚厚谨因子春致书彭叩头单记□□□不谒彭叩头（494.4B）

又如：

□缓急始春未□
□缓急始春未和□（435.4）

"始春未和"，也就是"始春不和"。

对于"不和""未和"的忧虑，是与农耕生产实践需求的有关日照、气温、降水等基本条件有关的。正是在这样的意识背景下，"和合"愿望很自然地成为一种影响较为普遍的精神定式和文化传统。《太平经》己部卷九六《六极六竟孝顺忠诀》："万物者，随四时五行而衰兴，而生长自养，是其弟子也。不能尽力随其时气而生长实老，终为不顺之弟子。其年物伤人，反共罪过其时气不和，为时气得重过。"按照这样的观念，对"时气不和"的抱怨，也是不允许的。

《史记》透露的"和合"文化导向

儒学经典《尚书》中的《尧典》篇歌颂帝尧"光宅天下"的成就，有这样的赞美之辞："克明俊德，以亲九族。九族既睦，平章百姓。百姓昭明，协和万邦。"《史记》卷一《五帝本纪》说帝尧威望功德，称"其仁如天，其知如神，就之如日，望之如云"，也有这样的表述："能明驯德，以亲九族。九族既睦，便章百姓。百姓昭明，合和万国。"与"协和万邦"对应的，是"合和万国"。"合和"，也就是"和合"。有的学者就"平章百姓""合和万国"评议早期"和合"政治形态的发生，认为："和合文化作为中国传统文化的精华，其概念范畴虽然出现在春秋战国时期，但源头应在陶尧时期。人与天、人与社会、人与人之间的'和谐共处'，是耦耕农业普遍推广的产物。"① 其实，如果从"耦耕"的形式讨论早期"和合"意识在生产活动中的"源头"，可能也是有意义的。不过，我们这里特别注意《史记》作为历史文化名著提示的"和合"，代表着导向性的意义。

《史记》卷一一九《循吏列传》开篇载有以"太史公曰"为起始形式的长篇政论，其主题，在于论述"循吏"的文化性格，并宣示为吏治的标范："太史公曰：法令所以导民也，刑罚所以禁奸也。文武不备，良民惧然身修者，官未曾乱也。奉职循理，亦可以为治，何必威严哉？"《史记》卷一一九《循吏列传》中讲述了五位官员的故事，名列第一的是楚相孙叔敖。司马迁赞扬他的政绩："为楚相，施教导民，上下和合，世俗盛美，政缓禁止，吏无奸邪，盗贼不起。秋冬则劝民山采，春夏以水，各得其所便，民皆乐其生。"由于政策合理，执法严明，"上下和合""各得其所便"，于是社会安定，"民皆乐其生"，所以实现了政治的成功。"循吏"，是"奉职循理"，"奉法循礼"（《史记》卷一一九《循吏列传》），道德言行以及行政风格都符合儒学标范的官吏。"循吏"也因此成为从政人员的榜

---

① 李孟存、李引丝：《唐尧是和合文化的源头》，《山西师范大学学报》（社会科学版）1997年第3期。

样。"循吏"的政治文化表演因"上下和合"而形成了历史的亮点，也显示出社会理想和社会追求的共同倾向。《史记》卷四四《魏世家》："秦尝欲伐魏，或曰：魏君贤人是礼，国人称仁，上下和合，未可图也。文侯由此得誉于诸侯。"也指出"上下和合"可以使国家强盛，以致敌国不敢侵犯。

"和合"作为社会共同的文化追求，受到早期儒学学者的特别关注。儒学"和合"思想是一种应用于社会稳定设计的原则。在政治生活中，倾向儒学的政治活动家们有意将"和合"思想付诸实践。

高层执政集团内部首先要求得"和合"。皇族内部的团结和谐，即《史记》卷六〇《三王世家》所谓"和合骨肉"，又有"和合六亲"的表达。《焦氏易林》卷二《离·屯》："坐朝乘轩，据国子民。虞叔受命，和合六亲。"而"上下和合"，则反映更宽广层面的一致的政治态度，甚至体现了大多数社会成员的政治和谐。

《太平经》"和合"说

《太平经》中，可以看到有关"和合"的观念。

"天地"和"阴阳"的自然"和合"，形成了自然秩序。《太平经》庚部卷一一七《天乐得善人文付火君诀》："天地之生凡物也，两为一合。今是上天与是下地为合。""天虽上行无极，亦自有阴阳，两两为合。""地亦自下行何极，亦自有阴阳，两两相合。"而生命的发生也在于这种"合"。《太平经》庚部卷一一九《三者为一家阳火数五诀》说："夫生者皆反其本，阴阳相与合乃能生。"有学者指出，这里所谓"合"，"是指互相联结互相依存而言。"①《太平经》乙部补卷一八有《合阴阳顺道法》，其中写道："顺天地者，其治长久。顺四时者，其王日兴。道无奇辞，一阴一阳，为其用也。得其治者昌，失其治者乱；得其治者神且明，失其治者道不可行。详思此意，与道合同。"题曰"合阴阳顺道"，正文又说"一阴一阳，为其用也"，而论说的主题，是"与道合同"。

这里的"合阴阳"，又表述为"和合阴阳"。《太平经》乙部补卷二二《以乐却灾法》写道：

> 夫乐于道何为者也？乐乃可和合阴阳，凡事默作也，使人得道本也。

又丙部卷五〇《诸乐古文是非诀》："诸乐者，所以通声

---

① 王明：《太平经合校》，中华书局1960年2月版，第5页。

音，化动六方八极之气，其面和则来应顺善，不和则其来应战逆。……故古者圣贤调乐，所以感物类，和阴阳，定四时五行。阴阳调则其声易听，阴阳不和，乖逆错乱，则音声难听。弦又当调，宜以九九，次其丝弦，大小声相得，思之不伤人藏精神也。"又己部卷九六《守一入室知神戒》："阴阳和合，无复有战斗者。"庚部卷一一五《苦乐断刑罚决》："元气自然乐则合，共生天地，悦则阴阳和合，风雨调。风雨调，则共生万二千物。凡物乐，则奇瑞应俱出，生万物之应，精上著天，三光更明察察也。三光乐而合，则四时顺行，春乐生，夏乐长，秋乐收，冬乐藏。"同卷又有一处说到"阴阳和合"：

> 人莫不悦乐喜，阴阳和合同心为一家，传相生。凡事乐者，无有恶也。凡阴阳乐，则生之始也，万物所受命而起也，皆与人相似。男女乐则同心共生，无不成也。不乐，则不肯相与欢合也，怒不乐而强欢合，后皆有凶。

"阴阳和合"需有必要的环境条件，即所谓"阴阳乐"，而"不乐，则不肯相与欢合也"。

宇宙之运行，也就是"天地""四时五行"等种种自然规律的表现，皆基于"阴阳"的"和合"。正如《太平经》

壬部卷一四二《五德神人兵马图决》所说："太平气，风雨时节，万物生多长"，"天地之行，尚须阴阳相得和合，然后太平，而致四时五行之吏也。"癸部卷一五四《却不祥法》也写道："顺用四时五行，外内思正，身散邪，却不祥，悬象而思守，行顺四时气，和合阴阳，罗网政治鬼神，令使不得妄行害人。"这段文字，王明《太平经合校》题"以自防却不祥法"。俞理明注："'却不祥'上原有'以自防'三字，是上篇篇末误入。"列为"太平经钞癸部（补甲部卷二）"。①

《太平经》壬部卷一五〇《两生成一决》说到自然世界和人文世界的"同欲和合"，"同志和合"："夫大神不过天与地，大明不过日与月，尚皆两半共成一。夫天地各出半力，并心同欲和合，乃能发生万物。昼夜各半力，乃成一日。春夏秋冬各出半力而成一岁。月始生于西，长而东，行至十五日名为阳，过十五日消，名为阴。各出半力，乃成一月也。男女各出半力，同志和合，乃成一家。天地之道，乃一阴一阳，各出半力，合为一，乃后共成一。故君与臣合心并力，各出半力，区区思同，乃成太平之理。"《太平经》的作者说，"天地之道"，"太平之理"，其实正在于此。通过"太平之理"的字面我们就可以知

---

① 《太平经正读》，巴蜀书社 2001 年 6 月版，第 4 页。

道，《太平经》的理论核心，早期道教的基本教义，正是这种"和合"。

有了"天地"的"并心同欲和合"，才可以"发生万物"。有了"男女"的"同志和合"，才可以"成一家"。又《太平经》卷一八至三四《行道有优劣法》："和合夫妇之道，阴阳俱得其所，天地为安。"

而所谓"上天与是下地为合"，也被解说为"天地和合"。《太平经》丙部卷四七《上善臣子弟子为君父师得仙方诀》："天地和合，三气俱悦，人君为之增寿益算，百姓尚当复为帝王求奇方殊术，闭藏隐之文莫不为其出，天下向应，皆言咄咄。善哉，未尝有也。"所谓"天地和合"，是"王者"应当遵循的准则。《太平经》癸部卷一五四《王者无忧法》也写道："天地和合，帝王且行吾道，何咎之有？"①

道家思想中将"和合"精神推行至于政治生活中的例证，还有《太平经》庚部卷一一二《七十二色死尸诫》关于"人君"必须"和合神灵"的说法："天有四维，地有四维，故有日月相传推。星有度数，照察是非，人有贵贱，寿命有长短，各禀命六甲。生有早晚，禄相当直，善恶异处，不失铢分。俗人不知，反谓无真，和合神灵，乃

---

① 俞理明列为"太平经钞癸部（补甲部卷九）"。《太平经正读》，巴蜀书社 2001 年 6 月版，第 13 页。

长安碎影

得称人。得神灵腹心，乃可为人君。"

《太平经》关于"和合"的文字，又有"上下和合""五德和合""与元气和合""四时之气悉和合"等：

> 应天理上下和合天灾除奸伪断绝谶本文（丁部卷五六《与神约束决》）

> 通其气，乐知得失，上下和合，谏及四远卑贱，令无冤结，以称皇天心，乐灾除去，勿令天怒。（己部卷一〇二《经文部数所应诀》）

> 五德和合见魂魄，心神已明大道陈。（戊部卷八〇《占中不中决》）

> 上士修道，先当食气，是欲与元气和合，当茅室斋戒，不睹邪恶，日炼其形，无夺其欲，能出入无间，上助仙真元气天治也。（丙部卷四二《九天消先王灾法》）

> 上皇皇天之气悉下生，后土之气悉上养，五行之气悉并力，四时之气悉和合。（己部卷一〇二《经文部数所应诀》）

"和合"这一语汇的使用如此频繁，是相当罕见的。

《太平经》丙部卷三九《解师策书诀》写道："阴阳主和，凡事言阴阳气，当复和合天下而兴之也。"其中"阴阳主和"的命题值得学者特别关注。以这样的认识为基点，方可以"和合天下而兴之"。丁部卷六三《分别九人决》写道："圣人者象阴阳，阴阳者象天地以治事，合和万物，圣人亦当和合万物，成天心，顺阴阳而行。""和合万物"，即是"顺阴阳而行"，正是因为"阴阳主和"的缘故。

《太平经》乙部卷一八可见《合阴阳顺道法》，丙部卷四八有《三合相通诀》，也讲了阴阳"共生和"的道理："蠕动之属雄雌合，乃共生和相通，并力同心，以传其类。男女相通，并力同心共生子。三人相通，并力同心，共治一家。君臣民相通，并力同心，共成一国。此皆本之元气自然天地授命。凡事悉皆三相通，乃道可成也。""天气悦下，地气悦上，二气相通，而为中和之气，相受共养万物，无复有害，故曰太平。天地中和同心，共生万物。""共生和，三事常相通，并力同心，共治一职，共成一事，如不足一事便凶。故有阳无阴，不能独生，治亦绝灭；有阴无阳，亦不能独生，治亦绝灭；有阴有阳而无和，不能传其类，亦绝灭。故有天而无地，凡物无于止；有地而无天，凡物无于生；有天地相连而无和，物无于相容自养也。故男不能独生，女不能独养，男女无可生子，以何而成一家，而名为父与母乎？故天法皆使三合乃成。

故古者圣人深知天情，象之以相治。故君为父，象天；臣为母，象地；民为子，象和。天之命法，凡扰扰之属，悉当三合相通，并力同心，乃共治成一事，共成一家，共成一体也，乃天使相须而行，不可无一也。"这里"天地中和同心"的说法，"共生和相通"的说法，阴阳天地不可以"无和"的说法，逻辑关系并不十分清晰，然而对"和"的尊崇，是明确的。

《太平经》癸部又专有《和合阴阳法》①：

> 自天有地，自日有月，自阴有阳，自春有秋，自夏有冬，自昼有夜，自左有右，自表有里，自白有黑，自明有冥，自刚有柔，自男有女，自前有后，自上有下，自君有臣，自甲有乙，自子有丑，自五有六，自木有草，自牝有牡，自雄有雌，自山有阜。此道之根柄也。阴阳之枢机，神灵之至意也。

《太平经》的"和合"学说如此完备，是值得思想史学者认真总结的。有的学者综合考察诸多道家文献后指出，与和合文化构成中"儒家的'中庸'、'中和'"比较，"道

---

① 俞理明《太平经正读》题"和合阴阳"，列为"太平经钞癸部（补甲部卷十一）"，巴蜀书社2001年6月版，第15页。

家的和合思想具有独到之处"①，"道家的和合思想更具有独到之处"，"道家的和合思想追求自然状态和精神境界两个层面上的主客统一、天人合一，是既现世又超越的。"②在进行这样的讨论时忽略了《太平经》的相关内容，似乎有所不妥。

《太平经》与《老子》思想之间的继承关系当然是明显的。有学者注意到《老子》"音声相和"（2章）论说的价值，并进行了不同文化系统的比较："在谈到不同的音调结合在一起造成和谐的乐曲时，西方的哲学家所注重的是不同音调之间的对立和斗争，认为'美的和谐'也是'通过斗争而产生的'，而中国哲学家所强调的却是和合与和谐，认为美的音乐是由不同的'声音相和'所产生的。"③《太平经》庚部卷一一六《音声儛曲吉凶》也论述了音乐与"和""和合"的关系："夫心同意合，皆为大乐也。苦心异意，皆为乖错，悉致苦气也。夫乐者何？必歌舞、众声相和也。""五音乃各有所引动，或引天，或引地，或引日月星辰，或引四时五行，或引山川，或引人民万物。音动者，皆有所动摇，各有所致。是故和合，得其意者致

---

① ② 姚维：《道家和合思想及其现代意义》，《社会科学研究》1998年第5期。

③ 左亚文：《阴阳和合辩证思维的当代阐释》，《江汉论坛》2001年第7期。

善，不得其意者致恶。"音和者，其方和善。""音不和者，其方凶恶。"关于音乐与"和合"的关系，可参看李成：《〈乐记〉和合美学思想的表现形式》(《学术交流》2004年第6期)

汉代"官非其人"现象的防范与纠治

"秦、汉间为天地一大变局。"[①]自秦代统一的高度集权的政治格局形成之后，汉王朝执政者继承了这一体制并有所创新，有所完善。"察举"制"贤良文学"之选以兼重德才为出发点，官吏队伍的成分得以更新，行政机构因此提高了执政效能和管理质量。然而官僚体制仍普遍存在"官非其人"的情形。对所有官员的监察、考校，对不法官员的举劾、弹治，成为确定的制度。对于选官形式以腐败为主要表现的严重弊病，也通过政治引导、道德教育、法律约束和舆论评议有所纠治。"举非其人，并正举主之罪"的方式，成为推行"察举"选官制度发生"官非其人"现象的有一定效力的责任追究政策。除了议政者对于"吏职多非其人"情形的直接指摘之外，社会舆论多种监督方式也发生了积极的效用。汉代民谣直接的黑暗吏制

---

① 〔清〕赵翼：《廿二史札记》卷二"汉初布衣将相之局"条。

批判，以及"月旦评"等官员德行品判机制的运行，都对不符合德行要求的从政者形成舆论压力。这些对"官非其人"现象有所纠变的方式，具有有益的历史借鉴意义，我们今天依然应当予以珍视。

"察举"：选官形式的历史进步

中国古代选官制度的演变，大体可以表现出"世官制""察举制""科举制"三种形式的递进[①]。"世官制"也就是世系官职的制度，在汉初依然施行。《史记》卷三〇《平准书》说：汉初社会安定，"为吏者长子孙，居官者以为姓号"，裴骃《集解》引如淳曰："仓氏、庾氏是也。"管理仓储的官员以"仓""庾"为姓号"，就反映了这样的情形。汉文帝时，已经有从社会基层选用"贤良""孝廉"的做法，指令中央官吏和地方官吏得从社会下层推荐从政人员。《史记》卷一〇《孝文本纪》："及举贤良方正能直言极谏者，以匡朕之不逮。"名臣晁错就是曾经以"贤良文学"之选，又经帝王亲自策试，得以升迁为中大夫的。

----

① 黄留珠：《中国古代选官制度述略》，陕西人民出版社 1989 年 9 月版。

《汉书》卷四九《晁错传》："……后诏有司举贤良文学士，错在选中。"

所谓"贤良文学"，强调道德和才能的标准。不过，当时这种选官形式还没有成为完备的制度。汉武帝在即位之初的第一年，就诏令中央和地方的主要行政长官"举贤良方正直言极谏之士"。《汉书》卷六《武帝纪》："冬十月，诏丞相、御史、列侯、中二千石、二千石、诸侯相举贤良方正直言极谏之士。"《史记》卷二八《封禅书》："元年，汉兴已六十余岁矣，天下艾安，缙绅之属皆望天子封禅改正度也，而上乡儒术，招贤良，赵绾、王臧等以文学为公卿，欲议古立明堂城南，以朝诸侯。草巡狩封禅改历服色事未就。会窦太后治黄老言，不好儒术，使人微伺得赵绾等奸利事，召案绾、臧，绾、臧自杀，诸所兴为皆废。"六年之后，汉帝国面对匈奴军事集团的凶猛攻击。

汉武帝又下诏策试贤良。特别是在这一年，明确规定了郡国必须选举的人数。正是在汉武帝时代，察举制得以基本成为正统的政制。这一历史进步的意义十分重大。有的学者曾经指出，汉武帝"初令郡国举孝廉各一人"的元光元年（前134），是"中国学术史和中国政治史的最可纪念的一年"。①

① 劳榦：《汉代察举制度考》，《中央研究院历史语言研究所集刊》第17本。

这是因为这一诏令表明察举制已经发展成为一种比较完备的仕进途径，察举制作为选官制度的主体的地位已经得以确立。

"察举"制度的出发点即基本设想考虑到对"德"与"能"的共同重视。注重德能，即避免其他因素影响官员任用，对于防止选官腐败是有效的。

汉代选官制度中有的做法，体现出对行政实践表现的重视。如东汉时规定"令试之以职，乃得充选"（《后汉书》卷四《和帝纪》），李贤注引《汉官仪》称之为"务实校试以职"。"吏职满岁，宰府州郡乃得辟举（《后汉书》卷六一《左雄传》）"，即在行政岗位上先行试用，实践一年之后，才可以向上级推举。对于德行人品和工作能力确定具体的实践方式和考察时限，应当是有一定的积极意义的。

然而，在吏制严重腐坏的大背景下，有一定合理性的选官方式在操作中依然暴露出弊病。东汉时，"选举不实，官非其人"（《后汉书》卷六《顺帝纪》）情形已经相当普遍，导致"政化衰缺"，社会于是有"清选重臣，以居其任"（《后汉书》卷七五《刘焉传》）的愿望。选官方式的更新，又称"妙简之选"。《后汉书》卷七九上《儒林传上》："时樊准、徐防并陈敦学之宜，又言儒职多非其人，于是制诏公卿妙简其选第 02546 页，三署郎能通经术者，皆得察举。"

监察·举劾·弹治：行政处罚方式

秦代已经设计了初步的监察制度。郡级行政单位设"监御史"之职。中央则有御史大夫"举劾按章"，主官监察。汉代又有更为完备的监察体制。御史大夫下辖侍御史十五人，"侍御史有绣衣直指，出讨奸猾，治大狱，武帝所制，不常置。"(《汉书》卷一九上《百官公卿表上》）汉武帝时代曾经根据具体需要特设"直指绣衣使者"作为皇帝特派专史，主管贵族高官的监察。汉元帝时，曾经有"诏丞相、御史举质朴敦厚逊让有行者，光禄岁以此科第郎、从官"的做法（《汉书》卷九《元帝纪》），按照唐代学者颜师古的解释："始令丞相、御史举此四科人以擢用之。而见在郎及从官，又令光禄每岁依此科考校，定其第高下，用知其人贤否也。"所谓"考校"，与现今"考察""考核"义近。当时选用官员和考察官员，完全以道德水准为标尺，体现了对于选官制度予以健全完善的一个行政侧面。

监察官"禁察踰侈"，即惩罚违反制度的"贵戚近臣"，查处究办称作"举劾"，最终处分虽然要"奏请"皇帝，但是这些特使有很大的权力（《汉书》卷四五《江充传》）。一般官员也可以相互揭发举报，史称"弹治"（《汉书》卷七六《张敞传》）。对于犯罪官员当举劾而"阿纵""不举劾"，或者说"阿从不举劾"的，也要受到处罚，严重者甚至同坐（《汉书》卷七五《眭弘传》，《汉书》卷八九《黄霸传》）。

据《续汉书·百官志一》"太尉"条刘昭注补引应劭《汉官仪》载录汉光武帝刘秀诏书，要求察举"务尽实覈"："方今选举，贤佞朱紫错用。丞相故事，四科取士。一曰德行高妙，志节清白。二曰学通行修，经中博士。三曰明达法令，足以决疑，能案章覆问，文中御史。四曰刚毅多略，遭事不惑，明足以决，才任三辅令：皆有孝悌廉公之行。自今以后，审四科辟召，及刺史、二千石察茂才尤异孝廉之吏，务尽实覈，选择英俊、贤行、廉絜、平端于县邑，务授试以职。有非其人，临计过署，不便习官事，书疏不端正，不如诏书，有司奏罪名，并正举者。"也明确要求"有非其人"，则"有司奏罪名，并正举者"。

《晋书》卷三〇《刑法志》在对秦汉制度进行总结时，说到"增部主见知之条"这一行政法的重要创新："汉承秦制，萧何定律，除参夷连坐之罪，增部主见知之条。"官员犯罪，主管负责的上级是要承担连带责任的。

议政场合对"吏职多非其人"的指摘

《史记》卷二《夏本纪》中有一段关于"皋陶作士以理民",而"帝舜朝,禹、伯夷、皋陶相与语帝前"的文字。皋陶陈说了他选用人才协助执政的设想,"在知人,在安民",特别说道:"翕受普施,九德咸事,俊乂在官,百吏肃谨。毋教邪淫奇谋。非其人居其官,是谓乱天事。"司马贞《索隐》说,这里取用了《尚书·皋陶谟》的文字,但是太史公有所调整,与通常"次序"不同,"班固所谓'疏略抵牾'是也。"我们或许可以理解为《史记》执笔者结合西汉时期官场境况发表的对于当时吏治"非其人居其官"情形的态度。《史记》卷四《周本纪》记载,周穆王与甫侯的对话,也责问他:"今尔安百姓,何择非其人?"也说到选用执政集团成员"择非其人"的问题。秦末社会动荡,对于军事领袖的选择,陈婴也曾经发表"今欲举大事,将非其人,不可"的名言(《史记》卷七《项羽本纪》)。董仲舒曾经说:"夫人君莫不欲安存而恶危亡,然而政乱国危者甚众,所任者非其人,而所繇者非其道,……"(《汉书》卷五六《董仲舒传》)《汉书》卷七一《于定国传》可见"其勉察郡国守相群牧，非其人者毋令久贼民"的说法，也表达了同样的理念。《汉书》卷七二《鲍宣传》载录谏大夫鲍宣上书，可见对汉哀帝行政的批评，其中直接指责选官问题："夫官爵非陛下之官爵，乃天下之官爵也。陛下取非其官，官非其人，而望天说民服，岂不难哉！"所陈说"夫官爵非陛下之官爵，乃天下之官爵也"的观点，体现出非常开明的政治意识。所谓"陛下取非其官，官非其人"，颜师古注："此官不当加于此人，此人不当受于此官也。"

翼奉上疏颂扬周政："有司各敬其事，在位莫非其人。"颜师古解释："言所任皆得贤材也。"（《汉书》卷七五《翼奉传》）

汉代朝廷议政时，常常可以看到对"辟召非其人"情形公开的揭露指责。《后汉书》卷四三《朱穆传》："议郎、大夫之位，本以式序儒术高行之士，今多非其人。""宜时易宰守非其人者。"《后汉书》卷四五《张酺传》："三府辟吏，多非其人。"《后汉书》卷四六《陈忠传》："臣闻位非其人，则庶事不叙。庶事不叙，则政有得失。"《后汉书》卷五四《杨秉传》："内外吏职，多非其人，自顷所征，皆特拜不试，致盗窃纵恣，怨讼纷错。旧典，中臣子弟不得居位秉执，而今枝叶宾客布列职署，或年少庸人，典据守宰，上下忿患，四方愁毒。"《后汉书》卷六三《李固传》：

"自顷选举牧守，多非其人，至行无道，侵害百姓。"《后汉书》卷七九《儒林传上》："儒职多非其人。"都说明了这种常见的情形。

"举非其人，并正举主之罪"

选官程序中，荐举候选人才者，如果其推选对象渎职犯罪，荐举者也要承担罪责。汉明帝中元二年刚刚即位，就颁布诏书宣布：

> 今选举不实，邪佞未去，权门请托，残吏放手，百姓愁怨，情无告诉。有司明奏罪名，并正举者。

指出了选官方式的严重问题，"邪佞""残吏"当权，以致下民愁苦，无从申诉，全在于"选举不实"，于是要求主管部门"明奏罪名"，予以惩处，重申"举者"也必须同样严厉责罚。所谓"并正举者"，唐代学者李贤注的解释是"举非其人，并正举主之罪"（《后汉书》卷二《明帝纪》）。《后汉书》卷二《明帝纪》还记载：有官员因"辟召非其人"，"遂策免之"。对于选官程序中发现的"举非其人"的问题，"举者"即推荐者必须承担责任，这已经成为汉代制度。《后汉书》卷四《和帝纪》载录了这样一道诏书，说"选举良才，为政之本"，"而郡国举吏，不加简择"，相关制度，未能真正推行，"宣布以来，出入九年，二千石曾不承奉，恣心从好，司隶、刺史讫无纠察"。于是宣布"后有犯者，显明其罚"。当时执政集团上层已经发现，政治危局的出现，与选官腐败相关，"在位不以选举为忧，督察不以发觉为负，非独州郡也。是以庶官多非其人"，致使"下民被奸邪之伤"。李贤注引《汉官仪》说：建初八年十二月己未诏书明确了选官的四个条件："一曰德行高妙，志节清白；二曰经明行修，能任博士；三曰明晓法律，足以决疑，能案章覆问，文任御史；四曰刚毅多略，遭事不惑，明足照奸，勇足决断，才任三辅令。"强调基本原则是"皆存孝悌清公之行"。要求："自今已后，审四科辟召，及刺史、二千石察举茂才尤异孝廉吏，务实校试以职。有非其人，不习曹事，正举者故不以实法。"这里所说的"正举者故不以实法"，就是严格执行对举荐者提供虚假信息予以追责并严厉惩处的法律。《续汉书·百官志一》刘昭注补引应劭《汉官仪》也强调了"四科取士"的原则，同时说道："有非其人，临计过署，不便习官事，书疏不端正，不如诏书，有司奏罪名，并正举者。"所谓"正举者"，成为坚持选官公正的行政传统。

类似的史例，还有《后汉书》卷六《顺帝纪》记载司空刘授免官，注引《东观记》说，是以"辟召非其人，策罢"。名臣陈蕃批评时政，"帝讳其言切，托以蕃辟召非其人，遂策免之。"（《后汉书》卷六六《陈蕃传》）也说明"辟召非其人"，是罢免责任官员的合法理由。

"天心未得"：灾异的警告

对于高级官僚"非其人"的政治批评，有时利用灾异的出现而发表，从而扩展了影响力。如《汉书》卷七八《萧望之传》记载，"丞相丙吉年老，上重焉"，而萧望之奏言："百姓或乏困，盗贼未止，二千石多材下不任职。三公非其人，则三光为之不明，今首岁日月少光，咎在臣等。"颜师古注："言三公非其人，又云咎在臣等，是其意毁丞相。"所谓"日月少光"成为政争中攻讦的手段，然而"二千石多材下不任职。三公非其人，则三光为之不明"的说法，在当时是确实可以形成政治影响的。

汉哀帝策免丞相孔光："丞相者，朕之股肱，所与共承宗庙，统理海内，辅朕之不逮以治天下也。朕既不明，灾异重仍，日月无光，山崩河决，五星失行，是章朕之不德而股肱之不良也。君前为御史大夫，辅翼先帝，出入八年，卒无忠言嘉谋，今相朕，出入三年，忧国之风复无闻焉。阴阳错谬，岁比不登，天下空虚，百姓饥馑，父子分散，流离道路，以十万数。而百官群职旷废，奸轨放纵，盗贼并起，或攻官寺，杀长吏。数以问君，君无怵惕忧惧之意，对毋能为。是以群卿大夫咸惰哉莫以为意，咎由君焉。君秉社稷之重，总百僚之任，上无以匡朕之阙，下不能绥安百姓。《书》不云乎？'毋旷庶官，天工人其代之。'于虖！君其上丞相博山侯印绶，罢归。"所引述《尚书》文字，颜师古注："《虞书·皋繇谟》之辞也。位非其人，是为空官。言人代天理官，不可以天官私非其材。"（《汉书》卷八一《孔光传》）这里所说"位非其人，是为空官"以及"言人代天理官，不可以天官私非其材"，体现的积极的政治意识，可以与前引"夫官爵非陛下之官爵，乃天下之官爵也"对应理解。这两种说法，各有高明处，虽然一言"天下""官"，一言"天官"，看起来立足点并不相同。

《汉书》卷九八《元后传》记载王凤因"阴阳不调，灾异数见"上疏谢罪的言辞，也反映当时政坛公认的责任追究定理："臣材驽愚戆，得以外属兄弟七人封为列侯，宗族蒙恩，赏赐无量。辅政出入七年，国家委任臣凤，所言辄听，荐士常用。无一功善，阴阳不调，灾异数见，咎在臣凤奉职无状，此臣一当退也。《五经》传记，师所诵说，咸以日蚀之咎在于大臣非其人，《易》曰'折其右肱'，此臣二当退也。河平以来，臣久病连年，数出在外，旷职素餐，此臣三当退也。"所谓"此臣一当退也"和"此臣二当退也"，其实都说灾变是上天对"大臣非其人"的警示。

又如《续汉书·五行志二》"灾火"条说，汉灵帝时发生火灾，是上天对政治黑暗的警告。当时导致政治危局的表现，包括："官非其人，政以贿成，内嬖鸿都，并受封爵。"同条还写道，汉灵帝时，"官非其人，政以贿成，内嬖鸿都，并受封爵。京都为之语曰：'今兹诸侯岁也。'"

东汉时，"庶官多非其人"(《后汉书》卷四《和帝纪》)，已经成为公认的政治现实。《后汉书》卷六《顺帝纪》记载一道诏书："间者以来，吏政不勤，故灾咎屡臻，盗贼多有。退省所由，皆以选举不实，官非其人，是以天心未得，人情多怨。"由于"选举不实，官非其人"以致"天心"和"人情"都有恶性反响。"吏政"的腐坏致使"灾咎"有严重的表现，是当时社会共同的政治意识。这样的理念不能得到自然与人文关系的科学的说明，却有利于对不合理政治现象在一定程度上有所纠治。

陈寔故事

《续汉书·五行志二》说，汉灵帝时，"官非其人，政以贿成，内嬖鸿都，并受封爵"。官场"贿"的现象之严重，是导致"官非其人"的重要原因。《续汉书·五行志一》"谣"条指摘当时"使卖官受钱，所禄非其人"，批评最高执政者竟然主持"卖官"。这当然是极端的现象。通常"政以贿成"，则是王朝末年政坛上下非常普遍的情形。而高层权力影响下级，一层危害一层，一级腐蚀一级，也是"官非其人"情形严重泛滥的主要因素。"选举牧守，多非其人"（《后汉书》卷六三《李固传》），"刺史非其人"（《后汉书》卷六七《党锢传·张俭》），"刺史""用非其人"（《后汉书》卷七五《刘焉传》），"郡守非其人"（《后汉书》卷六七《党锢传·巴肃》，《后汉书》卷六七《党锢传·檀敷》），或说"州郡多非其人"情形，时人以为"世浊"（《后汉书》卷三七《桓鸾传》），是清醒的判断。对政情有所了解的人们普遍注意到，"议郎、大夫之位""今多非其人"，"宰守非其人"（《后汉书》卷四三《朱穆传》），"三府辟吏，多非其人"（《后汉书》卷四五《张酺传》），"辟召非其人"（《后汉书》卷六六《陈蕃传》），又可以统称之曰"位非其人"（《后汉书》卷四六《陈忠传》），"内外吏职，多非其人"（《后汉书》卷五四《杨秉传》），甚至"儒职多非其人"（《后汉书》卷七九上《儒林传》）。"吏政"腐败，"吏政"黑暗，已经形成全面的社会影响。

《后汉书》卷六二《陈寔传》讲述了陈寔有关郡太守"用吏"面对复杂情形，以个人智谋有所建议的故事："家贫，复为郡西门亭长，寻转功曹。时中常侍侯览托太守高伦用吏，伦教署为文学掾。寔知非其人，怀檄请见。言曰：'此人不宜用，而侯常侍不可违。寔乞从外署，不足以尘明德。'伦从之。于是乡论怪其非举，寔终无所言。伦后被征为尚书，郡中士大夫送至轮氏传舍。伦谓众人言曰：'吾前为侯常侍用吏，陈君密持教还，而于外白署。比闻议者以此少之，此咎由故人畏惮强御，陈君可谓善则称君，过则称己者也。'寔固自引愆，闻者方叹息，由是天下服其德。"所谓"寔知非其人，怀檄请见"，李贤注："檄，板书。谓以高伦之教书之于檄而怀之者，惧泄事也。""请从外署之举，不欲陷伦于请托也。"陈寔的做法，掩饰"为侯常侍用吏"事，转移了舆论视线，上司以为得体，于是有"比闻议者以此少之"的赞赏。所谓"善则称君，过则称己"，见于《礼记·坊记》。《风俗通义·过誉》有一段关于地方行政官员政绩与政声的文字，也引录了"善则称君，过则称己"一语。大概这样的说法，在汉代政治生活中有相当广泛的影响。

也就是说，对于政治批评的方式，正统儒者是比较注重讲究策略的。

《书》《诗》"歌""刺"及"谣""谚"的舆论批判作用

对于选官腐败的社会舆论谴责，形式是多样的。前引汉顺帝诏书"选举不实，官非其人，是以天心未得，人情多怨"句后，又说到"《书》歌""《诗》刺"的舆论形式："间者以来，吏政不勤，故灾眚屡臻，盗贼多有。退省所由，皆以选举不实，官非其人，是以天心未得，人情多怨。《书》歌股肱，《诗》刺三事。"说"吏政"的问题导致了灾异频繁，这当然是由自当时"天心"与"人情"相对应的神秘主义意识。又指出这些社会问题的缘由，"皆以选举不实，官非其人"，随即说到"《书》歌股肱，《诗》刺三事"。"《书》歌"和"《诗》刺"，是古来通常出现的社会舆论表达方式。

《续汉书·五行志一》"谣"条记载："桓帝之初，京都童谣曰：'城上乌，尾毕逋。公为吏，子为徒。一徒死，百乘车。车班班，入河间。河间姹女工数钱，以钱为室金为堂。石上慊慊春黄梁。梁下有悬鼓，我欲击之丞卿怒。'案此皆谓为政贪也。"认为"童谣"的内容，是对"政贪"的揭露和谴责。又解释说："梁下有悬鼓，我欲击之丞卿怒者，言永乐主教灵帝，使卖官受钱，所禄非其人，天下忠笃之士怨望，欲击悬鼓以求见，丞卿主鼓者，亦复谄顺，怒而止我也。"这里所说的"童谣"，与上文说到的"京都为之语曰：'今兹诸侯岁也'"，同样，也是民众口传的舆论方式。《抱朴子外篇》卷二《审举》说，"灵献之世"，选官体制败坏，"台阁失选用于上，州郡轻贡举于下。夫选用失于上，则牧守非其人矣。贡举轻于下，则秀孝不得贤矣。故时人语曰：举秀才，不知书。察，父别居。寒清素白浊如泥，高第良将却如鸡。"《太平御览》卷四九六引《抱朴子》"故时人语曰"写作"桓灵谚曰"，可见也是以民间谣谚为形式的社会舆论。《后汉书》卷一一《刘玄传》记载，两汉之际，农民军控制关中，"其所授官爵者，皆群小贾竖，或有膳夫庖人。""长安为之语曰：灶下养，中郎将。烂羊胃，骑都尉。烂羊头，关内侯。"虽然并非正统王朝的选官体制，却同样因为选举"非其人"，遭到以歌谣为形式的社会舆论批判。正如吕宗力《汉代的谣言》所指出的，民间歌谣"对时政的反应相当敏感与直接"①。而"童谣"的形成与传播，情形比较复杂，但长期被看作社会舆论表现②。

① 吕宗力：《汉代的谣言》，浙江大学出版社 2011 年 10 月版，第 88 页。
② 王子今：《略论两汉童谣》，《重庆师范大学学报》（哲学社会科学版）2007 年第 3 期。

面对吏制的黑暗，一种定时的政治舆论形式得以出现。《后汉书》卷六《许劭传》最初说到这种以政治人物为主要对象的，方式比较特殊，然而社会影响甚为鲜明的舆情"核论"形式"月旦评"："初，劭与靖俱有高名，好共核论乡党人物，每月辄更其品题，故汝南俗有'月旦评'焉。"《晋书》卷六二《祖纳传》："纳尝问梅陶曰：'君乡里立月旦评，何如？'"可知这种对于政治人物的舆论评判形式曾经形成久远的影响。

前引《风俗通义·过誉》引录"善则称君，过则称己"语，见于郅恽故事："长沙太守汝南郅恽君章，少时为郡功曹。郡俗冬飨，百里内县皆赍牛酒到府宴饮。时太守司徒欧阳歙临飨礼讫，教曰：'西部督邮繇延，天资忠贞，禀性公方，典部折冲，摧破奸雄，不严而治。"欧阳歙的颂扬之辞，又引《尚书》语："《书》曰：'安民则惠，黎民怀之。'"他还说道："盖举善以教，则不能者劝，今与诸儒，共论延功，显之于朝。"随即"主簿读教，户吏引延受赐"。然而郅恽发表了意见，对欧阳歙的说法公开驳难。"恽前跪曰：'司正举觥，以君之罪，告谢于天，明府有言而误，不可覆掩。按延资性贪邪，外方内圆，朋党构奸，罔上害民，所在荒乱，虚而不治，怨懑并作，百姓苦之。而明府以恶为善，股肱莫争。此既无君，又复无臣，君臣俱丧，孰与偏有。君虽倾危，臣子扶持，不至于亡。恽敢再拜奉觥。'歆甚惭。"应劭就此事的评论,以为郅恽的说法"暴谏露言",似有不妥,但是欧阳歆所说"以紫乱朱,大妨王命,造次颠沛,不及讽谕",直接予以反驳是合理的:"谨按:《礼》,谏有五,风为上,狷为下。故入则造膝,出则诡辞,善则称君,过则称己。暴谏露言,罪之大者。而歆于缞中,用延为吏,以紫乱朱,大妨王命,造次颠沛,不及讽谕,虽举觥强歆可行也。"然而应劭又说:"今恽久见授任,职在昭德塞违,为官择人,知延贪邪,罔上害民,所在荒乱,怨慝并作,此为恶积愆,非一旦一夕之渐也。孔子以匹夫,朋徒无几,习射矍相之圃,三哲而去者过半。"说繇延的恶劣表现,"非一旦一夕之渐"。又说:"汝南,中土大郡,方城四十,养老复敬化之。至延奸蠹彰著,无与比崇。臧文仲有言:'见无礼于君者,若鹰鹯之逐鸟雀,农夫之务去草也。'何敢宿留?不即弹黜奸佞,而须于万人之中,乃暴引之,是为陷君。君子不临深以为高,不因少以为多,况创病君父,以为己功者哉?而论者苟眩虚声,以为美谈。汝南,楚之界也,其俗急疾有气决。然自君章之后,转相放式,好干上忮忮,以采名誉,末流论起于爱憎,政在陪隶也。"对于郅恽的表现,虽予肯定,又有颇多保留。对于"汝南,楚之界也,其俗急疾有气决"的议论,表露出否定的态度,甚至有"好干上忮忮,以采名誉",乃至"论起于爱憎"

的责难。以为"汝南""其俗"文化风格"急疾"然而追求"虚声""名誉"的判断，是可以帮助我们理解"汝南俗有'月旦评'"的意义的。

也许"汝南"的地域限定应当注意。三国人物陆瑁表示过这样的态度："夫圣人嘉善矜愚，忘过记功，以成美化。加今王业始建，将一大统，此乃汉高弃瑕录用之时也，若令善恶异流，贵汝颍月旦之评，诚可以厉俗明教，然恐未易行也。宜远模仲尼之泛爱，中则郭泰之弘济，近有益于大道也。"(《三国志》卷五七《吴书·陆瑁传》)《三国志》卷一三《魏书·钟繇传》裴松之注引太子书言孙权事："若权复黠，当折以汝南许劭月旦之评。"言"月旦评"发生地在"汝南"。而陆瑁所谓"汝颍月旦之评"，地域扩展到"颍"，也是区域文化研究者应当注意的。

关于"月旦评"，还有一个情形值得关注。《魏书》卷五九《刘昶传》写道："高祖曰：'朝因月旦，欲评魏典。夫典者，为国大纲，治民之柄。君能好典则国治，不能则国乱。我国家昔在恒、代，随时制作，非通世之长典。故自夏及秋，亲议条制。或言唯能是寄，不必拘门，朕以为不尔。何者？当今之世，仰祖质朴，清浊同流，混齐一等，君子小人名品无别，此殊为不可。我今八族以上，士人品第有九，九品之外，小人之官，复有七等。若苟有其人，可起家为三公。正恐贤才难得，不可止为一人，浑我典制。故令班镜九流，清一朝轨，使千载之后，我得髣像唐虞，卿等依俙元，凯。'"所谓"朝因月旦，欲评魏典"，似说对"为国大纲，治民之柄"的"典"的"月旦"之"评"。但下文则说"清浊""流""等"，"君子小人名品"，以及"士人品第"，"小人之官"，可能这里所说的"朝因月旦，欲评魏典"，主要还是指与"名品"相关的评定，而"班镜九流，清一朝轨"的原则，是坚持有益于"国治"的"典"。对"或言唯能是寄，不必拘门"建议的否定，是要继承以"九品"为程式的选官制度的传统。

古代官箴的发生和兴起

　　1975 年 12 月，考古工作者在湖北云梦睡虎地发掘了 12 座战国末年至秦代的墓葬。其中 11 号墓出土大量秦代竹简，总数多达 1155 支（另有残片 80 片），以内容之丰富，能够补充和更新人们以往对战国史和秦史的认识，一时使考古学界和历史学界为之震惊。睡虎地秦简的内容计有 10 种，其中有被整理者命名为《为吏之道》的一种，值得关心中国传统政治文化的人们重视。

　　这一文书开篇第一句话是："●凡为吏之道，必精絜（洁）正直，慎谨坚固，审悉毋私，微密纤察，安静毋苛，审当赏罚。"说做官吏的人，应当清白正直，谨慎坚强，公正无私，细致明察，稳重宽仁，赏罚得当。后面的内容，也是关于官吏道德修养的一些标准和执法行政的一些规则。人们很容易就会发现，这篇《为吏之道》，性质与后来所谓《官箴》是大体一致的。可以说，这是经科学发掘所获出土文书中唯一的一篇《官箴》，也是我们迄今所看到的可以判定准确年代的最早的一篇《官箴》。

"箴"，原本是针灸治病所用的针形医疗器具。《官箴》，从文意来说，是对官员的劝诫，正如《文心雕龙·铭箴》所说："'箴'者，所以攻疾防患，喻鍼石也。"《官箴》作为一种文体，内容一般是做官的戒规，也就是从政人员的道德基准和行为规则。

历史文献中所遗存的《官箴》，年代较早的有《吕氏春秋》一书中《应同》篇所引《商箴》，《谨听》篇所引《周箴》，以及《国语·周语上》中所记录的《虞人之箴》等。这些文字，明显仿照很可能是先秦《官箴》片段遗文的《虞人之箴》而作。

然而更为著名的《官箴》，有扬雄的作品。这位西汉时代的大文学家写了《十二州箴》，如《冀州牧箴》《兖州牧箴》《徐州牧箴》等，分述各州人文地理背景，从总结历史教训的角度，对地方行政长官一一提出格言式的警示。扬雄又针对中央政府中的若干主要官职，作21篇《官箴》，如《司空箴》《尚书箴》《大司农箴》《侍中箴》等。其中有些文句，后来已经缺佚。

东汉和帝时的著名文士崔骃，是继扬雄之后的又一位著名的《官箴》作家。保留到现今的若干篇崔骃所作《官箴》，有些文献以为是扬雄所作。崔骃的儿子崔瑗所作《官箴》，有人辑出10篇，其中也有的与扬雄、崔骃存在署名权争议。这或许可以说明这几位政论家在这一领域中的地位大体相当。崔瑗的《郡太守箴》，有人认为是汉安帝时在皇家文史中心"东观"任职的刘騊駼所作。他的《侍中箴》，又有人以为作者是汉顺帝时担任高级官僚的胡广。一些《官箴》的作者难以确定，可能与这种文体属于公共文件的性质有关。

汉代的《官箴》开一代风气，使这种可以说是微型政论文的文体得以广泛流传。然而从其行文特点看，往往针对具体官职，风格华丽铺张，与后世《官箴》是有所不同的。

《四库全书》中，《官箴》被列入史部职官类，计有6部17卷：不著撰人名氏《州县提纲》四卷，宋吕名中撰《官箴》一卷，宋许月卿撰《百官箴》六卷，宋胡太初撰《画帘绪论》一卷，元张养浩《三事忠告》四卷，清顺治帝《御制人臣儆心录》一卷。

被列入《四库全书》史部存目的"职官类《官箴》之属"中，又有8部107卷：元张养浩《牧民忠告》一卷，明宣德帝《御制官箴》一卷，明祁承爜撰《牧津》四十四卷，明吕坤撰《明职》一卷，明鲁论撰《仕学全书》三十五卷，清郑端撰《政学录》五卷，清孙鋐撰《为政第一编》八卷，清牛天宿《百僚金鉴》十二卷。《四库全书》存目中说到的这8种《官箴》，多是明清时代的作品。好在《四库全书存目丛书》已经陆续出版，除元张养浩《牧民忠告》一卷已见于《三事忠告》之外，其余7种编入"职官类"，都已面世，列为第261册和第262册，有兴趣的读者查阅起来已经比较方便。

《官箴》的内容，大多不外对忠信守正、廉洁勤事、惠爱化导一类政治道德原则的宣传和维护。

吕名中《官箴》强调"清、慎、勤"三字。清乾隆帝曾经手书这三个字刻石宣传，并赐内外诸臣，训示百官。梁启超《新民说·论公德》也说："近世《官箴》，最脍炙人口者三字，曰清、慎、勤。"清正、谨慎、勤勉，应当是中国古代《官箴》的主体思想。

古时为官忠于职守者被看作"不辱《官箴》"，为官不能称职的被看作"有玷《官箴》"。明人沈鲸《双珠记·弃官寻父》中有"事亲肯被《官箴》缚"的文句。太平天国《醒世文》也说："为官头顶守《官箴》，秉公正直奉法行。"强调做官最重要的是遵守《官箴》的道德规范。看来，《官箴》不仅曾经对执政官员发生过一定的约束作用，也是民间社会普遍熟知的道德信条。

历代《官箴》作为中国传统政治文化的重要遗存之一，有值得后人珍视的价值。作为官员的道德行为戒条，其内容不仅表达了帝王的政治要求，其实在某种意义上也包含着民众的政治期望，同时还体现了官僚的某种自律意识。我们通过对这种古代典籍的分析，可以增进对历史文化的全面认识，结合现今，也可以得到若干有益的历史启示。

古代以"箴"命题的文字，还有汉代崔琦的《外戚箴》、傅干的《皇后箴》等。这些虽然严格说来不能算是《官箴》，但是也都和政治生活有关。前者所谓"履道者固，仗势者危"，后者所谓"祸不出所憎，常出所爱"等，都是有历史感想而发，又富有文化的哲理，读来也令人回味再三。

西汉宣帝时，有这样的故事，太傅疏广和他的侄子少傅疏受称病辞职还乡，每天令家人卖掉皇帝和太子所赐财物宴请族人故旧。有人劝疏广用这些财物为子孙留置一些产业，疏广回答说，我难道是老糊涂，竟没有考虑到自己的子孙吗？我想，家中自有旧田庐，令子孙勤力其中，足得温饱，可以与一般人相同。如果再增益之以为赢余，只会使他们怠惰。"贤而多财，则损其志；愚而多财，则益其过。"就是说，贤者如果多财，则会损害他们的心志；愚人如果多财，则会增益他们的过错。这些财物，是圣主所以惠养老臣者，所以我情愿与乡党宗族共飨其赐。(《汉书》卷七一《疏广传》)

东汉安帝时，著名学者杨震曾经担任荆州刺史，后来又任东莱太守。前往就职时，以往曾所荐举的荆州茂才王密为昌邑令，夜晚来看望他，随身带来"金十斤"送给杨震。杨震说，我是自以为了解你的，你却竟然如此不了解我，为什么要这样做呢？王密说，现在夜深人静，没有人会知道这件事。杨震严肃地说：天知，地知，我知，你知，怎么能够说没有人知道呢！王密羞愧退出。杨震后来又任涿郡太守，始终廉洁清正，"子孙常蔬食步行"，食不鱼肉，行不车骑。他的朋友劝他为子孙置产业，杨震不肯，回答说，让他们被后世人称为清白之吏的子孙，这难道不是最丰厚的遗产吗？（《后汉书》卷五四《杨震传》）

唐宪宗时，李绛任户部侍郎。以往户部侍郎都以赋税盈余的名义向皇帝进上款物，当时称作"羡余"或者"羡赢"，而李绛却偏偏独不进献。唐宪宗问道：从来的惯例，户部侍郎皆进羡余，卿独无进，是何原因呢？李绛回答说，地方官厚敛于民众以求进献，天下怨声载道。何况户部所管理的都是陛下府库之物，出入都有名目，哪里来的"羡余"呢！若以为献，是把国家东库里的财物搬到西库，用国家的财物来换取私恩，我是不敢追随这种不廉正的风气的。（《新唐书》卷一五二《李绛传》）

以上三个故事，又分别见于《资治通鉴》卷二五"汉宣帝元康三年"，卷四九"汉安帝永初四年"，卷二三八"唐宪宗元和六年"。司马光在《资治通鉴》中采录这些史事，寓意其实是非常深刻的。这几个从经济生活方面反映专制时代官员自觉重视自我道德约束的历史故事，被看作一种个人修养的典范。

中国传统的政治结构是通过一级级的官僚由上而下实行严密的管理的。最高统治者一般都希望吏治清明，以维护正常的政治秩序，保证国家机器的顺利运转。然而另一方面，他们又面临与各级官吏均分实际利益的问题。使各级官吏都得到相应的实利以维持其工作热情，又不使其超过一定的合理度以危害整个国家政权的利益，是一件相当困难的事。于是，在中国传统政治体系中，官吏的道德行为的自律受到提倡。

儒学重视"克己"的功夫。中国传统政治生活中以儒学为基点的政治道德的修养，也有以自我约束为主的倾向。这种讲究自抑自责的所谓"自牧"（《易·谦》），"自讼"（《论语·公冶长》），"自约"（《国语·吴语》），"自镇"（《楚辞·九章·抽思》），"自戒"（《荀子·成相》），"自刻"（《韩非子·安危》），"自治"（《淮南子·诠言》），"自劾"（《汉书》卷八六《王嘉传》），"自屈"（《汉书》卷九九上《王莽传上》），"自救"（《后汉书》卷三〇下《郎𫖮传》），"自咎"（《颜氏家训·终制》），"自克"（韩愈：《太学生何蕃传》），"自绳"（韩愈：《寄卢仝》诗）等等自我警戒、自我克制的意识，都表明了这一倾向。

这一现象无疑其中多少存在虚饰的成分，但是这种道德要求却是具有合理性的，这种道德实践也是符合民众的政治期望的。特别是对于大多数官员来说，这种道德倾向毕竟至少可以部分抑制其贪残的心理，从而有益于政治的清明。

对于调整执政集团内部上下级的关系，调整官民关系，从而提高行政效能来说，鼓励和提倡官员的自责自约也是有意义的，因为唐代名相张九龄所谓"不能自律，何以正人？"（《贬韩朝宗洪州刺史制》）的道理，大家都是明白的。

《官箴》，是中国古代官员自律的一种道德标尺。

有的《官箴》的主题，似乎确实只是作者个人的自警。例如，清代任云南易门（今云南易门）知县的奉天（今辽宁沈阳）人王希圣，曾经作《县署克偏箴》。这篇《官箴》的内容，主要强调克服各种道德品行的偏失。其中写道："性有所偏，急须克治。克治之目有十焉：弛缓克之以敏；急躁克之以宽；烦苛克之以静；骄矜克之以温；多言克之以默；好货克之以廉；轻佻克之以庄；乖戾克之以慎；遗失克之以勤；不可自恕，不可苟安。庶几古人弦韦之义。书以自勖，非敢警世云。"（道光《续修易门县志》卷一三）作者对弛缓、急躁、烦苛、骄矜、多言、好货、轻佻、乖戾、遗失、自恕以及苟安，分别提出了"克治"的方法。他自己认为这篇文字的意义，应大致近似于"古人弦韦之义"。《韩非子·观行》曾经写道,西门豹的性情急躁,于是身佩品质柔韧的皮革,以警示自己应当务求"缓和";董安于的性情迟缓,于是身佩能够速发快箭的弓弦,以警示自己应当务求"急切"。所谓"弦韦",于是被借指用以自我警勉的事物。《贞观政要·论君道》记载,贞观十一年(637),魏徵上疏谈兴亡之道,希望唐太宗记取历代王朝败亡的教训,"居安思危,戒奢以俭",警惕任何危害政治安定的"功成而德衰"的倾向,使唐太宗内心有所震动。唐太宗说:"公之所陈,朕闻过矣。当置之几案,事等弦韦。"就是说,魏徵的话,使他看到了自己的过失,他把魏徵的谏言看作"弦韦",愿意放置在几案之上,经常自警。

中国古代的《官箴》,是形式多样的文体,但是其内容大体都是强调官员应当自我约束其道德行为的规劝告诫。这些劝诫强化自我修养的箴言,透露出专制时代官员们的自律意识,探讨这种意识得以生成和继承、传播的原因,是一件有意义的事。

两汉开明士人对浮侈世风的警觉与批判

回顾古代中国的文明历程，人们多从政治史的视点，看到安定与动乱、统一与分裂的演换和反复。其实，如果重视经济史的演变，也不能不注意到繁荣与衰落、富足与贫困的演换和反复。而考察社会生活史，特别是社会风习的历史变迁，又可以发现世风之淳质与浮华、俭朴与奢侈的演换和反复。

汉代文明的演进历程，可以看作中国古代历史中具有典型意义的阶段。当时许多有关的历史文化现象，至今仍然能够给予我们重要的启迪。

对汉代浮侈之风发生与消长的认识

秦末社会大动乱及楚汉战争之后，天下残破，经济凋敝，直至文景时代方才得以恢复。在汉武帝专政时期，国力强盛，民间殷富，一时奢风盛起。虽然又经历了对外战争及国内行政紊乱导致的经济破坏，昭宣时代浮侈风气又进一步弥荡全社会。西汉晚期和平安定的局面保障了经济的进步，但是正如《汉书》卷二四上《食货志上》所说，"天下亡兵革之事，号为安乐，然俗奢侈，不以畜积为业。"按照班固的说法，当时"百姓訾富虽不及文景"，但是堪称"天下户口最盛"，而社会富足的另一面，则是"宫室苑囿府库之臧已侈"。王莽改制失败之后，社会大动乱造成了经济的破坏，一时"官民俱竭"（《汉书》卷二四下《食货志下》）。而东汉初年天下粗安，就有桓谭在"陈时政所宜"时就"多通侈靡，以淫耳目"提出了警告。（《后汉书》卷二八上《桓谭传》）汉明帝以后，所谓"送终之制，竞为奢靡"，"车服制度，恣极耳目"（《后汉书》卷二《明帝纪》）等浮侈现象，又影响了一时风气。直到汉末，"时俗奢侈"，以致民间往往因此"倾家竭产"（《三国志》卷三九《蜀书·董和传》）的情形，依然十分普遍。

两汉一些开明之士，比较清醒地注意到浮侈世风的社会危害，他们提醒社会上下警惕这种危害，呼吁执政集团抑制这种风气所做的种种努力，表现出值得称许的政治识见和历史责任心。

浮侈世风的社会危害

两汉批判浮侈世风的开明之士指出，这种风习可以造成严重的社会危害。包括：

浮侈之风可以破业伤生。消费生活的极度奢侈，往往导致刘向《新序·刺奢》所谓"罢民力，殚民财"，即社会财富的无端流失，社会生产力的严重浪费。汉文帝遗诏所谓"厚葬以破业，重服以伤生"，就接近于这样的认识。司马迁在《史记》卷一〇《孝文本纪》中宣传这一见解，应当说是别有深意的。对于倡引浮侈风气的人，他称之为"浮食奇民"，"浮淫并兼之徒"（《史记》卷三〇《平准书》），又指斥为"浮淫之蠹"（《史记》卷六三《老子韩非列传》），实际上也指出了浮侈世风对社会经济活力的严重的蛀蚀。《论衡·对作》所谓"宜禁奢侈，以备困乏"，就是从这一角度开出的药方。

浮侈之风可以腐化人心。社会风气的浮侈倾向，有败坏人心、摧伤道德的严重的腐蚀作用。主父偃所谓"骄奢易为淫乱"（《史记》卷一一二《平津侯主父列传》），就指出了这一事实。《汉书》卷二二《礼乐志》所谓"世俗奢泰文巧，而郑卫之声兴"，"则淫辟之化流"，也提出了类似的认识。东汉时期挑战奢风的代表作是王符的《潜夫论·浮侈》，其中也说道，"今民奢衣服，侈饮食"，于是"事口舌而习调欺，以相诈绐"，甚至"或以谋奸合任为业"。不过，他还指出，浮侈世风的种种恶象，其实"皆非民性"，而是"乱政薄化使之然也"，只要导向合理，"乃能变风易俗"。

浮侈之风可以导致败亡。奢侈世风往往会导致政治危局乃至王朝覆亡的悲剧发生。司马迁所谓"骄奢以虐民"（《史记》卷九九《刘敬叔孙通列传》），"奢侈，厚赋重刑"（《史记》卷三二《齐太公世家》），"争于奢侈"而"无限度"，以致"物盛而衰，固其变也"（《史记》卷三〇《平准书》）等，都指出了这种带有规律性的历史现象。司马迁曾经举出了许多历史上"淫乐奢侈"（《史记》卷三七《卫康叔世家》）以致败亡的例子。汉明帝马皇后颁布诏书，申明以"好俭"之风"率下"的心愿，就披露了不愿"重袭西京败亡之祸"的深衷（《后汉书》卷一〇上《皇后纪上·明德马皇后》）。可见奢侈以致"败亡"的历史教训，经许多开明政论家的宣传，已经深入人心。桓宽《盐铁论》就提请人们警惕和抵制奢风这一意义而言，表现出积极的价值。其中《国疾》篇说到"富贵奢侈，贫贱篡杀"，也指出了"奢侈"和政治危局之间的关系。著名的《散不足》篇在尖锐批判浮侈之风后指出，"国病聚不足则政怠，人病聚不足则身危。"当政者崇尚奢侈，则"百姓离心，怨思者十有半"。王符在《潜夫论·浮侈》中也明确警告：浮侈之风起，本末不足相供，则民饥寒，"饥寒并至，则安得不为非？为非则奸宄，奸宄繁多，则吏安能无严酷？严酷数加，则下安能无愁怨？"愁怨者多，"下民无聊，而上天降灾，则国危矣。"

对浮侈世风的纠治，应先自"上行"而后求"下效"

班固《白虎通·三教》说，"教者效也，上为之，下效之。"汉代开明之士首先注重对社会上层浮侈风习的批判，以为以上率下，才有可能扭转世风。

司马相如为赋，极言帝王贵族生活之浮华奢丽，又发表批评之辞说，"奢言淫乐而显侈靡，窃为足下不取也。""欲以奢侈相胜，荒淫相越，此不可以扬名发誉，而适足以贬君自损也。"司马相如这种委婉的批评，是受到司马迁的重视的。他在《史记》卷一一七《司马相如列传》最后，以"太史公曰"的口气说道："相如虽多虚辞滥说，然其要归引之节俭，此与《诗》之风谏何异？""余采其语可论者著于篇。"司马迁和司马相如在这里，就对于最高统治者浮侈之风的批判，发出了思想的共鸣。

在同一历史背景下，"时天下侈靡趋末"，东方朔对汉武帝"吾欲化民，岂有道乎？"的回答，也以汉文帝为标范，说这位著名的崇尚节俭的帝王富有四海，而衣食器用都十分朴素，"于是天下望风成俗，昭然化之。"与此对比，东方朔还尖锐地批评了汉武帝本人宫室服用的富丽豪华，说道："上为浮侈如此，而欲使民独不奢侈失农，事之难者也。"（《汉书》卷六五《东方朔传》）

奢侈之风往往自上而下蔓延，已经是社会公认的事实。汉成帝诏书中曾经说，"方今世俗奢僭罔极，靡有厌足"，原因在于"公卿列侯亲属近臣""奢侈逸豫"，于是"吏民仿效，寖以成俗"，又说，如果不能扭转这样的现象，"而欲望百姓俭节，家给人足，岂不难哉！"（《汉书》卷一〇《成帝纪》）贵族豪门的腐化固然是影响社会风气的重要原因，但是究其本源，皇帝本人的责任是不可逃脱的。两汉开明之士在批判浮侈之风时，指出最高权力集团特别是皇帝本人"泰奢侈"的恶劣作用，其识见和勇气，都是值得肯定的。

不过，主要来自文士群中的这种批判，受到"尊古而卑今"（《庄子·外物》）、"尊古而贱今"（《淮南子·修务》）的文化传统的影响，往往崇举先古圣王，或如《新序·刺奢》那样，全以古时故事讽谕当今，或如《盐铁论·散不足》以及《潜夫论·浮侈》那样，以"古者"如何而"今"如何进行简单的对比，以致减弱了这种批判的历史合理性，模糊了这种批判的历史针对性，这也是我们应当看到的。

究天人之际，通古今之变

司马迁在致任少卿的信中自叙撰写《史记》的心志，有"欲以究天人之际，通古今之变，成一家之言"的话。这一说法影响非常深远，不少人以此作为人生格言，或以标示学术追求的鹄的。班固把这段文字记录在《汉书》卷六二《司马迁传》中。然而《史记》卷一三〇《太史公自序》里，我们只看到所谓"成一家之言"，并没有"究天人之际，通古今之变"十字。不过，司马迁在他的史学实践中，是切实坚持了这一学术理念的。《史记》卷二七《天官书》写道："为国者必贵三五。上下各千岁，然后天人之际续备。"按照司马贞《索隐》的解释，"三五"，指的是"三十岁一小变，五百岁一大变。"仍然说到了"古今之变"。在《太史公自序》中介绍"八书"的撰述主题，也说"天人之际，承敝通变"，这里"通变"，也许可以理解为"通古今之变"。关于《礼书》的内容，司马迁也有"略协古今之变"的说法。这些表述，其实都包涵有"究天人之际，通古今之变"的深意。有人评价《史记》，以为正是因为追求这一境界，于是成就辉煌，"七十列传，各发一义，皆有明于天人古今之数。"而《货殖列传》"亦天人古今之大会也"。①

所谓"通古今之变"，指出了历史学者的学术责任是考察古今历史演变的进程，并进而认识历史，理解历史，总结关于历史规律的体会。对于进行这样的学术工作的路径，司马迁的做法是"网罗天下放失旧闻，考之行事，稽其成败兴坏之理"。考察、认识中国的历史文化，应当进行这样的努力。对于经历艰苦探索，终于获得历史新知的内心欣慰，他的表述是："则仆偿前辱之责，虽万被戮，岂有悔哉！"如此坚定的学术信念，今天的读书人，依然可以借以自勉。

理解"究天人之际"的文意，当然不能脱离当时的文化背景，关注人们对于"天"具有浓重神秘色彩的深心崇敬。曾经就《公羊春秋》的研读对司马迁有所指导的董仲舒对"天人之应"多所讨论（《汉书》卷五六《董仲舒传》），他的思想可能对司马迁有一定的影响。《史记》卷一《五帝本纪》说尧"敬顺昊天"。张守节《正义》解释为"敬天"。后世注家对《史记》文字的解说，也可见

---

① 〔清〕恽敬《大云山房文稿》初集卷二《读货殖列传》，四部丛刊景清同治本。

"敬天常"(《史记》卷一一七《司马相如列传》司马贞《索隐》)、"严敬天威"(《史记》卷四《周本纪》裴骃《集解》)等说法。如果认识到秦汉社会的"敬天"理念包含对自然的尊重，对生态的爱护，应当珍视其中值得继承的文化因素。《韩诗外传》卷七写道："善为政者循情性之宜，顺阴阳之序，通本末之理，合天人之际，如是则天气奉养而生物丰美矣。"从这一角度看"天人之际"的"合"，可以发现接近现今科学的生态环境保护意识的内涵。还应当注意到，司马迁"究天人之际"的"究"，强调对未知规律的探索追求，与董仲舒"道之大原出于天，天不变，道亦不变"(《汉书》卷五六《董仲舒传》)的僵化偏执倾向有所不同。

司马迁生活的时代，是英雄主义、进取精神和开放风格凸显，文明大幅度进步的历史阶段。思维活泼、创造积极，导致了文化丰收。当时的思想者有比较宽广的视野和比较高远的追求，"天人"和"古今"的关系，似乎是许多人共同关心的文化命题。汉武帝说："善言天者必有征于人，善言古者必有验于今。"董仲舒说："天人之征，古今之道也。"(《汉书》卷五六《董仲舒传》)公孙弘也曾经言及"明天人分际，通古今之义"(《史记》卷一二一《儒林列传》)。《淮南子·泰族》写道："明于天人之分，通于治乱之本。"《淮南子·要略》也有"埒略衰世古今之变"，

"通古今之论"，"经古今之道"，以及"观天地之象，通古今之事"之说。看来，司马迁所谓"究天人之际，通古今之变"，代表了一种具有强烈时代特征的历史文化意识。而这位伟大学者的思考多有历史发明，确实体现了真知灼见。不过，因为与决策者的文化立场和政治判断有所不同，因李陵之祸爆发，终于激怒汉武帝，以陷腐刑。他从对历史的感悟中提供的认识，是否对汉武帝这样就"天""人""古""今"也曾经有所关注的执政者形成影响，属于另一个层面的问题，大概需要通过更细致的学术考察才能够说明。

童话"金屋藏娇"

　　"金屋藏娇"的著名故事，最早见于《汉武故事》："胶东王数岁，长主抱着其膝上，问曰：'儿欲得妇不?'胶东王曰：'欲得妇。'长主指左右长御百余人，皆云'不用'。末指其女，问曰：'阿娇好不?'于是乃笑对曰：'好！若得阿娇作妇，当作金屋贮之也。'长主大悦，乃苦要上，遂定婚焉。"（《太平御览》卷八八引《汉武故事》）《汉书》卷九七上《外戚传上·孝武陈皇后》说，"武帝得立为太子，长主有力，取主女为妃。"童年汉武帝"金屋藏娇"话语，成为他得到太子地位的重要契机。阿娇后来成为后宫权位最高的女子。"及帝即位，立为皇后，擅宠骄贵，十余年而无子，闻卫子夫得幸，几死者数焉。"其"骄贵"地位因卫子夫得宠而变化。

　　长期以来，因为汉武帝阿娇故事，"金屋"成为富贵和情爱的象征。《隋书》卷三六《后妃传·炀帝萧皇后》言"时俗之崇丽"，说到后宫"珠帘玉箔之奇，金屋瑶台之美"的侈靡消费生活。《隋书》卷八〇《列女传》形容"王公大人之妃"等贵族女子生活形式，也用"衣文衣，食珍膳，坐金屋，乘玉辇"语。《旧唐书》卷三一《音乐志四》载录的皇家庙堂乐章，可见所谓"瑶台荐祉，金屋延祥"。《旧唐书》卷五一《后妃传上·太宗贤妃徐氏》："金屋瑶台，骄主之为丽。"所谓"金屋瑶台，骄主之为丽"，又见于《贞观政要》卷九《征伐》。"金屋"和"瑶台"相对应。唐代诗人宋之问有"还以金屋贵，留兹宝席尊"的诗句（《全唐诗》卷五三）。则"宝席"与"金屋"对仗。

《旧唐书》卷五三《李密传》："诸王子女，咸贮金屋。"《旧唐书》卷一九〇《文苑传中·陈子昂》也说到"历丹凤，抵濯龙，北面玉阶，东望金屋"。宋人文同《王昭君三绝句》诗写道："绝艳生殊域，芳年入内庭。谁知金屋宠，只是信丹青。"（《容斋诗话》卷四）明代孟称舜《娇红记·会娇》中可以看到这样的感叹："蓦遇着这金屋娇娘，猛回头何方故乡？"《醒世恒言》中《苏小小三难新郎》一篇，又有如下文字："相府请亲，老夫岂敢不从。知识小女貌丑，恐不足以当金屋之选。"看来，无论对于上层社会还是下层社会，"金屋"都代表着一种生活理想，似乎这"金屋子"中所收贮的，全是美好。

其实，对于后宫女子来说，"金屋"所深藏的，往往是情感的悲剧。

这位阿娇，就是历史书上称为"陈皇后"的，后来被汉武帝冷落，在后宫幽居。

电视剧《汉武大帝》告诉我们的，似乎是阿娇有些简单化的不免过分的表演所显示的骄横无理，导致了刘彻与她感情不能相合。剧中双方厮打的场面，和村野男女也差不多。其实，历史的真实情形，也许是相当复杂的。

李白《妾薄命》写道："汉帝重阿娇，贮之黄金屋。咳唾落九天，随风生珠玉。宠极爱还歇，妒深情却疏。长门一步地，不肯暂回车。雨落不上天，水覆重难收。君情与妾意，各自东西流。昔日芙蓉花，今成断根草。以色事他人，能得几时好?"(《李太白集》卷四）对于阿娇的命运，有生动的写述。同时也揭示了富贵和情感的复杂关系，蕴涵有深刻的人生哲理。《汉书》卷九七上《外戚传上·孝武陈皇后》说，这位陈皇后在卫子夫出现之后，多次寻死觅活。因此致使汉武帝愤怒，这就是李白诗句中说的"妒深情却疏"。后来她又信用一个名叫楚服的女巫，用巫术诅咒汉武帝喜欢的后宫女子。事情发觉后，楚服被处死，枭首于市。汉武帝宣布废去陈阿娇皇后称号，命令她退居长门宫。李白"长门一步地，不肯暂回车"诗句，说汉武帝和她恩情已绝。据说阿娇住到长门宫之后，愁闷悲思，听说司马相如文章作得好，于是送上黄金百斤，请他写一篇解愁之辞。相如为她作《长门赋》,汉武帝读了心生伤感,于是又得亲幸。元代诗人杨维桢的诗句叙说了这一故事:"阿娇盼美目,阿娇贮金屋。金屋瑶华春未老,长门一夜生秋草。蜀才人,金百斤,受金为我赋《长门》。《长门》写春愁,君王见之为伤秋。临邛沟水东西流,不知悲妇悲白头。"(《乐府补》卷一)其实,长门怨妇复得亲幸,只是一种想象。还是宋人王恽的诗句说得好:"大笑陈妃望幸心,千金空买《长门》怨。"(《秋涧集》卷一〇《当熊词》)

南朝梁柳恽《长门怨》诗:"无复金屋念,岂照长门心。"(《玉台新咏》卷五)又费昶《长门怨》诗:"金屋贮娇时,不言君不入。"(《玉台新咏》卷六)同样是"长门一步地,不肯暂回车"的意思,也都说君王情感的变化,已经覆水难收。李白又有《长门怨二首》:"天回北斗挂西楼,金屋无人萤火流。月光欲到长门殿,别作深宫一段愁。""桂殿长愁不记春,黄金四屋起秋尘。夜悬明镜青天上,独照长门宫里人。"(《李太白集》卷二四)从"金屋"到"长门",一个女人的情感旅程,真的是太短暂了。

回顾历史上帝王的情感生活,所谓"金屋藏娇"故事,可以说不过只是"抱置膝上"的小儿的童话罢了。

不过,阿娇也算是个幸运的女人。除了曾经享受"咳唾落九天,随风生珠玉"(李白《妾薄命》,《李太白集》卷四）的得意而外，她的命运凝结成"长门怨"三个字，受到历代文士的关注，已经成为一种文化符号。许许多多的诗人骚客都有命题《长门怨》的作品。如僧皎然"春风日日闭长门，摇荡春心似梦魂"（《七言长门怨》，《画上人集》卷六），刘长卿"何事长门闭珠帘，只自垂月移深殿"（《长门怨》，《刘随州集》卷三），陆游"咫尺之天今万里，空在长安一城里；春风时送箫韶声，独掩罗巾泪如洗"（《长门怨》，《剑南诗稿》卷一七），岳珂"宫车辘辘春雷晓，明星初荧绿云扰；增成丙舍争迎銮，惟有长门闭花鸟"（《长门怨》，《玉楮集》卷二）等等，都以凄切笔调，表露了对长门宫主人深深的同情。当然，有些诗句，也借"长门"以为寄托，发抒着作者自己怀志不遇、怀才不遇的幽怨。即使从这一视角来看，陈皇后阿娇的历史存在感似乎也表现出特别的意义。

汉代神童故事

《太平御览》卷三八四引《东观汉记》说到张堪"年六岁","才美而高，京师号曰'圣童'"的故事。大致正是在汉代前后，又出现了"神童"的说法。

《华阳国志·先贤士女总赞论》关于扬雄的赞颂之辞中，有这样的文句："雄子神童乌，七岁预雄《玄》文。年九岁而卒。"《华阳国志·后贤志》附《益梁宁三州先汉以来士女目录》列有"文学神童杨乌"，书中的注解写道：扬雄的儿子杨信，字子乌，七岁的时候就对扬雄著《太玄》有所助益。《法言·问神》："育而不苗者，吾家之童乌乎。九龄而与我《玄》文。"《太平御览》卷三八五引《刘向别传》："杨信字子乌，雄第二子，幼而明慧。"扬雄著《太玄》一书，杨信提供了很多帮助。

杨信帮助扬雄著《太玄》时的年龄，有的说"七岁"，有的说"九龄"。无论哪一种说法正确，这个曾经给大学问家扬雄有所提示的儿童，都是"神童"。现在看来，杨信很可能是最早被称作"神童"的聪慧幼儿了。

《艺文类聚》卷三一引《先贤行状》说，杜安在太学读书时，"号曰'神童'"《后汉书·乐恢传》说到"颍川杜安"。李贤注引《华峤书》说，杜安十三岁入太学，"号'奇童'"。"奇童"是和"神童"语义相近的称谓。

东汉晚期著名大学问家郑玄，据说十六岁时就得到了"神童"称号。(《太平御览》卷八三九引《郑玄别传》)据《太平御览》卷一八五引《管辂别传》，有人称赞管辂"此年少盛有才器，听其言语，正似司马子游猎之赋，何其磊硌雄壮，英神畅茂，必能明天文地理变化之数"。于是在徐州地方声名响亮，号称"神童"。《说郛》卷五七上陶潜《群辅录》说到所谓"济北五龙"："胶东令卢氾昭字兴先，乐城令刚戴祈字子陵，颍阴令刚徐晏字孟平，泾令卢夏隐字叔世，州别驾蛇邱刘彬字文曜，一云世州。右济北五龙，少并有异才，皆称'神童'。当桓灵之世，时人号为'五龙'。见《济北英贤传》。"在陶潜笔下，此"五龙"和"八俊""八顾""八及"并说，应当也是"桓灵之世"社会舆论人物品评的记录。值得我们特别注意的，是所谓"济北五龙，少并有异才，皆称'神童'"。出身一个地区的"神童"组合，体现了当时区域文化的某种特征。

《后汉书》卷三五《郑玄传》记载，任暇得到郑玄"有道德"的称赞。据说他从十二岁时就师，"学不再问，一年通三经"。于时学者号之为"神童"。《隋书》卷三四《经籍志三》著录:"《任子道论》十卷,魏河东太守任嘏撰。""《任子道论》十卷"又见于《旧唐书》卷四七《经籍志下》和《新唐书》卷五九《艺文志三》。这部书就是这位汉末"神童"的文化贡献。任嘏年幼时有"神童"之称,在汉末荒乱之年,任嘏家贫卖鱼,因为官府征税,鱼价上涨数倍,任嘏却依然照平时价格取直,于是因其"德行"受到敬重。看来,当时的"神童"绝不仅仅"夙智蚤成",同时尤其重视道德修养,任嘏的事迹是引人注目的。作为品德教育典范的著名的孔融让梨的故事,《太平御览》卷三八五也是列于《人部·幼智》题下的:"《孔融列传》曰:孔文举年四岁时,每与诸兄共食梨,引小者。人问其故,答曰:我小儿,法当取小。由此宗族奇之。"

汉末名士何晏,"时小养魏宫",据说"七八岁便慧心大悟,众无愚智莫不贵异之",众人都因此惊异,看重他的才华。"魏武帝读兵书,有所未解,试以问晏,晏分散所疑,无不冰释。"(《太平御览》卷三八五引《何晏别传》)曹操读兵书,有疑而未解的地方,曾经试探性地询问何晏,何晏都能够解释疑团,一一说明。神童何晏竟然熟悉兵学,其知识面之广,确实令人惊异。

在汉魏之际进行过活跃的政治表演的钟会,也曾经是著名的神童。他的事迹告诉我们,神童也是通过勤奋学习方能完成自我锤炼的。《三国志》卷二八《魏书·钟会传》说他"少敏惠夙成"。五岁的时候，曾经去见中护军蒋济，蒋济赞叹他特殊的才质，说："非常人也！"

以"非常人也"评价人物，《史记》《汉书》各有一例，即《史记》卷一〇五《扁鹊仓公列传》："长桑君亦知扁鹊非常人也"；《汉书》卷四五《伍被传》："淮南王曰：'夫蓼太子知略不世出，非常人也，以为汉廷公卿列侯皆如沐猴而冠耳。'"《三国志》可见多例，除钟会外，均评说成人。五岁童儿钟会得到"非常人也"的赞美，是非常罕见的。

裴松之注引钟会母亲的传记，说夫人性格庄重严肃，注重教训引导，钟会虽然是个孩子，依然"勤见规诲"。钟会四岁的时候，夫人就为他讲授《孝经》，钟会于是"七岁诵《论语》，八岁诵《诗》，十岁诵《尚书》，十一诵《易》，十二诵《春秋左氏传》、《国语》，十三诵《周礼》、《礼记》，十四诵成侯《易记》，十五使入太学问四方奇文异训。"夫人于是对钟会说：学习方法不正确就容易劳倦，劳倦就导致精神怠惰，我担心你读书时精神怠惰，所以一步一步地引导你，现在你可以自学了。钟会"雅好书籍"，对历书也有所研究，特别喜好《周易》和《老子》。后来钟会做了尚书郎，夫人握着他的手教导他说：你年纪这么轻就担任重职，"人情不能不自足"，如果不自足，那么，损害和祸端就潜伏在其中呢，你千万要谦虚谨慎，牢记历史上的教训啊！

钟会日后的政治方向姑且不论，他在自我设计的特定的人生道路上取得的成功，与他母亲的引导和教育有着直接的关系。钟会的母亲所教给他的，不仅仅是知识，更重要的是人生的哲理和历史的经验。

汉代神童故事，都是在特定的时代背景下发生的。当时社会比较普遍地重视读书，重视学习，应当是神童较大面积出现的文化因素和历史因素。而汉代社会具有比较积极的崇尚奋发进取的"少年"精神，或许也是神童故事得以发生和传播的条件之一。《战国策》和《史记》中可以看到"项橐"故事。这位颇有识见的神童据说曾经"为孔子师"。汉代画像资料中多有被称作"孔子见老子"的画面。中间一位手持一件玩具车的童子，就是项橐。反映项橐事迹的画面可以告诉人们，汉代神童故事集聚着相当丰富的文化信息。我们读这样的故事，不限于只是知道一两个儿童的"异才"和"慧心"，而应当领略和理解当时社会的文化气氛和时代精神。

长安的"少年"和"恶少年"

秦汉时期,"少年"又被称作"闾巷少年""闾里少年""邑中少年""城中少年",其身份,大致都是职业卑贱或基本无业的城镇居民中的青少年。都市中的"少年",常常成为治安难题。

都市"浮游""浮末"少年

《史记》卷九二《淮阴侯列传》记述韩信承受"胯下之辱"的著名故事:"淮阴屠中少年有侮信者,曰:'若虽长大,好带刀剑,中情怯耳。'众辱之曰:'信能死,刺我;不能死,出我袴下。'于是信孰视之,俯出袴下,蒲伏。一市人皆笑信,以为怯。"

于市中羞辱韩信的"屠中少年",可能即以屠贩为业。

从刘邦起事的所谓"少年豪吏如萧、曹、樊哙等"之中，樊哙也是"以屠狗为事"(《史记》卷九五《樊郦滕灌列传》)。在这种地位卑贱的行业中可能多有"亡命少年"隐匿。战国时期已多见侠烈之士"客游以为狗屠"的故事。如《战国策·韩策二》："聂政谢曰，'臣有老母，家贫，客游以为狗屠，可旦夕得甘脆以养亲。'"《史记》卷八六《刺客列传》："荆轲既至燕，爱燕之狗屠及善击筑者高渐离。荆轲嗜酒，日与狗屠及高渐离饮于燕市。"《后汉书》卷四四《胡广传》，说，胡广六世祖胡刚"清高有志节"，王莽专政时"遂亡命交阯，隐于屠肆之间"。联系到更始军入长安后，"其所授官爵者，皆群小贾竖，或有膳夫庖人"，于是"长安为之语曰：'灶下养，中郎将；烂羊胃，骑都尉；烂羊头，关内侯'"(《后汉书》卷一一《刘玄传》)等情形，可以知道在这一社会阶层中多潜藏反政府的能动力量。

在东汉末年的政治舞台上最为活跃的政治家之一刘备，就曾"贩履织席为业"，其起初"得用合徒众"以参与政治角逐，就是由于得到"赀累千金，贩马周旋于涿郡"的"中山人商""多与之金财"的资助。而刘备政治集团之所以形成，最初即在于他"好交结豪侠，年少争附之"(《三国志》卷三二《蜀书·先主传》)。

秦汉"少年"中相当大的一部分是无明确职业的所

谓"浮游无事"之徒。《汉书》卷二四下《食货志下》：王莽制度，"民浮游无事，出夫布一匹。"可知政府对这种身份持排斥态度。韩信少时，"贫无行，不得推择为吏，又不能治生商贾，常从人寄食饮，人多厌之者"(《史记》卷九二《淮阴侯列传》)，或许是较为典型的情形。这种身份的青少年在秦汉都市中可能数量颇多。王符《潜夫论·浮侈》："游手为巧，充盈都邑，治本者少，浮食者众。""今察洛阳，浮末者什于农夫，虚伪游手者，什于浮末。"这种"浮游""浮末者"，在都市中比较集中。

在秦汉某些历史阶段，"浮食者众"成为严重的社会问题。无业浮游的"少年"于是往往成为扰乱社会生活正常秩序的祸由，有时也与社会恶势力勾结，甚至成为豪门权贵欺压民众的工具。如前引《史记》卷五八《梁孝王世家》说到济东王刘彭离纠合"亡命少年""行剽杀人"事，《西京杂记》卷六也说："广川王去疾，好聚亡赖少年，游猎毕弋无度，国内冢藏，一皆发掘。"也有"轻薄少年"为豪族暴吏利用参与反叛的史例。《后汉书》卷七六《循吏列传·任延》记载，东汉光武帝建武年间，武威郡将兵长史田绀，郡之大姓，"其子弟宾客为人暴害。(任)延收(田)绀系之，父子宾客伏法者五六人。绀少子尚乃聚会轻薄数百人，自号将军，夜来攻郡。延即发兵破之。"

"少年""不避法禁"

秦汉文献中所谓"少年"，一般都表现出反正统的倾向，他们蔑视法令，纵逸狂放，其行为甚至构成影响社会安定的重要因素。《史记》卷一二九《货殖列传》："间巷少年，攻剽椎埋，劫人作奸，掘冢铸币，任侠并兼，借交报仇，篡逐幽隐，不避法禁，走死地如鹜者，其实皆为财用耳。"所谓"攻剽椎埋，劫人作奸，掘冢铸币"等，都是犯罪行为。

《史记》卷五八《梁孝王世家》说，济东王刘彭离"骄悍，无人君礼，昏暮私与其奴、亡命少年数十人行剽杀人，取财物以为好。"据《史记》卷一二二《酷吏列传》，义纵"为少年时，尝与张次公俱攻剽为群盗"，王温舒亦"少时椎埋为奸"。"椎埋"，或解释为"椎杀人而埋之"。这些事迹，都可以作为司马迁所谓"攻剽椎埋，劫人作奸，掘冢铸币，任侠并兼，借交报仇，篡逐幽隐，不避法禁，走死地如鹜"的实证性注脚。

"少年"平时尚"不避法禁，走死地如鹜"，待社会动荡时期，更突出表现出好勇，斗狠、激进豪放的性格特征。秦末社会大动乱中，所谓"少年"，曾经发挥相当突出的历史作用。《史记》卷六《秦始皇本纪》记载："戍卒陈胜等反故荆地，为'张楚'。胜自立为楚王，居陈，遣诸将徇地。山东郡县少年苦秦吏，皆杀其守尉令丞反，以应陈涉，相立为侯王，合从西乡，名为伐秦，不可胜数也。"率先投身起义洪流，成为反秦力量骨干的，是"山东郡县少年"。《史记》卷八《高祖本纪》：刘邦举事，"于是少年豪吏如萧、曹、樊哙等皆为收沛子弟二三千人，攻胡陵、方与，还守丰"。《史记》卷七《项羽本纪》："东阳少年杀其令，相聚数千人"，"少年欲立婴便为王，异军苍头特起。"《史记》卷五五《留侯世家》："陈涉等起兵，（张）良亦聚少年百余人。"陈涉立魏咎为魏王，与秦军相攻于临济，陈平亦曾"从少年往事魏王咎于临济"（《史记》卷五六《陈丞相世家》）。郦商也曾经响应陈涉，"聚少年东西略人，得数千。"（《史记》卷九五《樊郦滕灌列传》）通过蒯通定范阳的故事，也可以看到"少年"在当时政治风云中的积极作用。《史记》卷八九《张耳陈余列传》：蒯通说范阳令；"今天下大乱"，"诸侯畔秦矣"，"少年皆争杀君"，愿为见武信君，以求"转祸为福"。于是见武信君曰："今范阳少年亦方杀其令，自以城距君。君何不赍臣侯印，拜范阳令，范阳令则以城下君，少年亦不敢杀其令。"武信君从其计，赵地闻之，不战以城下者三十余城。

所谓"东阳少年""强立（陈）婴为长"（《史记》卷七《项羽本纪》），钜野少年"强请"彭越为长（《史记》卷九〇《魏豹彭越列传》），都说明"少年"在起义中并非一般性卷入，而往往发挥出主导性的效能。

在西汉末年的社会大动乱中，也可以看到"少年"极活跃的表演。《汉书》卷九九下《王莽传下》说，琅邪女子吕母起义，起初即"阴厚贫穷少年，得百余人"。《后汉书》卷一一《刘盆子传》："（吕母）益酿醇酒，买刀剑衣服，少年来酤者，皆赊与之，视其乏者，辄假衣裳，不问多少"，如此"数年"，以"欲为报怨"，"少年壮其意，又素受恩，皆许诺。其中勇士自号'猛虎'，遂相聚得数十百人，因与吕母入海中，招合亡命，众至数千。吕母自称将军，引兵还攻破海曲，执县宰。"在王莽的统治接近尾声时，农民军进入长安，也有"少年"奋起响应，率先冲击宫禁："城中少年朱弟、张鱼等恐见卤掠，趋讙并和，烧作室门，斧敬法闼，呼曰：'反虏王莽，何不出降？'"火及掖庭承明。"（《汉书》卷九九下《王莽传下》）

王莽政治表演的终结，竟然是由"城中少年"为其落幕。

东汉末年天下大乱，"少年"又成为各地豪杰战伐争夺的武装力量的基干。《三国志》卷八《魏书·张燕传》记载："黄巾起，（张）燕合聚少年为群盗，在山泽间转攻，还真定，众万余人。"《三国志》卷九《魏书·曹仁传》："豪杰并起，（曹）仁亦阴结少年，得千余人，周旋淮、泗之间。"又《三国志》卷八《魏书·张绣传》："遂招合少年，为邑中豪杰。"

此外，许褚"聚少年及宗族数千家，共坚壁以御寇"（《三国志》卷一八《魏书·许褚传》），孙坚为佐军司马，"乡里少年随在下邳者皆愿从"（《三国志》卷四六《吴书·孙破虏传》）等等，也都说明当社会动乱之时所谓"少年"的活动，在许多地区都留下了深刻的历史印迹。

"恶少年"及其恶性犯罪

"少年"中最为极端的激进狂热分子往往违法犯禁，为统治阶层侧目，于是被称作"恶少年"。

汉代史籍可见"恶子弟"称谓，《前汉纪》卷二六"汉成帝永始四年"可见"轻侠少年恶子弟"，说的也是同样的社会身份。

"恶少年"往往危害社会治安，于是成为酷吏行政严厉镇压的对象。

《史记》卷七五《孟尝君列传》："太史公曰：'吾尝过

薛，其俗闾里率多暴桀子弟，与邹、鲁殊。'"所谓"暴桀子弟"，大致也就是"恶少年"。

《汉书》卷七《昭帝纪》颜师古注："'恶少年'为无赖子弟也。"所谓"无赖子弟"可与《前汉纪》卷二六"汉成帝永始四年"所见"恶子弟"对照理解。"无赖"语义，秦汉时期其实颇为复杂。

《史记》卷八《高祖本纪》："未央宫成，高祖大朝诸侯群臣，置酒未央前殿。高祖奉玉卮，起为太上皇寿，曰：'始大人常以臣无赖，不能治产业，不如仲力。今某之业所就，孰与仲多？'殿上群臣皆呼万岁，大笑为乐。"裴骃《集解》："晋灼曰：许慎曰：赖，利也。无利入于家也。或曰江湖之间谓小儿多诈狡猾为'无赖'。"显然，"谓小儿多诈狡猾为'无赖'"的说法可能更接近于刘邦本意。又如《史记》卷一〇二《张释之冯唐列传》："释之从行登虎圈。上问上林尉诸禽兽簿，十余问，尉左右视，尽不能对。虎圈啬夫从旁代尉对上所问禽兽簿甚悉，欲以观其能口对响应无穷者。文帝曰：'吏不当若是耶！'尉无赖。"裴骃《集解》："张晏曰：'才无可恃。'"此"尉无赖"的"无赖"，则与刘邦所说距离甚远。《史记》卷一〇六《吴王濞列传》："吴所诱皆无赖子弟，亡命铸钱奸人，故相率以反。"刘濞吸引流民，并以为叛乱基本力量的"无赖子弟"，身份特征与刘邦对太上皇言"始大人常以臣无赖"之"无赖"可以大致对应。

《汉书》卷八四《翟方进传》说，汉成帝时，"贵戚近臣子弟宾客多辜榷为奸利者，（翟）方进部掾史覆案，发大奸赃数千万。""辜榷"，颜师古解释为"言己自专之，他人取之则有辜罪"。王观国《学林》卷三则指出"辜孤"义通，"此辜榷乃阻障而独取其利。"这种行为与"少年"及"恶少年"欺行霸市相近，且"子弟"可与"少年"归入同一年龄层次，然而班固不称其为"少年"，可知一般所谓"少年"与"贵戚近臣子弟"身份存在差别。《西京杂记》卷二说，"太上皇徙长安，居深宫，悽怆不乐。高祖窃因左右问其故，以平生所好，皆屠贩少年，酤酒卖饼，斗鸡蹴踘，以此为欢，今皆无此，故以不乐。高祖乃作新丰，移诸故人实之，太上皇乃悦。故新丰多无赖，无衣冠子弟故也。"

显然，"屠贩少年，酤酒卖饼"者大抵被视作"无赖"，与此处所谓"衣冠子弟"，以及《史记》卷一二九《货殖列传》所谓"游闲公子""喜游子弟"，《史记》卷三〇《平准书》所谓"或斗鸡走狗马，弋猎博戏，乱齐民"的"世家子弟富人"，《汉书》卷八九《循吏传·召信臣》所谓"好游敖，不以田作为事"，且有"不法"行为的"府县吏家子弟"等等，看来不属于同一社会等级。言"子弟"者，更强调与父兄的继承关系。

《汉书》卷九〇《酷吏传·尹赏》记载，汉成帝永始、元延年间，长安的治安出现危机，而主要危害是"闾里少年"："长安中奸猾浸多，闾里少年群辈杀吏，受赇报仇，相与探丸为弹，得赤丸者斫武吏，得黑丸者斫文吏，白者主治丧。城中薄暮尘起，剽劫行者，死伤横道，枹鼓不绝。"

　　这些犯罪者，又被称为"长安中轻薄少年恶子"。尹赏以严酷手段镇压竟敢"群辈"杀害吏员的"奸猾""闾里少年""轻薄少年恶子"以恢复长安治安，于是成为酷吏的典型。

　　汉代著名的"残贼"之吏还有名列于《史记》卷一二二《酷吏列传》的王温舒。王温舒"少时椎埋为奸"，后为吏，治盗贼，"杀伤甚多"，任河内太守时曾"捕郡中豪猾，郡中豪猾相连坐千余家。上书请，大者至族，小者乃死，家尽没入偿臧"，"至流血十余里"。迁为中尉后，执法尤为严厉："督盗贼，素习关中俗，知豪恶吏，豪恶吏尽复为用，为方略，吏苛察盗贼恶少年，投缿购告言奸，置伯格长以牧司奸盗贼。"据说王温舒为人骄谄纠结，"善事有埶者，即无埶者，视之如奴。有埶家，虽有奸如山，弗犯，无埶者，贵戚必侵辱。舞文巧诋下户之猾，以焄大豪。"一时"奸猾穷治，大抵尽靡烂狱中，行论无出者"。所谓"盗贼恶少年"，《汉书》卷九〇《酷吏传·王温舒》作"淫恶少年"。

所谓"轻薄少年恶子""盗贼恶少年"以及"淫恶少年"等等，都可以作为"恶少年"的注脚。

"少年"与"恶少年"：游侠的社会基础

秦汉时期的"少年"与"恶少年"在当时已经形成了具有较大影响从而使统治者不得不予以充分重视的社会力量。"少年"受到专制主义政治的压抑，在政府"称治"即行政效能较高时，对"恶少年"更采取严厉打击的政策。"少年"与"恶少年"实际上是曾经主导一代风尚的游侠社会的重要基础。

《史记》卷一〇〇《季布栾布列传》说，季布的弟弟季心"气盖关中，遇人恭谨，为任侠，方数千里，士皆争为之死"，"少年多时时窃籍其名以行。"《史记》卷一二四《游侠列传》记载大侠郭解事迹，"少时阴贼，慨不快意，身所杀甚众。以躯借交报仇，藏命作奸剽攻，休乃铸钱掘冢，固不可胜数。""及解年长，更折节为俭，以德报怨，厚施而薄望。然其自喜为侠益甚。既已振人之命，不矜其功，其阴贼著于心，卒发于睚眦如故云。而少年慕其行，亦辄为报仇，不使知也。"据说"邑中少年及旁近县贤豪，夜半过门常十余车，请得解客舍养之。"郭解出入，有人箕踞不敬，客欲杀之，郭解不仅阻止，反而为其谋脱免践更，于是"箕踞者乃肉袒谢罪，少年闻之，愈益慕解之行"。所谓剧孟"好博，多少年之戏"，也说明游侠与一般"少年"心理特质之接近。"闾里少年""任侠并兼，借交报仇；篡逐幽隐，不避法禁"等行为特征，也说明"少年"与"恶少年"确实成为游侠集团的基本力量。

所谓"为侠者极众，敖而无足数者"，"长安炽盛，街闾各有豪侠"（《汉书》卷九二《游侠传·萬章》），"刺客如云，杀人皆不知主名"（《汉书》卷九二《游侠传·原涉》）的形势，应当都是在较大的都市这一社会阶层力量较为集中的背景下形成的。

《三国志》卷五五《吴书·甘宁传》中的记载，可以直接说明"游侠"与"少年"的关系："（甘宁）少有气力，好游侠，招合轻薄少年，为之渠帅。群聚相随，挟持弓弩，负毦带铃，民间铃声，即知是宁。人与相逢，及属城长吏，接待隆厚者乃与交欢，不尔，即放所将夺其资货，于长吏界中有所贼害，作其发负，至二十余年。"裴松之注引《吴书》说，"宁轻侠杀人，藏舍亡命，闻于郡中。"初，"将僮客八百人就刘表"，又欲东入吴，留依黄祖，祖不用宁，"令人化诱其客，客稍亡"，又得出任邾长；"招怀亡客并义从者，得数百人"，终于归吴。看来，"少年"从附"游侠"形成的社会集团，不仅有较强的能动性，而且有较强的凝聚力。

史籍中可以看到大量关于"少年"任侠的记载。《史记》卷五五《留侯世家》：张良年少"居下邳，为任侠"。《汉书》卷七五《眭弘传》：眭弘"少时好侠，斗鸡走马"。《后汉书》卷七六《循吏列传·王涣》："（王）涣少好侠，尚气力，数通剽轻少年。"《三国志》卷六《魏书·董卓传》，董卓"少好侠"。《三国志》卷七《魏书·张邈传》：张邈"少以侠闻，振穷救急，倾家无爱，士多归之"。《后汉书》卷七五《袁术传》：袁术"少以侠气闻，数与诸公子飞鹰走狗"。《三国志》卷一《魏书·武帝纪》："太祖少机警，有权数，而任侠放荡，不治行业。"《三国志》卷四七《吴书·吴主传》裴松之注引《江表传》说，孙权少时"好侠养士，始有知名"。甘宁少时"轻侠杀人"，"闻于郡中"事，已见前引《吴书》。又《三国志》卷一八《魏书·阎温传》裴松之注引《魏略·勇侠传》："（杨阿若）少游侠，常以报仇解怨为事，故时人为之号曰：'东市相斫杨阿若，西市相斫杨阿若。'"秦汉时期，游侠形成"轻死重气，结党连群，寔蕃有徒，其从如云"[①]的声

---

① 张衡：《西京赋》，《文选》卷二。

势，确实是和都市中"少年"任侠好侠的风尚分不开的。

侠士多"少年"，于是汉代已经有"游侠儿"称谓。《文选》卷二七曹植《白马篇》："白马饰金羁，连翩西北驰。借问谁家子，幽并游侠儿。"《曹子建集》卷六《白马篇》："白马馀金羁，连翩西北驰。借问谁家子，幽并游侠儿。少小去乡邑，扬声沙漠垂。宿昔秉良弓，楛矢何参差。控弦破左的，右发摧月支。仰手接飞猱，俯身散马蹄。狡捷过猴猿，勇剽若豹螭。边城多警急，虏骑数迁移。羽檄从北来，厉马登高堤。长驱蹈匈奴，左顾陵鲜卑。弃身锋刃端，性命安可怀。父母且不顾，何言子与妻。名在壮士籍，不得中顾私。捐躯赴国难，视死忽如归。"诗句说"父母且不顾，何言子与妻"，可以推知并非未成年人。然而由"少小去乡邑，扬声沙漠垂"句，可知得到"游侠儿"称号的这一人群，其标志性的表现，在于"少小"时代。

后世又有"侠少"的说法。例如陈后主《洛阳道》："黄金弹侠少，朱轮盛彻侯。"（《乐府诗集》卷二三）"侠少"称谓可能来自汉代已经通行的"轻侠少年"的说法。《前汉纪》卷二六"汉成帝永始四年"言酷吏守长安令尹赏致力都市治安，"举籍长安中轻侠少年恶子弟。无市籍商贩。不作业而鲜衣盛服者。得数百人。一日。悉掩捕皆劫以通行饮食群盗。"又《三国志》卷五四《吴书·鲁肃传》写道："周瑜为居巢长，将数百人故过候肃，并求资粮。肃家有两囷米，各三千斛，肃乃指一囷与周瑜，瑜益知其奇也，遂相亲结，定侨、札之分。袁术闻其名，就署东城长。肃见术无纲纪，不足与立事，乃携老弱将轻侠少年百余人，南到居巢就瑜。"也说到"轻侠少年"。

晋人张华《博陵王宫侠曲》颂扬汉代侠风，也有这样的诗句："雄儿任气侠，声盖少年场。借友行报怨，杀人租市旁。吴刀鸣手中，利剑严秋霜。腰间叉素戟，手持白头镶。腾超如激电，回旋如流光。奋击当手决，交尸自纵横。宁为殇鬼雄，义不入圜墙。生从命子游，死闻侠骨香。身没心不惩，勇气加四方。"（《乐府诗集》卷六七）"租市"，《太平御览》卷四七三作"都市"。张华（232—300）生活时代去汉未远，所谓"雄儿任气侠"的描绘，或许接近秦汉少年侠士风采的写真。所谓"少年场""侠骨香"云云，是指西汉酷吏尹赏屠杀长安"恶少年"的故事。

五陵少年：长安特殊的文化风景线

西汉时期，长安周围的诸陵邑在某种意义上已经成为长安的卫星城。[①] 史籍于是有"长安诸陵"之说,如《史记》卷一二九《货殖列传》:"长安诸陵,四方辐凑并至而会,地小人众,故其民益玩巧而事末也。"《汉书》卷九二《游侠传·原涉》则称"长安五陵"。《汉书》卷四九《爰盎传》的表述方式则是"诸陵长安"。"诸陵"不仅有拱卫长安的作用,在经济生活和文化生活方面,对于政治中心长安更多有补益。"五陵"作为指代区域的地理代号,汉代已经十分响亮。"诸陵"与"长安"构成了特殊的交通格局。[②]

"五陵少年"曾经有活跃的文化表演,在文化史上也留下了深刻的印迹。[③] 通过汉宣帝刘询少时"数上下诸陵"经历,可以大体得知多数"五陵少年"的生活场景。《汉书》卷八《宣帝纪》记载:"受《诗》于东海澓中翁,高材好学,然亦喜游侠,斗鸡走马,具知闾里奸邪,吏治得失。数上下诸陵,周遍三辅,常困于莲勺卤中。尤乐杜、

① 刘文瑞:《试论西汉长安的卫星城镇》,《陕西地方志通讯》1987年第5期;《我国最早的卫星城镇——试论西汉长安诸陵邑》,《咸阳师专学报》1988年第1期。
② 王子今:《西汉帝陵方位与长安地区的交通形势》,《唐都学刊》1995年第3期;《西汉诸陵分布与古长安附近的交通格局》,《西安古代交通志》,陕西人民出版社1997年9月版。
③ 宋超:《"五陵"与"五陵少年"——以诗赋为中心的考察》,《咸阳师范学院学报》2005年第2期,收入宋超《秦汉史论丛》,中国社会科学出版社2012年2月版。

鄠之间，率常在下杜。"所谓"亦喜游侠，斗鸡走马"，是未成年刘询的人生情趣。这种生活方式，可以理解为"五陵少年"的典型性代表。

在后世的历史记忆中，"五陵少年"或称"五陵年少"，保留有深刻的文化印象。以唐诗为例，有张碧《游春引三首》之二："五陵年少轻薄客，蛮锦花多春袖窄。酌桂鸣金觥物华，星蹄绣毂填香陌。"（《万首唐人绝句》卷五〇）吴融《阌乡卜居》："六载抽毫侍禁闱，可堪衰病决然归。五陵年少如相问，阿对泉头一布衣。"（《三体唐诗》卷一）李白《少年行三首》之一："五陵年少金市东，银鞍白马度春风。落花踏尽游何处，笑入胡姬酒肆中。"（《乐府诗集》卷六六）

长安"五陵少年"，实际上成为体现西汉都市社会生活风貌的文化符号。

执政者的"恶少年"政策

"恶少年"行为有"群辈"即团伙作案的情形，严重危害社会治安。甚至挑战政治权威，公然残害国家官员。执政集团对于这种社会势力采取了严厉打击的政策。酷吏名号的出现，直接与这种行政运动有关。调发"恶少年"从军远征，戍屯边地，将内地不安定因素转化为对外战争中可资利用的力量，也是聪明的决策。另一方面，分化"恶少年"集团，诱使其中"失计随轻黠"的胁从者"自改""立功"，也是有效的策略。

《汉书》卷九〇《酷吏传·尹赏》记载，以为政"残贼"闻名的尹赏就任长安令后，以严酷手段对威胁治安的"闾里少年"予以打击："赏以三辅高第选守长安令，得壹切便宜从事。赏至，修治长安狱，穿地方深各数丈，致令辟为郭，以大石覆其口，名为'虎穴'。乃部户曹掾史，与乡吏、亭长、里正、父老、伍人，杂举长安中轻薄少年恶子，无市籍商贩作务，而鲜衣凶服被铠扞持刀兵者，悉籍记之，得数百人。赏一朝会长安吏，车数百两，分行收捕，皆劾以为通行饮食群盗。赏亲阅，见十置一，其余尽以次内虎穴中，百人为辈，覆以大石。数日壹发视，皆相枕藉死，便舆出，瘗寺门桓东，楬著其姓名，百日后，乃令死者家各自发取其尸。亲属号哭，道路皆歔欷。长安中歌之曰：'安所求子死？桓东少年场。生时谅不谨，枯骨后何葬？'"

尹赏亲自审理，十人中一人免死，其余皆抛置"虎穴"中。尹赏所令免死者"皆其魁宿，或故吏善家子失计随轻黠愿自改者，财数十百人，皆贳其罪，诡令立功以自赎。尽力有效者，因亲用之为爪牙，追捕甚精，甘耆奸恶，甚于凡吏。"利用所谓"故吏善家子"失计陷于其中而"愿自改"者，以为继续追捕之"爪牙"。尹赏就任数月，"盗贼止，郡国亡命散走，各归其处，不敢窥长安。"

所谓"通行饮食群盗"，是汉代罪名之一。《汉书》卷九〇《酷吏传·咸宣》说，是时地方官为治尽效酷吏，"而吏民益轻犯法，盗贼滋起"，于是遣使衣绣衣持节，"虎符发兵以兴击，斩首大部或至万余级。及以法诛通行饮食，坐相连郡，甚者数千人。"《汉书》卷九八《元后传》：武帝遣绣衣使者逐捕魏郡群盗，"暴胜之等奏杀二千石，诛千石以下，及通行饮食坐连及者，大部至斩万余人。"《后汉书》卷四六《陈忠传》：汉安帝时，陈忠上疏曰："臣窃见元年以来，盗贼连发，攻亭劫掠，多所伤杀。夫穿窬不禁，则致强盗；强盗不断，则为攻盗；攻盗成群，必生大奸。故亡逃之科，宪令所急，至于通行饮食，罪致大辟。"李贤注："通行饮食，犹今《律》云'过致资给'，与同罪也。"而《唐律·捕亡》："诸知情藏匿罪人若过致资给，令得隐避者，各减罪人罪一等。"李贤"与同罪"说，与律文不尽相合。且《唐律疏议》卷二八："过致资给者，谓指授道途，送过险处，助其running致，并资给衣粮，遂使凶人潜隐他所。"汉时"通行饮食，罪致大辟"已经较历朝严酷，而《尹赏传》虽然在以"虎穴"杀"轻薄少年恶子"事前说到"红阳长仲兄弟交通轻侠，藏匿亡命，而北地大豪浩商等报怨，杀义渠长妻子六人，往来长安中，丞相御史遣掾求逐党与，诏书召捕，久之乃得"，然而并未见直接证据可说明被杀害的"轻薄少年恶子"曾"指授道途，送过险处，助其运致，并资给衣粮，遂使凶人潜隐他所"。显然，"皆劾以为通行饮食群盗"，可以说是典型的罪行擅断，实质上形成了令数百人丧生的冤狱。

"无市籍商贩作务"中所谓"作务"，王先谦《汉书补注》引周寿昌曰；"作务，作业工技之流。"可知受害人中也包括部分手工业者。

尹赏对"故吏善家子"处罚时予以优待，王温舒"有执家，虽有奸如山，弗犯"，都说明在专制强权面前社会等级不同则境遇亦不同，也说明所谓"少年"其实又是成分相当复杂的社会群体，其中也包括部分原本属于统治阶层的青少年。

汉武帝时，还曾实行征发"恶少年"从军远征或戍守边地的政策。

汉武帝太初年间，"拜李广利为贰师将军，发属国六千骑，及郡国恶少年数万人，以往伐宛。"李广利击宛军不利，又进一步令远征战事升级，"赦囚徒材官，益发恶少年及边骑，岁余而出敦煌者六万人，负私从者不与。牛十万，马三万余匹，驴骡橐它以万数。多赍粮，兵弩甚设，天下骚动。"益发戍甲卒十八万，酒泉、张掖北，置居延、休屠以卫酒泉，而发天下七科適，及载糒给贰师。转车人徒相连属至敦煌。"（《史记》卷一二三《大宛列传》）汉武帝天汉元年（前100），又"发谪戍屯五原"。天汉四年（前97），"发天下七科適及勇敢士，遣贰师将军李广利将六万骑、步兵七万人出朔方，因杅将军公孙敖万骑、步兵三万人出雁门，游击将军韩说步兵三万人出五原，强弩都尉路博德步兵万余人与贰师会。"

　　所谓"七科適"，据《汉书》卷六《武帝纪》颜师古注引张晏的解释，即："吏有罪一，亡命二，赘婿三，贾人四，故有市籍五，父母有市籍六，大父母有市籍七，凡七科也。"汉时所谓"恶少年"，或"亡命"，或亲族"有市籍"，相当大一部分当包容于此"七科"中。《史记》卷一二三《大宛列传》调发"郡国恶少年数万人"伐宛事，《汉书》卷六一《李广利传》记载："太初元年，以广利为贰师将军，发属国六千骑及郡国恶少年数万人以往，期至贰师城取善马，故号'贰师将军'。此事《武帝纪》记作"（太初元年）遣贰师将军李广利发天下谪民征大宛"。可见，在班固的观念中，所谓"郡国恶少年"与所谓"天下谪民"原本并无不同。《汉书》卷七《昭帝纪》记载，"（元凤五年）六月，发三辅及郡国恶少年吏有告劾亡者，屯辽东。"似乎发"恶少年"远征屯边已被事实证明有效，于是武帝之后依然沿用。陈直《居延汉简解要》中指出敦煌汉简中有"適士吏""適卒"字样者，与以上历史事实有关："適士吏，谓以適戍卒出身之士吏。""王国维考適为贬谪之士吏，又疑適为敵字之假借，为燧名，实应作为谪戍卒出身之士吏解。""谪卒为权宜之征发，与正戍卒应当戍边者不同，故特设适士吏专管其事。"看来，"恶少年"从军，其编制及管理与正卒不同。陈直还列出有"適士卒张博"字样的敦煌简，又写道："张博简，余考为王莽地皇二年之物，然则王莽亦沿用汉代七科谪发之条欤。"① 其实，王国维"疑適为敵字之假借，为燧名"的考虑确有实证。如敦煌简文"却適卒"（404，803B）就是居延简文"却適燧卒"（194.17）。不过，汉代以"適戍卒"充实军队的情形也是存在的。这种军队构成形式，后世往往袭用。而"適戍卒"中应当有"恶少年"。因为"恶少年"所谓"慓悍""暴桀"的精神，若善于引导利用，显然有益于在战争中克敌制胜。

"七科谪"制度其实源起于秦代。《史记》卷六《秦始皇本纪》：秦始皇三十三年（前214），"发诸尝逋亡人、赘婿、贾人略取陆梁地，为桂林、象郡、南海，以適遣戍。"又使蒙恬经营北边，"筑亭障以逐戎人，徙谪，实之

---

① 《居延汉简研究》，天津古籍出版社1986年5月版，第314—315页。

初县。"三十五年（前212），"益发谪徙边。"司马贞《索隐》："汉七科谪亦因于秦。"

《史记》卷一二九《货殖列传》："秦末世，迁不轨之民于南阳。"《汉书·地理志下》："秦既灭韩，徙天下不轨之民于南阳。"所谓"不轨之民"，指不循规守法，即往往不避专制主义法禁者，从某种意义上说，语义有与"恶少年"相近处。《史记》卷一二四《游侠列传》说，游侠其行"不轨于正义"。《史记》卷三〇《平准书》也以商贾为"不轨逐利之民"。此外，《史记》中还有"淫侈不轨"（《十二诸侯年表》）、"废法不轨"（《淮南衡山列传》）、"不轨于法"（《汉兴以来诸侯王年表》）、"不轨之臣"（《秦始皇本纪》、《平准书》）、"不轨之民"（《货殖列传》）、"不轨逐利之民"（《平准书》）、"操行不轨"（《伯夷列传》）、"其言虽不轨"（《孟子荀卿列传》）、"其行虽不轨于正义"（《游侠列传》）等说法。汉代强制性的政治移民，还有汉武帝元狩五年（前118）"徙天下奸猾吏民于边"（《汉书》卷六《武帝纪》）。所谓"奸猾"之民，实际上在某种意义上也与所谓"恶少年"涵义仿佛。前引《汉书》卷九〇《酷吏传·尹赏》"长安中奸猾浸多，闾里少年群辈杀吏"，而尹赏镇压对象主要是"长安中轻薄少年恶子"，可以引为证明。

除了实行严厉的抑制与打击而外，秦汉王朝对于"少年"与"恶少年"政策的另一面，是尽力将其中一部分可以利用的力量纳入正统的政治体制中，使其成为专制主义国家机器的有效部件。

《史记》卷九四《田儋列传》说，田儋响应陈涉起义，"详为缚其奴，从少年之廷，欲谒杀奴，见狄令，因击杀令。"似乎"少年"有服务于县廷，维护地方治安者。刘邦少时"不事家人生产作业"，"无赖，不能治产业"，"及壮，试为吏，为泗水亭长"（《史记》卷八《高祖本纪》），其政治生涯中仍不免屡屡流露"无赖"本色。韩信封为楚王，"召辱己之少年令出胯下者以为楚中尉，告诸将相曰：'此壮士也。'"（《史记》卷九二《淮阴侯列传》）也说明"少年"多有为当权者所用者。王温舒"少时椎埋为奸，已而试补县亭长"，后"为吏，以治狱至廷史"，又"迁为御史"（《史记》卷一二二《酷吏列传》）。朱博少时"好客少年，捕搏敢行"，"伉侠好交"，后"历位以登宰相"（《汉书》卷八三《朱博传》）。阳球"家世大姓冠盖"，"能击剑，习弓马"，"郡吏有辱其母者，球结少年数十人，杀吏，灭其家，由是知名。"后亦举孝廉，补尚书侍郎，又任郡太守，迁将作大匠，拜尚书令，又迁为司隶校尉（《后汉书》卷七七《酷吏列传·阳球》）。曹操"少好飞鹰走狗，游荡无度"，"任侠放荡，不治行业"，年二十而举孝廉为郎，又除为地方行政长官，俨然一能吏（《三国志》

卷一《魏书·武帝纪》及裴松之注引《曹瞒传》)。

尹赏严厉打击"长安中轻薄少年恶子",导致"楻东少年场"的悲剧,然而又令"故吏善家子失计随轻黜愿自改者"免死,以"立功以自赎"。这些人中"尽力有效者,因亲用之为爪牙,追捕甚精,甘耆奸恶,甚于凡吏"。则是典型的利用"恶少年"镇压"恶少年"的史例。

许多迹象表明,所谓"故吏善家子"出身的"少年"与"恶少年"容易被统治阶层改造吸收,成为维护专制政治的"尽力有效者",而"少年"与"恶少年"一旦为当权者"用之为爪牙",往往可以发挥"甚于凡吏"的特殊作用。

吕思勉及其《秦汉史》

史学大家吕思勉（1884—1957）在中国近现代学术史上，是一位具有标志意义的重要人物。

吕思勉著作等身。他的论著包括：两部中国通史，即《白话本国史》《吕著中国通史》；四部断代史，即《先秦史》《秦汉史》《两晋南北朝史》《隋唐五代史》；五部专史，即《中国国体制度小史》《中国政体制度小史》《中国宗族制度小史》《中国婚姻制度小史》《中国阶级制度小史》，后除《中国阶级制度小史》以外的四种收入《中国制度史》。此外，《理学纲要》《宋代文学》《先秦学术概论》《中国民族史》《中国民族演进史》等，也可以看作专史。吕思勉就史学方法的探讨，也见于专著《史通评要》，《历史研究法》等。关于史学研究工具的研究，他又著有《中国文字变迁考》《章句考》《字例略说》等。

吕思勉史学论著的丰收，是以他超乎寻常的勤勉耕耘为条件的。据杨宽回忆，"吕先生从二十一岁起，就决心献身于祖国的学术事业，以阅读《二十四史》为日课，写作读史札记，这样孜孜不倦地五十年如一日，先后把《二十四史》反复阅读了三遍。所作读史札记，着重综合研究，讲究融会贯通。他之所以能够不断写出有系统、有分量、有见解的历史著作，首先得力于这种踏实而深厚的基本功。"① 这样的"基本功"，没有多少学者能够具备。

在吕思勉诸多史学论著之中，《秦汉史》是断代史中最值得推重的一部。《秦汉史》也是能够集中体现这位卓越的史学家的科学精神的著作。

对于吕思勉《秦汉史》的学术价值，杨宽在《吕思勉史学论著前言》中有一段精彩的概括，我们不妨引录在这里："《秦汉史》是与《先秦史》互相衔接而又独立成书的。由于作者对《史记》、两《汉书》《三国志》所下的功夫很深，对于这个时期各方面历史的叙述和分析，十分扎实而有条理。作者认为这段时期内，就社会组织来说，新莽和东汉之间是一个大界线，从此豪强大族势力不断成长，封建依附关系进一步加强，终于导致出现长期割据分裂的局面。"杨宽还总结道："此书把两汉政治历史分成十一个段落，既作了全面的有系统的叙述，又能抓住重点作比较详尽的阐释。对于社会经济部分，叙述全面而又深

---

① 杨宽：《吕思勉史学论著前言》，《秦汉史》，上海古籍出版社1983年2月版。

入。作者根据当时社会的特点，把豪强、奴客、门生、部曲、游侠作了重点的探讨。同时又重视由于社会组织的变化而产生的社会特殊风气，对于'秦汉时的君臣之义'、'士大夫风气变迁'，都列有专节说明。对于政治制度和文化学术部分，分成许多章节作了细致的论述，其中不乏创见。作者认为神仙家求不死之方，非尽虚幻，不少部分与医学关系密切，诸如服饵之法、导引之术、五禽之戏，都有延年益寿的功效。至于道教的起源，当与附会黄老的神仙家、巫术家有关，当时分成两派流传：一派与士大夫结交，如于吉之流；一派流传民间，如张角的太平道和张修的五斗米道，两派宗旨不同而信奉之神没有差别，道教正是由于这两派的交错发展而形成。"①

所谓"把两汉政治历史分成十一个段落"，应是指《秦汉史》全书在"总论"之后就政治史的脉络按照年代先后分列十一章，即第二章，秦代事迹；第三章，秦汉兴亡；第四章，汉初事迹；第五章，汉中叶事迹；第六章，汉末事迹；第七章，新室始末；第八章，后汉之兴；第九章，后汉盛世；第十章，后汉衰乱；第十一章，后汉乱亡；第十二章，三国始末。这样看来，首先，吕著《秦汉史》其实并非如杨宽所概括，是"把两汉政治历史分成十一个段落"，而是"把秦汉政治历史分成十一个段落"。

---

① 《秦汉史》，上海古籍出版社1983年版，第5—6页。

其次，是将"三国始末"放置在"秦汉史"的框架之中。前者可以说是杨宽的小小疏误，后者，则是值得上古史研究者注意的史学架构设计。

在东汉末年的社会大动乱中，曹操集团、刘备集团和孙权集团逐步扩张自己的实力，各自翦灭异己，逐步在局部地域实现了相对的安定，形成了魏、蜀、吴三国鼎立的局面。三国时期，是中国历史上一个重要的时期。一般所说的三国时期，自公元220年曹丕黄初元年起，到西晋灭吴，即吴末帝孙皓天纪四年（280），前后计60年。三国时期的历史虽然相对比较短暂，可是对于后来政治军事史的影响却十分深远。三国时期，文化节奏比较急迅，民族精神中的英雄主义得到空前的高扬，东汉以来比较低沉的历史基调迅速转而高亢。同时，各种政治主张和政治智谋也在复杂的政治斗争中得以实践。三国史还有一个引人注目的特点，就是三国历史人物和三国历史事件在后世几乎为社会各色人物所熟知。历史知识在民间的普及达到这种程度，是十分罕见的现象。将三国史置于秦汉史之中进行叙述和总结，是有一定的合理性的。吕思勉的这种处理方式，可能和他在《秦汉史》中提出的如下认识有关。他说："以民族关系论，两汉、魏、晋之间，亦当画为一大界。自汉以前，为我族征服异族之世，自晋以后，则转为异族所征服矣。盖文明之范围，恒渐扩而大，而社会之病状，亦渐渍而深。"（4 页）于是秦汉史的历史叙述，至于"三国始末"之"孙吴之亡"（460—466 页），随后一节，即"三国时四裔情形"（460—476 页）以与"转为异族所征服"的历史相衔接。近年史学论著中采取将秦汉与三国并为一个历史阶段，在魏晋之间"画为一大界"这种处置方式的，有张岂之主编《中国历史》中的第二卷《秦汉魏晋南北朝》①《中国历史》第二卷《秦汉魏晋南北朝》又题《秦汉魏晋南北朝史》，由五南图书出版股份有限公司 2002年 6 月出版。

青年毛泽东在《〈伦理学原理〉批注》中这样谈到人们的历史感觉："吾人揽〈览〉史时，恒赞叹战国之时，刘、项相争之时，汉武与匈奴竞争之时，三国竞争之时，事态百变，人才辈出，令人喜读。至若承平之代，则殊厌弃之。"② 读"战国之时"的历史，自然会关注秦的统一战争这条主线。而"三国竞争之时"本来即起始于汉末，如果并入汉史一同叙述，则许多人共同熟悉并深心"赞叹"的"事态百变，人才辈出"的上述四个历史阶段，都归入秦汉史的范畴了。按照吕思勉《秦汉史》的说法，即："战国之世，我与骑寇争，尚不甚烈，秦以后则不然矣。秦、汉之世，盖我恃役物之力之优，以战胜异族，自晋以

---

① 高等教育出版社 2001 年 7 月版。
② 《毛泽东早期文稿》，湖南出版社 1990 年版，第 186 页。

后，则因社会之病状日深，而转为异族所征服者也。"（第4页）这是从民族史和战争史的角度，指出了秦汉历史的时代特征，"社会"问题亦已涉及，而战国时期和三国时期均被概括到了这一历史阶段之内。

吕思勉《秦汉史》第一章《总论》开头就写道："自来治史学者，莫不以周、秦之间为史事之一大界，此特就政治言之耳，若就社会组织言，实当以新、汉之间为一大界。"又说："以社会组织论，实当以新、汉之间为大界也。"（第1页至第2页）这其实是十分重要的发现。两汉之际发生的历史变化，除社会结构外，政治形式和文化风格也都十分明显。不过，对于这一历史"大界"的说明，吕思勉《秦汉史》并没有揭示得十分透彻。就此课题进行接续性的工作，显然是必要的。可惜至今尚少有学者就此进行认真的探讨。

吕思勉对社会生活情景研究的重视，却实现了积极的学术引导作用。他在《秦汉史》中于讨论"秦汉时人民生计情形"之外，专有一章论述"秦汉时人民生活"，分别就"饮食""仓储漕运籴粜""衣服""宫室""葬埋""交通"，考察了秦汉时期社会生活的各个方面。"宫室"一节，是说到平民之居的，甚至"瓜牛庐"和"山居之民""以石为室"者。大体说来，已经涉及衣食住行的各种条件。而"葬埋"是死后生活条件的安排，当时人们是十分重视的，研究者自然不应当忽略。已经有学者指出，"重视反映社会生活方式的演变史"，是吕思勉历史著述的"一个显著优点"，"而这些正是现在通行的断代史著作中缺少的部分。"① 值得欣慰的是，现今一些学者的辛勤努力，已经使得我们对秦汉时期社会生活史的认识逐渐充实，日益深化。刘增贵《汉代婚姻制度》②，彭卫《汉代婚姻形态》③，刘乐贤《睡虎地秦简日书研究》④，彭卫《中国饮食史》第六编《秦汉时期的饮食》⑤，彭卫、杨振红《中国风俗通史·秦汉卷》⑥ 等论著的问世，标志着秦汉社会生活方式研究的显著进步。而吕思勉《秦汉史》作为先行者的功绩，当然是后学们不会忘记的。

我们还看到，吕思勉《秦汉史》中"交通"一节加上"仓储漕运杂粜"一节中有关"漕运"的内容，篇幅达到1.4万字左右，是为空前的对秦汉交通的集中论述。这在中国交通史的学术史上是应当占有特别重要的地位的。

有学者总结说，"吕先生的中国通史（包括断代史）

① 王玉波：《要重视生活方式演变的研究——读吕思勉史著有感》，《光明日报》1984年5月2日《史学》。
② 华世出版社1980年版。
③ 三秦出版社1988年版。
④ 文津出版社1994年版。
⑤ 华夏出版社1999年版。
⑥ 上海文艺出版社2002年版。

著作是全部著作中的最巨大工程。"这一工作，"把他早期的想法《新史抄》逐步扩大和充实。所谓《新史抄》，其实也是自谦之辞。""吕先生说的'抄'，是说写的历史都是有'根据'的，不是'无稽之谈'，也非转辗抄袭，照样有独到之功的。"他自以为"性好考证"，"读史札记是他历年读史的心得"。除了继承乾嘉学者重视文献学功夫的传统之外，"吕先生的读史札记还重视社会经济、少数民族历史和学术文化方面的各种问题。因此，他既继承了清代考据学的遗产，同时又突破乾嘉学者逃避政治现实，为考证而考证的束缚。"

论者还指出，"写在'五四'以前"的《白话本国史》，在第一编上古史中"三次公开提到马克思和他的唯物史观与《资本论》，并说春秋战国时代社会阶级的变化，很可以同马克思的历史观互相发明"。"从这一点来说，吕先生接受新思想的态度是很积极的，是跟着时代的脚步前进的。"《吕著中国通史》抗日战争时期出版于日本人占领的上海，吕思勉在书中"是有寄托的"，他说："颇希望读了的人，对于中国历史上重要的文化现象，略有所知；因而略知现状之所以然；对于前途，可以豫加推测；因而对于我们的行为，有所启示。"这部中国通史最后引用梁任公译英国文豪拜伦的诗作作为全书总结："如此好山河，也应有自由回照。……难道我为奴为隶，今生便了？ 不信我为奴为隶，今生便了！"[1] 回顾悠久历史亦期盼"自由回照"，也是今天的治史者和所有关心中国历史文化的人们的共同心愿。

关于吕思勉《秦汉史》的撰述方式，汤志钧指出，"分上、下两编，上编叙述政治史，实际上是王朝兴亡盛衰的历史，基本上采用纪事本末体；下编分章叙述当时社会经济、政治制度、文化学术上的各种情况，采用的是旧的叙述典章制度的体例。尽管不易看清历史发展的全貌及其规律性，但他从浩如烟海的史料中钩稽排比，鉴别考订，给研究者带来很多方便。特别是下编社会经济、政治制度、文化学术部分，原来资料很分散，经过搜集整理，分门别类，便于检查。"[2] 杨宽也曾经总结说，"吕先生为了实事求是"，"采用了特殊的体例。"这就是，"分成前后两个部分，前半部是政治史，包括王朝的兴亡盛衰、各种重大历史事件的前因后果，各个时期政治设施的成败得失，以及王朝与周边少数民族的关系等等，采用的是一种新的纪事本末体。后半部是社会经济文化史，分列章节，分别叙述社会经济、政治制度、民族疆域、文化学术等方

---

[1] 胡嘉：《吕诚之先生的史学著作》，《蒿庐问学记》，三联书店1996年版，第44—46页、第50页。

[2] 汤志钧：《现代史学家吕思勉》，《中国史研究动态》1980年第2期。

面的具体发展情况，采用的是一种新的叙述典章制度的体例。"① 具体来说，以秦汉史为对象"分别叙述社会经济、政治制度、民族疆域、文化学术等方面的具体发展情况"，《秦汉史》的第十三章到第二十章是这样进行学术布局的："秦汉时社会组织"，"秦汉时社会等级"，"秦汉时人民生计情形"，"秦汉时实业"，"秦汉时人民生活"，"秦汉政治制度"，"秦汉学术"，"秦汉宗教"。首先注重"社会组织"和"社会等级"的分析，将有关"政治制度"的讨论更置于"人民生计情形""实业"和"人民生活"之后，体现出极其特别的卓识。在对于"秦汉时社会等级"的论述中，所列"秦汉时君臣之义"和"士大夫风气变迁"两节，其中论议得到许多学者赞赏。这种新体例的创制，带有摸索试探的性质，自然不能说至于尽善尽美，但是对于史学论著中断代史撰述方式的进步，毕竟实现了推动。而且，我们今天看来，也并不认为这种方式会使人们"不易看清历史发展的全貌及其规律性"。我们以为，对于"历史发展的全貌及其规律性"的说明，最高境界是让读者通过对历史真实的认识，获得自己的理解。而作者强加于读者的说教，早已令人反感。特别是简单化、公式化和生硬地贴标签式的做法，往往使得历史学的形象败坏。

---

① 杨宽：《吕思勉先生的史学研究》，《中国史研究》1982 年第 3 期。

对于以《秦汉史》为代表的吕思勉的断代史研究，严耕望曾经著文《通贯的断代史家——吕思勉》予以评价。他写道："有一位朋友批评诚之先生的著作只是抄书，其实有几个人能像他那样抄书，何况他实有许多创见，只是融铸在大部头书中，反不显豁耳。"对于《秦汉史》等论著的撰写方式，严耕望也有自己的批评意见："不过诚之先生几部断代史的行文体裁诚有可商处。就其规制言，应属撰史，不是考史。撰史者溶化材料，以自己的话写出来：要明出处，宜用小注。而他直以札记体裁出之，每节就如一篇札记，是考史体裁，非撰史体裁。"又据钱穆的说法，就《秦汉史》这几部断代史的写作初衷有所说明："不过照宾四师说，诚之先生这几部断代史，本来拟议是'国史长编'。"严耕望说，"作为长编，其引书固当直录原文。况且就实用言，直录原文也好，最便教学参考之用。十几年来，诸生到大专中学教历史，常问我应参考何书，我必首举诚之先生书，盖其书既周赡，又踏实，且出处分明，易可检核。这位朋友极推重赵翼《二十二史札记》。其实即把诚之先生四部断代史全作有系统的札记看亦无不可，内容博赡丰实，岂不过于赵书邪？只是厚古薄今耳！"① 关于"撰史体裁"和"考史体裁"的区分，本来

---

① 严耕望：《通贯的断代史家——吕思勉》，《大陆杂志》第 68 卷第 1 期。

只是个别学者的意见。借用这一说法，应当说传统史学以"考史"居多。不过，在西方史学传入之后，"撰史体裁"压倒了"考史体裁"。其实，史学论著的体裁和形式本来应该允许多样化。苏轼诗句"短长肥瘦各有态，玉环飞燕谁敢憎"（《孙莘老求墨妙亭诗》，《东坡诗集注》卷二八），指出了自然之美"各有态"的合理性。清人陈维崧笔下所谓"燕瘦环肥，要缘风土；越禽代马，互有便安"（《毛大可新纳姬人序》，《陈检讨四六》卷一二），也强调了多样性的自然。此所谓"风土"，本义是空间概念，或许也可以移用以为时间概念，则古人"王杨卢骆当时体"（杜甫：《戏为六绝句》）诗意，似乎也隐含其中。

时下最被看重的史学成果的载体，是所谓学术论文。现今一些学术机构的价值评定系统，对于论文的品评，又有若干附加的条件，例如刊物的等级，摘引的频度，篇幅的长短等等。实际上，论文这种形式的通行，其实对于具有悠久传统的中国史学而言，是相当晚近的事。长期以来，中国传统史学所谓"汗牛充栋""浩如烟海"的论著，并非是以今天人们眼界中的"论文"的形式发表流传的。我们看到，即使 20 世纪论文形式开始兴起之后，一些史学大师的研究成果，其实也并不是以这种整齐划一的定式生产出来的。有的学者认为有必要为高校历史学科的学生选编史学论文的范本，如果严格按照现今的论文格式规范要求，说不定王国维、陈寅恪等学者的许多杰作也难以编列其中。清乾隆《御选唐宋诗醇·凡例》写道："李杜名盛而传久，是以评赏家特多。韩白同出唐时，而名不逮。韩之见重，尤后于白。则品论之词，故应递减。苏陆在宋，年代既殊，名望亦复不敌。晚出者评语更寥寥矣。多者择而取之，少者不容傅会。折衷一定，声价自齐。燕瘦环肥，初不以妆饰之浓澹为妍媸也。"关于诗人"名望"所以差异，论说未必中肯，然而最后一句，却指明了内容和形式之关系的真理："燕瘦环肥，初不以妆饰之浓澹为妍媸也。"学术的"品论"和"评赏"，应当首先重视内容，形式方面"妆饰之浓澹"，不是判定"妍媸"的主要标准。

所谓"札记"，其实就曾经是传统史学的"当时体"。许多中国史学名著当时都是以"札记"的形式面世，而后亦产生了长久的历史影响的。王应麟的《困学纪闻》、顾炎武的《日知录》、赵翼的《廿二史札记》和《陔余丛考》等，虽著者或谦称"睹记浅狭，不足满有识者之一笑"（赵翼《陔余丛考小引》），而内心实有"平生之志与业皆在其中"（顾炎武《与友人论门人书》）和"自信其书之必传"（顾炎武《与杨雪臣书》）的自负。这些论著在后来学人心目中的等级和价值，在史学学术史上的地位都是毋庸置疑的，然而这些论著均以札记形式存世。近世史学学者仍多有沿用札记形式发表学术创见者。如顾颉刚《浪口村随笔》①，后经增订，辑为《史林杂识初编》②。10卷本《顾颉刚读书笔记》③经顾颉刚先生亲订、并由后人整理，学术价值尤为珍贵。此外，陈登原《国史旧闻》④、钱钟书《管锥编》⑤、周一良《魏晋南北朝史札记》⑥、贾敬颜《民族历史文化萃要》⑦，以及吴承仕《检斋读书提要》⑧、罗继祖《枫窗三录》⑨等，也都是治史者不能忽视的名著。有的学者将论文、札记、报告以及演讲稿的合集题为"札记"，如李学勤《夏商周年代学札记》⑩，也说明对"札记"这种学术形式的看重。吕思勉《秦汉史》等书有"札记"的痕迹，<u>丝毫不减损其学术价值，反而使史学收获的样式更为丰富多彩。对于其价值甚至"过于赵书"即超过赵翼《廿二史札记》的意见，我们虽未必百分之百赞同，也愿意在进行学术史评判时以为参考。

---

① 上海合众图书馆 1949 年油印。
② 中华书局 1963 年版。
③ 台湾联经出版公司 1990 年版。
④ 三联书店 1958 年版。
⑤ 中华书局 1979 年版。
⑥ 中华书局 1985 年版。
⑦ 吉林教育出版社 1990 年版。
⑧ 北京师范大学出版社 1986 年版。
⑨ 大连出版社 2000 年版。
⑩ 辽宁大学出版社 1999 年版。

而《吕思勉读史札记》(上海古籍出版社1982年版)一书的问世,当时也是史学界的一大盛事。至今我们依然可以时常在其中得到学术营养。其中甲帙"先秦"184条,乙帙"秦汉"120条,丙帙"魏晋南北朝"101条,丁帙"隋唐以下"56条,戊帙"通代"65条。我们看到,秦汉史料所占的比重也是相当可观的。

对于吕著《秦汉史》选取资料主要注重正史的情形,严耕望有这样的解释:"至于材料取给,只重正史,其他是史料甚少参用,须知人的精力究有限度,他的几部断代史拆拼正史资料,建立新史规模,通贯各时代,周赡各领域,正是一项难能的基本功夫,后人尽可在此基础上,详搜其他史料,为之扩充,发挥与深入、弥缝,但不害诚之先生四部书之有基本价值也。"

吕思勉《秦汉史》等史学论著在引录史料的时候也难免千虑一失。严耕望说:"引书间或有误引处,但以这样一部大著作,内容所涉又极广泛,小有错误,任何人都在所难免,不足为病。"①这样的意见,我们也是赞同的。

此外,吕思勉治史存在的另一问题,也已经有学者指出:"吕先生虽然认识到地下古物'足以补记载之缺而正其伪','而在先史及古史茫昧之时,尤为重要'(《先秦史》

---

① 严耕望:《通贯的断代史家——吕思勉》,《大陆杂志》第68卷第1期。

第 5 页），他却过于怀疑当时'伪器杂出'，没有能利用甲骨、金石，补古代文献之不足，使他在古文字学方面的高深造诣，不能更好地为考订古史、古书工作服务。这不能不给他的古史研究带来损失，是不应'为贤者讳'的。"①这一问题，在《秦汉史》中的表现，读者朋友应当也会注意到。对考古文物资料的不熟悉，也容易导致对文献资料理解的误见。例如"交通"一节关于交通道路建设，吕思勉言"边方又有深开小道者"。所据史料为："《汉书·匈奴传》：侯应议罢边备塞吏卒曰：'建塞徼，起亭隧。'师古曰：'隧谓深开小道而行，避敌钞寇也。'"（《秦汉史》，第 604 页）如果有关于西北汉简中烽燧资料的知识，则可知颜师古注的错误。"亭隧"的"隧"，是不可以解作道路的。好在后辈学者学习先贤重在继承其学术精神。面对今天丰富的出土资料，新一代秦汉史研究者自会有自己的学术方法和学术路径的选择的。

中青年治秦汉史者可能更要努力学习的是吕思勉等老一代史学家刻苦研读文献的"硬功夫"（黄永年说）、"踏实而深厚的基本功"（杨宽说）。前引杨宽说吕思勉"先后把《二十四史》反复阅读了三遍"，严耕望说，"世传他

---

① 邹兆琦：《吕思勉先生与古代史料辨伪》，《蒿庐问学记》，第 78 页。

把二十四史从头到尾的读过三遍，是可以相信的。"① 又黄永年回忆吕思勉时写道："吕先生究竟对《二十四史》通读过几遍，有人说三遍，我又听人说是七遍，当年不便当面问吕先生……。但我曾试算过一笔账，写断代史时看一遍，之前朱笔校读算一遍，而能如此作校读事先只看一遍恐怕还不可能，则至少应有四遍或四遍以上。这种硬功夫即使毕生致力读古籍的乾嘉学者中恐怕也是少见的。"②《二十四史》通读七遍、四遍或者三遍，今天的学者似乎已经难以做到或者说也确实没有大家都这样做的必要了。但是支撑"这种硬功夫"这种"踏实而深厚的基本功"的内心的学术理想和科学精神，确是我们必须继承的。而就研究秦汉史而言，无论有怎样先进的电子图书检索手段可以利用，认真地通读"前四史"，仍然是无论如何必须具备的"基本功"。要取得秦汉史研究的新收获，要推出"有系统、有分量、有见解的"秦汉史学术论著，应当说"首先得力于"这一条件。这是我要对愿意学习秦汉史的青年朋友们说的一句诚心的话。

---

① 严耕望：《通贯的断代史家——吕思勉》，《大陆杂志》第68卷第1期。
② 黄永年：《回忆我的老师吕诚之先生》，《学林漫录》四集，中华书局1981年版。

杨树达《汉代婚丧礼俗考》导读

　　一个时代有一个时代的学人，一个时代有一个时代的学术。学术一脉，不尽薪火传受；学人百世，各有时代风格。如果回顾 20 世纪的学术创获，虽经历风雷霜雪，依然满山缤纷，令人目不暇接。著名学者杨树达先生的学术成就，就是其中水边林下虽并不惹眼，却发散出异常清芬的一簇。

　　杨树达先生，字遇夫，号积微，湖南长沙人。生于 1885 年 6 月 1 日，卒于 1956 年 2 月 14 日。1897 年，杨树达考入时务学堂。1905 年，官费赴日本留学，辛亥革命后回国，相继任湖南高等师范学校教务长，湖南第四师范学校、省立第一师范学校、省立第一女子师范教员。1920 年在北京师范学校、北京法政专门学校、北京高等师范学校、北京高等农业专门学校任教。1924 年，任北京师范大学教授、国文系主任。1926 年后任清华大学教授、湖南大学教授等职。

杨树达先生著说宏富，多以极高的学术价值，在学界产生过巨大的影响。其中《汉代婚丧礼俗考》（商务印书馆1933年）一书，作为20世纪学术具有承前启后作用的代表作之一，不仅被秦汉史学者和社会史学者视为必读书，其学术视角与研究方法，对于所有关心中国历史文化的读者，也会有积极的启示意义。

自致于立言不朽之域

子在川上曰，逝者如斯夫。孔老夫子以江河运行比喻历史演进的说法，被许多人所接受。历史确实一如江河，有"潮平两岸阔"的缓漫的河段，也有"绝壁天悬，腾波迅急"的峥嵘峡路。不同历史时期文化节奏的差别，可以使人们产生不同的历史印象和历史感受。青年毛泽东在《〈伦理学原理〉批注》中曾经发表这样的感慨："吾人揽〈览〉史时，恒赞叹战国之时，刘、项相争之时，汉武与匈奴竞争之时，三国竞争之时，事态百变，人才辈出，令人喜读。至若承平之代，则殊厌弃之。非好乱也，安逸宁静之境，不能长处，非人生之所堪，而变化倏忽，乃人性之所喜也。"毛泽东的认识，固然表现出对历代"乱"

和"治"的特殊的个人情感倾向，但是也反映了历史上文化节奏屡有时代变换的事实，反映了"事态百变，人才辈出"的节奏急进的时代往往对于历史文化有较显著的推进的事实。

20世纪二三十年代，是众所周知的乱世，但是以历史节奏分析的眼光看，确实实现了李大钊等人热情呼唤的"少年中国"。值得注意的是，这也是一个"人才辈出"的时代，当时政治、军事、文化、艺术等不同领域中，几乎均是青年才士各领风骚。

我们说当时社会生活的诸多方面都表现出"少年"气象，学术创造也是同样。上海古籍出版社出于慧眼与卓识出版的集合近代学术大师名著的"蓬莱阁丛书"，我们看到已经问世的19种，这些专著最初出版时作者的平均年龄，不过41岁左右。杨树达先生也是在动荡的历史背景下，于乱中取静的学术生活中积累学识，发表论著，成就大器的。

司马迁在《史记》中曾经说，史家的主要职责，是"见盛观衰"（《太史公自序》），以发现和总结历史的"盛衰大指"（《十二诸侯年表》）。我们如果以较为宏阔的视界看历史文化的全景，那么，"盛"与"衰"，就并不仅仅是指王气的勃兴与凋灭，又意味着一个历史时期社会创造力总和的价值，意味着当时人们的思想成就在人类智慧宝库中的比重，也意味着这一时期文明进步的速度。也就是说，如果进行历史的时代比较，不仅应当看到政治的"盛衰"，也应当对于文化的"盛衰"有所重视。

或以为文章的刚柔，往往可以反映时代的盛衰，如西汉强盛，文章"雄丽而刚劲"；东汉少衰，"文辞亦视昔为弱"；唐代"国威复振"，"终有韩（愈）、吕（才）、刘（禹锡）、柳（宗元）之伦，其语瑰玮，其气奡骞，则与西京相依。"（章炳麟：《菿汉微言》）然而，我们注意到，历史有政治的"盛衰"，又有文化的"盛衰"，政治与文化"盛衰"运动的波形，相互间未必可以完全印合。同意这一看法的朋友或许会接受这样的意见，即20世纪二三十年代虽然在政治上表现为极端的动乱纷争，在某种意义上却可以看作学术的盛世。当时自由的学术环境和活泼的学术空气，在一百年来的学术史中是相当难得的。

回顾中国近代学术史，可以看到杨树达先生以其勤勉的学术实践，为实现当时的学术繁荣作出了突出的贡献。

1921年，杨树达先生完成《说苑新序疏证》。1922年，中华书局出版了杨树达先生的《老子古义》二卷。这部书1926年又再版印行。1924年，《盐铁论校注》《汉书补注补正》与《古书疑义举例续补》问世。1928年，商务印书馆出版《词诠》与《中国语法纲要》。《词诠》1954年又由中华书局出版。商务印书馆1930年出版《高等国文法》，

1931年出版《马氏文通刊误》及《积微居文录》。1933年，世界书局出版杨树达先生著《中国修辞学》，同年商务印书馆出版了他的《汉代婚丧礼俗考》。1934年，商务印书馆又出版了他的《论语古义》和《古书句读释例》，北京好望书局出版了杨树达著《古声韵讨论集》。他的《积微居小学金石论丛》五卷《补遗》一卷，1937年亦由商务印书馆出版。这部书的六卷增订本，1955年再次由科学出版社推出。

杨树达先生40年代面世的论著，有重庆商务印书馆1943年版《春秋大义述》，以及讲义本《论语疏证》《文字形义学》《甲骨文蠡测撷要》《文法学小史》《训诂学小史》等。

20世纪50年代，中国学术经历了特殊的历史变化。而杨树达先生仍然"勤于述作，既速且精，诚令人钦仰赞叹"(周祖谟《致杨树达》)。胡厚宣也曾致书赞叹道："深觉解放以来，关于甲金小学，惟先生著作最丰，发明最多，其贡献之大，盖突破以往所有之学者。倾仰之至！"中国科学院1952年出版了他的《积微居金文说》，1953年又出版了他的《淮南子证闻》，他的《积微居甲文说》附《卜辞琐记》亦于1954年问世。他的另一部甲骨文研究专著《耐林𢈪甲文说》附《卜辞求义》同年由群联出版社出版。以《汉书补注补正》为基础完成的《汉书窥管》，

1955 年由中国科学出版社出版。他的《论语疏证》由科学出版社出版。1957 年，他的《盐铁论要释》由科学出版社推出。

对于杨树达先生的治学成就，学界评价极高。章太炎先生致书曾经夸赞道："兄于治学可谓专精。"郭沫若先生亦曾致书言："我兄于文字学方法体会既深，涉历复博，故所论列均证据确凿，左右逢源，不蔓不枝，恰如其量，至佩至佩！"董作宾先生致书亦有"深佩卓见"语，谓"公在课程忙迫中犹能作专精研究，贡献古文字学者极大，敬佩之至"。陈寅恪先生致书亦称："当今文字训诂之学，公为第一人，此为学术界之公论，非弟阿私之言。幸为神州文化自爱，不胜仰企之至！"于省吾先生致书对于杨著《积微居甲文说》也有"义证精确，发挥透彻，并世研契诸公无与抗衡。欣佩之情，匪言可喻"的评价。胡厚宣先生也曾经在《五十年甲骨学论著目序言》中发表赞语："（杨树达先生）写文章最多，不失为五十年来甲骨学研究中最努力的一人。"

陈寅恪先生在《积微居小学金石论丛续稿序》中，又重复了"当世学者称先生为今日赤县神州训诂学第一人"的赞美之词，并且说："先生平日熟读三代两汉之书，融会贯通，打成一片。故其解释古代佶屈聱牙晦涩艰深之词句，无不文从字顺，犁然有当于人心。"接着，陈寅恪先生又发表了如下一番感叹：

百年以来，洞庭衡岳之区，其才智之士多以功名著闻于世。先生少日即已肄业于时务学堂，后复游学外国，其同时辈流，颇有遭际世变，以功名显者，独先生讲学于南北诸学校，寂寞勤苦，逾三十年，不少间辍。持短笔，照孤灯，先后著书高数尺，传诵于海内外学术之林，始终未尝一藉时会毫末之助，自致于立言不朽之域。与彼假手功名，因得表见者，肥瘠荣悴，固不相同，而孰难孰易，孰得孰失，天下后世当有能辨之者。呜呼！自剖判以来，生民之祸乱，至今日而极矣。物极必反，自然之理也。一旦忽易阴森惨酷之世界而为清朗和平之宙合，天而不欲遂丧斯文也，则国家必将尊礼先生，以为国老儒宗，使弘宣我华夏民族之文化于京师太学。其时纵有入梦之青山，宁复容先生高隐耶？然则白发者，国老之象征，浮名者，亦儒宗所应具，斯诚可喜之兆也。又何叹哉？又何叹哉？

陈寅恪先生所说"青山""入梦""白发""浮名"，指1942年教育部公布杨树达、陈寅恪等先生为部聘教授，杨树达先生淡然处之，有"只有青山来好梦，可怜白发换浮名"

诗句事。陈说揭示"功名"与"文化"之"肥瘠荣悴，固不相同，而孰难孰易，孰得孰失，天下后世当有能辨之者"，实在是极深刻的富有历史主义眼光的深见。

陈寅恪先生为王国维所撰纪念碑文，有强调学术自立的名言："……唯此独立之精神，自由之思想，历千万祀与天壤而日久，共三光而永光。"五十年代初，他在答复中国科学院请他担任中古史研究所所长的意见时又说，"没有自由思想，没有独立精神，即不能发扬真理，即不能研究学术。""独立精神和自由意志是必须争的，且须以生死力争。""一切都是小事，惟此是大事。"（陈寅恪：《对科学院的答复》）陈寅恪先生为杨著所作序文"自致于立言不朽之域"的称誉，亦体现了对于"独立之精神，自由之思想"的肯定和坚持。有论者分析说，"这与其说是为杨树达作序，到（倒）不如说是陈寅恪因感而发，表达了他对为人治学以及文化与时势的遭际的心声，铮铮有凛然之气。"[1]

1951年，中国科学院准备出版杨树达先生的《积微居金文说》，杨树达先生仍拟将陈寅恪先生的序言置于卷首，陈寅恪先生亦欣然同意。然而1952年中国科学院编译出版局致信杨树达先生称：陈寅恪序文的"立场观点有问

---

[1] 陆健东：《陈寅恪的最后20年》，三联书店1995年12月版，第83页。

题"①。同年 11 月，杨树达先生的《积微居金文说》出版，陈寅恪先生的序文果然被删去。1952 年 12 月 6 日，陈寅恪先生致杨树达先生的信中说到此事："手示敬悉。大著尚未收到。贱名不得附尊作以传，诚为不幸。然拙序语意迂腐，将来恐有累大者，今删去之，亦未始非不幸也。"②

杨树达先生的《积微居金文说》和陈寅恪先生的序文出版时的遭遇，在他们风云变幻的学术生涯中只是一段小小的插曲，但是却能够反映其学术立场和学术品质。两位学者的性格虽有差异，但是就坚持"独立之精神，自由之思想"而言，则意志共同。因而所谓"铮铮有凛然之气"也罢，所谓"立场观点有问题"也罢，正反两种评价，其实是既可以针对陈寅恪先生，也可以针对杨树达先生的，尽管两位先生言行之风格的缓急刚柔确实有所不同。

一生淡于"功名"，"持短笔，照孤灯""寂寞勤苦""不少间辍"的杨树达先生在《积微翁回忆录自序》中曾经这样写道："余性不喜谈政治。中年涉世，见纯洁士人一涉宦途，便腐坏堕落，不可挽救；遂畏政治如蛇蝎。由今日观之，人在社会，决不能与政治绝缘。余往时所见，实为错误。至仕途腐烂，亦国民党及军阀之政权时如此，非所语于今日人民政府之时代也。昔年在京，往复论学之

① 《积微翁回忆录》，上海古籍出版社 1986 年版，第 345 页。
② 《积微居友朋书札》，湖南教育出版社 1986 年版，第 96 页。

长安碎影

人有喜谈政治者，而政治上犯大错误之人如陈独秀者，与余虽未谋一面，然以讨论文字学之故，亦曾有书札往还。此等皆属学问上之因缘，与政治绝无关涉也。虑或误解，聊复言之。"①虽然检讨了往时之见的"错误"，但是因"虑或误解"所作的解释，仍然使人感到内心与所谓"中年涉世，见纯洁士人一涉宦途，便腐坏堕落，不可挽救；遂畏政治如蛇蝎"有所不同的另一种"畏政治如蛇蝎"的疑惧。

当然，所谓"人在社会，决不能与政治绝缘"，是人生的现实。学者崇尚"独立之精神，自由之思想"，也并不意味着逃避社会矛盾，放弃社会责任。以杨树达先生而言，抗战时期"何当被甲持戈去，杀贼归来一卷娱"（1939年12月24日诗），"却喜健儿能杀贼，故探圣典记攘戎"（《六十述怀》诗）等诗句，都深抒"杀贼"壮志，饱含救亡激情。他在1939年至1940年间开《春秋》课，所著《春秋大义述》一书1943年由重庆商务印书馆出版，"意欲令诸生严夷夏之防，切复仇之志，明义利之辨，知治己之方。"（《春秋大义述自序》）可知抗敌救国之热忱。其说其事，可以看作"故探圣典记攘戎"诗句的注脚。1946年，闻一多先生被暗杀，消息传来，杨树达先生激愤至极，他

---

① 《积微翁回忆录》，上海古籍出版社1986年版，第1—2页。

在日记中写道："报载闻一多见刺死，今日真乱世也！书生论政，竟不能容，言论自由之谓何哉？"悲恨之声，至今读来令人感动。

汉代婚姻礼俗的总结

杨树达先生以"礼俗"确定研究的对象，原意当包括礼仪制度与民间风俗，而其中的礼仪制度，自然与通常理解的政制不同，实是一种因"俗"而生，又制约着"俗"，与"俗"始终存在密切关系的"礼"。"礼俗"，是社会生活中特别值得重视的现象。然而，自50年代以来，"礼俗"，似乎已经退出了社会科学常用语汇。江绍原先生早年在北京大学的讲义《礼俗迷信之研究》，于80年代末经整理出版，定名为《中国礼俗迷信》（渤海湾出版公司1989年版），于是人们长期感到生疏的"礼俗"一语，重新进入读者的视野中。

《汉代婚丧礼俗考》第一章"婚姻"分七节，即：议婚；婚仪；婚年；重亲；绝婚；改嫁改娶；妾媵。以这样全面的视角来考察汉代婚姻史，可以说此前还没有过。而其中论述，又多有可以增益对汉代社会历史之认识的精深之见。

历史研究，重在发现历史的时代特质。杨树达先生的汉代婚姻史研究新见迭出，例如有关汉代"重亲"现象的分析，就可以使人们对于古代社会生活的理解得以深化。

第四节"重亲"写道："婚姻之家复结婚姻，是为重亲。重亲有二：有姻家复为姻家，婚家复为婚家者。"所举史例有："《汉书》三十八《齐悼惠王传》云：懿王薨，子厉王次昌嗣，其母曰纪太后。太后取其弟纪氏女为王后，欲其家重宠。"此外，"有彼此互为婚姻者。"例如，"《汉书》九十七《外戚传上》云：孝惠张皇后，宣平侯敖女也。敖尚帝姊鲁元公主，有女。惠帝即位，吕太后欲为重亲，以公主女配帝为皇后。《汉书》五十五《卫青传》云：青有姊子夫，得幸武帝。又卫青尚帝姊阳信长公主。"这种以婚姻形式强固宗族关系的做法，上至皇室贵戚，下至一般官僚大族，都曾经普遍采用。杨树达先生指出，因重亲之故，而稽其行辈，有不相当者，"或娶上辈之女子"，也有"娶下辈之女子者"。

汉世重女权。当时贵族妇女在婚姻关系和家庭生活中占据较高地位，也留下了比较显著的社会历史印迹。《汉书·王吉传》记载，汉宣帝时，王吉曾经上疏评论政治得失，谈到"汉家列侯尚公主，诸侯国则国人承翁主"的情形，他认为："使男事女，夫诎于妇，逆阴阳之位，故多女乱。"将所谓"女乱"即政治生活中女子专权现象的原因，归结为社会生活中女子尊贵现象的影响。"使男事女，夫诎于妇"的情形在民间也有表现。妇女有较高的社会地位，在有些地区甚至成为一种民俗特征。《汉书·地理志下》关于陈国（今河南淮阳附近）地方风习，就有"妇人尊贵"的记述。与此相关，汉代妇女对于个人情感生活的体验形式，与后世比较，可能也有值得注意的差异。汉武帝的姑母馆陶公主寡居，宠幸董偃，一时"名称城中，号曰'董君'"。他建议馆陶公主以长门园献汉武帝。汉武帝大悦，在探望馆陶公主时尊称董偃为"主人翁"，相见欢饮，一时"董君贵宠，天下莫不闻"。于是，这种"败男女之化，而乱婚姻之礼，伤王制"的不合礼法的关系经皇帝的承认而得以合法化。据说"其后公主贵人多逾礼制，自董偃始"（《汉书·东方朔传》）。汉昭帝的姐姐鄂邑盖公主"内行不修，近幸河间丁外人"。据《汉书·霍光传》，票骑将军上官桀等甚至依照国家以往"以列侯尚公主"的制度，"欲为外人求封"，遭到拒绝之后，"又为外人求光禄大夫。"丝毫不以为这是一种不光彩的关系。《汉书·胡建传》则称丁外人为"帝姊盖主私夫"。当时上层社会对于这种关系，似乎也没有形成沉重的舆论压力。

汉家公主不讳私夫，天子安之若素，朝野亦司空见惯，贵族重臣甚至上书乞封。皇族妇女的这种行为能够堂而皇之面对社会，是有一定的历史文化背景为条件的。在当时的社会，寡妇再嫁，是自然而合理的事。史书记载的社会上层妇女比较著名的实例，就有薄姬初嫁魏豹，再嫁刘邦；平阳公主初嫁曹时，再嫁卫青；敬武公主初嫁张临，再嫁薛宣；王媪初嫁王更得，再嫁王乃始；许嬺初嫁龙頟思侯，再嫁淳于长；汉元帝冯昭仪母初嫁冯昭仪父，再嫁郑翁；臧儿初嫁王仲，再嫁长陵田氏；汉桓帝邓后母初嫁邓香，再嫁梁纪等。有关史实，《汉代婚丧礼俗考》列入第一章"婚姻"第六节"改嫁改娶"中。杨树达先生总结说，"夫死，妇往往改嫁。""虽有子女亦然。""且有携其子女往改嫁之家者。"

汉光武帝时，帝姊湖阳公主新寡，刘秀与共论群臣，有心微察其意向。公主说："宋公威容德器，群臣莫及。"表示对大司空宋弘德才与仪表的爱慕。刘秀愿意谋求撮合。据《后汉书·宋弘传》，刘秀后来专意接见宋弘，让公主坐在屏风后面，又对宋弘说："谚言贵易交，富易妻，人情乎？"宋弘则答道："臣闻贫贱之知不可忘，糟糠之妻不下堂。"刘秀于是对公主说："事不谐矣。"虽然宋弘拒绝了刘秀的暗示，其事最终"不谐"，但是湖阳公主给人们形成深刻印象的敢于主动追求有妇之夫的行为，可以看作反映当时社会风尚的重要信息。

关于平阳公主之再嫁，《史记·外戚世家》褚少孙补述："是时平阳主寡居，当用列侯尚主。主与左右议长安中列侯可为夫者，皆言大将军可。"公主笑道：此人出自我家，以前常常作为侍卫从我出入的，今天怎么能作丈夫呢？"左右侍御者曰：'今大将军姊为皇后，三子为侯，富贵振动天下，主何以易之乎？'于是主乃许之。言之皇后，令白之武帝，乃诏卫将军尚平阳公主焉。"可以看到，平阳公主择定再醮的对象时，非常大方地与"左右侍御者"公开讨论，"主笑曰"云云，也反映其态度的坦然自若。而从公主一方同意，事实上已经使婚姻成为定局，可知妇女在这种婚姻再构过程中往往居主动地位。且先"言之皇后"，后"令白之武帝"的程序，也说明女子在这种过程中的重要作用。

汉初丞相陈平的妻子，据说在嫁给陈平之前已曾五次守寡。《史记·陈丞相世家》说，"户牖富人有张负，张负女孙五嫁而夫辄死，人莫敢娶。（陈）平欲得之。"城中有人办丧事，陈平"侍丧"，尽心竭力。张负于是产生良好印象，又随陈平至其家，看到家虽穷弊，然而"门外多有长者车辙"。张负对其子张仲曰：我愿意把孙女嫁给陈平。张仲以陈平贫不事事，一县中尽笑其所为，表示疑虑。张负坚持道：像陈平这样出色的人怎么能长久贫贱呢？决意成就这一婚姻。吴景超先生在分析汉代女子再嫁情形时曾经写道，"其中嫁人次数最多的，要算陈平娶到的妻子。

他的妻子姓张。"他又分析了"这位张女士的历史以及嫁给陈平的经过",指出:"这个故事,有好几点值得注意。第一,嫁过五次的女子,不厌再嫁。第二,寡妇的尊长,不但不劝寡妇守节,还时时刻刻在那儿替她物色佳婿。第三,嫁过几次的女子,也有男子喜欢她,要娶她。第四,寡妇的父亲,并不以女儿为寡妇,而降低其择婚的标准。此点从张仲的态度中可以看得出来。张负肯把孙女嫁给陈平,并非降低标准,乃是他有知人之明,看清陈平虽然贫困,将来终有发达的一日。"[1]钱钟书先生在《管锥编》于"张负女孙五嫁而夫辄死,人莫敢娶"语后写道:"按即《左传》成公二年巫臣论夏姬所谓'是不祥人也!'""人莫敢娶",是因为有"尅夫"的嫌疑,[2]并非嫌弃她是"嫁过几次的女子"。

杨树达先生总结汉代"夫死,妇往往改嫁"等现象时,所举除陈平妻、湖阳公主等故事之外,还有敬武长公主、宣帝外祖母王媪、孝元傅昭仪母,以及扬雄《答刘歆书》说到的临邛林间翁孺妇等例。

汉代寡妇再嫁不受约束、不失体面的风习,至汉末仍

---

① 吴景超:《西汉寡妇再嫁之俗》,《清华周刊》第37卷第9、10期合刊。

② 钱钟书:《管锥编》第1册,中华书局1979年9月版,第9、302页。

然多有史证。正如有的学者所指出的，"揭开《三国志》的妃后列传，最令人注目的便是魏、蜀、吴的第一个皇帝，都曾娶过再嫁的寡妇。"①

在婚姻离异时也可以采取主动，同样是汉代妇女的权利。著名的朱买臣故事可以作为例证。《汉书·朱买臣传》说，朱买臣家贫，卖柴为生，常担柴道中，诵书歌讴，"妻羞之，求去"，"买臣不能留，即听去。"后来前妻与其夫家一同上坟，见朱买臣依然饥寒，还曾经"呼饭炊之"。李白有《妾薄命》诗："雨落不上天，覆水难再收。君情与妾意，各自东西流。"后来朱买臣夫妻离异故事在民间传播，以此为主题的戏曲就有元杂剧《渔樵记》、清传奇《烂柯山》、京剧《马前泼水》等。其实朱买臣富贵后重见前妻事，并没有覆水难收的情节。汉代已经有"覆水难收"的说法，见于《后汉书·何进传》，但未见用于形容夫妻离异。"马前泼水"的衍化，其实可能也是后世人未能真正理解汉代人精神风貌的一种反映。我们所注意的，是朱买臣妻主动离婚的事实。女方"求去"，男方"不能留，即听去"，前者要求离异，后者未能挽回，于是勉强应允。这种妇方主动提出协议离婚的情形，在汉代以后的中国正统社会中，是不多见的。

---

① 董家遵著，卞恩才整理：《中国古代婚姻史研究》，广东人民出版社 1995 年 9 月版，第 258 页。

班固在《白虎通·嫁娶》中曾经强调："妻，齐也，与夫齐体。"陈登原先生《国史旧闻》卷二八指出，汉代人虽然已经有轻视妇女的倾向，如《白虎通·三纲六纪》说"夫为妻纲"，《说文解字》卷十二下说"二女为妪"，《后汉书·梁鸿传》举案齐眉故事说"不敢仰视"，"然尚有不讳再嫁之事，尚有以妻为齐之说。"如果我们借用"妻，齐也"的说法总结汉代妇女在若干方面享有与男子大体相当的权利这一事实，可能也是适宜的。当然，这种权利与现代意义上的"女权"不能同日而语，但是回顾这段历史，对于真切地认识中国古代妇女史的全貌，应当是有益的。

推想在汉文化融合多种文化因素初步形成的时代，儒学礼制尚未能严格规范所有的社会层面，"夫为妻纲"的性别专制格局也还没有定型，于是曾经存在"妇人尊贵"的现象。鲁迅先生曾经盛赞汉代社会的文化风格："遥想汉人多少闳放""毫不拘忌""魄力究竟雄大"。当时民族精神的所谓"豁达闳大之风"（鲁迅：《坟·看镜有感》）对社会生活的作用，显然也影响了汉代女权的形态。

有一种现象自然会引起读者的注意，这就是杨树达先生使用《史记》《汉书》共有的资料时，多引用《汉书》。比如，他在总结汉代"重亲"现象时所举《汉书·高五王传·齐悼惠王刘肥》《外戚传上·孝惠张皇后》及《卫青传》诸例，其实均已分别见于《史记》。《史记·齐悼惠王世家》："齐厉王，其母曰纪太后。太后取其弟纪氏女为厉王后。王不爱纪氏女。太后欲其家重宠，令其长女纪翁主入王宫，正其后宫，毋令得近王，欲令爱纪氏女。王因与其姊翁主奸。"《外戚世家》："吕后长女为宣平侯张敖妻，敖女为孝惠皇后。吕太后以重亲故，欲其生子万方，终无子。""卫子夫立为皇后。""诏卫将军尚平阳公主焉。"《卫将军骠骑列传》："青姊子夫得入宫幸上。""大将军以其得尚平阳长公主故，长平侯伉代侯。"而第一节"议婚"中写道："又有由女子自主之者。"所举张耳、卫青、梁鸿三例，前两例均见于《汉书》：《汉书》三十二《张耳传》云：

> 外黄富人女甚美，庸奴其夫，亡邸父客。父客谓曰："必欲求贤夫，从张耳。"女听，为请决嫁之。女家厚奉给耳。

《汉书》五十五《卫青传》云：

> 平阳侯曹寿尚武帝姊阳信长公主，寿有恶疾，就国。长公主问："列侯谁贤者？"左右皆言大将军。主笑曰："此出吾家，常骑从我，奈何？"左右曰："于今尊贵无比。"于是长公主风白皇后，皇后言之，上

乃诏青尚平阳主。如淳曰：本阳信长公主也，为平阳
侯所尚，故称平阳主。

其实，这两条史料均见于成书更早的《史记》。如：《史
记·张耳陈余列传》：

外黄富人女甚美，嫁庸奴，亡其夫，去抵父客。
父客素知张耳，乃谓女曰："必欲求贤夫，从张耳。"
女听，乃卒为请决，嫁之张耳。张耳是时脱身游，女
家厚奉给张耳。

《史记·卫将军骠骑列传》：

是时平阳主寡居，当用列侯尚主。主与左右议长
安中列侯可为夫者，皆言大将军可。主笑曰："此出
吾家，常使令骑从我出入耳，奈何用为夫乎？"左右
侍御者曰："今大将军姊为皇后，三子为侯，富贵振
动天下，主何以易之乎？"于是主乃许之。言之皇后，
令白之武帝，乃诏卫将军尚平阳公主焉。

随后杨树达先生关于"若不待父母而私奔，则见怒于其父
母"，又引录了司马相如故事。其说又据《汉书》五十七

《司马相如列传》云：

> 临邛多富人，卓王孙僮客八百人，程郑亦数百人。乃相谓曰："令有贵客，为具召之。"并召令。令既至，卓氏客以百数，至日中请司马长卿，长卿谢病不能临。临邛令不敢尝食，身自迎相如，相如为不得已而强往，一坐尽倾。酒酣，临邛令前奏琴曰："窃闻长卿好之，愿以自娱。"相如辞谢，为鼓一再行。是时，卓王孙有女文君新寡，好音，故相如缪与令相重而以琴心挑之。相如时从车骑，雍容闲雅，甚都。及饮卓氏弄琴，文君窃从户窥，心说而好之，恐不得当也。既罢，相如乃令侍人重赐文君侍者通殷勤。文君夜亡奔相如，相如与驰归成都。家徒四壁立。卓王孙大怒曰："女不材，我不忍杀，一钱不分也！"人或谓王孙，王孙终不听。

而《史记·司马相如列传》其实已先有记载：

> 临邛中多富人，而卓王孙家僮八百人，程郑亦数百人，二人乃相谓曰："令有贵客，为具召之。"并召令。令既至，卓氏客以百数。至日中，谒司马长卿，长卿谢病不能往，临邛令不敢尝食，自往迎相如。相

如不得已，强往，一坐尽倾。酒酣，临邛令前奏琴
曰："窃闻长卿好之，愿以自娱。"相如辞谢，为鼓一
再行。是时卓王孙有女文君新寡，好音，故相如缪与
令相重，而以琴心挑之。相如之临邛，从车骑，雍容
闲雅甚都；及饮卓氏，弄琴，文君窃从户窥之，心悦
而好之，恐不得当也。既罢，相如乃使人重赐文君侍
者通殷勤。文君夜亡奔相如，相如乃与驰归成都。家
居徒四壁立。卓王孙大怒曰："女至不材，我不忍杀，
不分一钱也。"人或谓王孙，王孙终不听。

关于陈平事迹有三处引用，一见于第一节"议婚"中"妇
家择婿，有以形相者"句下，一见于第二节"婚仪"中
"夫家贫者，妇家或假贷币以为聘"句下，一见于同节
"女将行，家长致戒"句下：《汉书》四十《陈平传》云：
"张负曰：固有美如陈平长贫者乎?"《汉书》四十《陈平
传》云："张负卒予子，为平贫，乃假贷币以聘，予酒肉
之资以内妇。"《汉书》四十《陈平传》云："张负卒与女，
负戒其孙曰：'毋以贫故事人不谨！事兄伯如事乃父，事
嫂如事乃母！'"而这几条材料均先见于《史记·陈丞相
世家》：

　　张负归，谓其子仲曰："吾欲以女孙予陈平。"张

仲曰："平贫不事事，一县中尽笑其所为，独奈何予女乎？"负曰："人固有好美如陈平而长贫贱者乎？"卒与女。为平贫，乃假贷币以聘，予酒肉之资以内妇。负诫其孙曰："毋以贫故，事人不谨。事兄伯如事父，事嫂如母。"平既娶张氏女，赍用益饶，游道日广。

又如第七节"妾媵"中关于"有外妇"，《汉书》三十八《高五王传》云："齐悼惠王肥，其母，高祖微时外妇也。"而《史记·齐悼惠王世家》其实亦先有相应的记载："齐悼惠王刘肥者，高祖长庶男也。其母外妇也，曰曹氏。"

同样的例子，还可以举出许多。似乎杨树达先生论述汉史更重视《汉书》提供的史料。但是，同样在第一章"婚姻"第一节"议婚"中，作者说到"至若以一时政治关系而约婚姻，盖特例云"，则引用了《史记》七《项羽纪》的记载：张良出要项伯。项伯即入见沛公。沛公奉卮酒为寿，约为婚姻。

而《汉书·高帝纪下》也有相应的文字："（张良）乃与项伯俱见沛公。沛公与伯约为婚姻。"

可见，杨树达先生对于史学经典的看法，可能并没有重《汉》轻《史》倾向。出现同一史事引《汉书》而未引《史记》的情形，原因当在于著作《汉代婚丧礼俗考》一书时主要依据平日研读《汉书》时收集的资料，即确如杨树达先生在《汉代婚丧礼俗考自序》中所说，"往岁余治《汉书》，颇留意于当世之风俗，私以小册迻录其文"，"诸生中有以汉俗为问者，乃依据旧录，广事采获，成此婚丧二篇。"

在杨树达先生《汉代婚丧礼俗考》之后，刘增贵《汉代婚姻制度》（华世出版社1980年1月版）就汉代婚姻关系进行了进一步的研究，于婚姻结构、婚姻礼俗、皇室婚姻、豪族婚姻等方面分别论述，新见纷呈。作者特别指出，"汉代婚姻是我国婚姻史上的一个重要阶段，在这阶段里，奠定了'礼制'的指导原则。一方面是礼制的理想化，使其原则仪文更为确定完备；另一方面是礼制的普遍化，在此之前礼不下庶人，而汉代则礼由政府与士人之提倡而渐入于民间。"这样的见解，有助于我们更深刻地认识"礼"与"俗"的关系。刘著以杨树达《汉代婚丧礼俗考》作为重要参考书，所附《两汉及三国重要家族婚姻图》的形式亦大体仿效杨著。彭卫《汉代婚姻形态》（三秦出版社1988年6月版）稍后问世，正如李学勤先生在为该书所作序言中所说，"汉代的婚姻关系，这是一个颇为重要而又很少有人着手的课题。过去，长沙杨树达先生著有《汉代婚丧礼俗考》，从群籍中钩稽史料，加以整理说明，为这一题目的研究开了先声。该书1933年由商务印书馆出版，距今已逾半世纪了。嗣后继起乏人，翻开中国社会科学院历史研究所编的《八十年来史学书目》，在杨书外只有一本台湾出版的书，可见研究者的寥落。彭卫同志的这部书，将汉代婚姻关系置于当时整个社会和文化背景中考察，吸取新的学术成果，作多角度的剖析，其研究的广度和深度都胜于前人。"李学勤先生所说到的"在杨书外只有一本台湾出版的书"，正是刘增贵著《汉代婚姻制度》。我们看到，这一专题的研究者虽然数量"寥落"，其学术收获的质量却堪称上乘。当然，尽管后继者的学术成就在"研究的广度和深度"方面都应当"胜于前人"，但是杨树达先生等前辈学术大师"为这一题目的研究开了先声"的学术功绩仍然会永远铭刻在学术史的丰碑上。

汉代丧葬礼俗的总结

《汉代婚丧礼俗考》第二章"丧葬"分十七节，即：沐浴饭含；衣衾；棺椁；发丧受吊；送葬；从葬之物；葬期；坟墓；归葬；合葬；祔葬；改葬；赙赠；护丧；丧期；居丧之礼；上冢。大致说来，包括殓式、葬仪、丧礼，应当说，对于有关"丧葬"的制度风俗，总结是相当全面的。

丧葬形式意味着人生终止时最后的定格，作为一种凝聚宗族关系的一种庄严的表演，也被看作"礼"的最重要的内容。

诚如有的学者所说，"礼制的研究，对探讨古代社会及其文化的许多本质性的内涵极有裨益，可惜我们在这方面能够凭借的前人成果并不很多。"（李学勤：《〈汉代婚姻形态〉序》）清人笺注礼经，往往为笺注而笺注，对于礼制的深入系统的研究，未能充分提供以世事史实相证的贡献。其实，以汉代社会生活情状理解礼制的存在和影响，可以得到生动的认识。杨树达先生的《汉代婚丧礼俗考》正是做了这样的工作。

以第七节"葬期"为例，汉史资料中有明确记载的文字，据杨树达先生举列，葬期最短的有汉文帝"其间最近者七日"之例，最长的则有"迟至四百三十三日始葬者"，以及"自卒至葬盖五百许日"的极端的实例。后两例均见于汉代石刻资料，真实性应当是可以确信的。杨树达先生又据《隶释》卷十《童子逢盛碑》文字，发现"虽死者为一年仅十二龄之童子，亦久殡至二百三十余日焉"。对于这种社会礼俗现象，《汉代婚丧礼俗考》的作者并没有停留在对史实发现与记述的层次，而是认真针对其原因和背景，进行了深刻的文化分析。他指出，"盖汉人有时日禁忌之说","又有求择吉地之风","稽迟之故，或以此欤？"这样的分析，可以说大体揭示了葬期稽迟的原因。《论衡·讥日》所谓"葬历曰：葬避九空地陷，及日之刚柔，月之奇偶，日吉无害，刚柔相得，奇偶相应，乃为吉良"，《论衡·辨祟》所谓"死者累属，葬棺至十，不曰气相污而曰葬日凶"，《水经注·渭水下》所谓"汉成帝建始二年，造延陵为初陵，以为非吉，于霸曲亭南更营之"等，都是有力的史证。

有一些丧葬礼俗，是以往研究丧葬史者没有予以注意的，在杨树达先生的视界界中，却受到应有的重视。

例如，第八节"坟墓"说到"种树"。举《盐铁论·散不足》："今富者积土成山，列树成林。"又《汉北海相景君碑阴》："陵成宇立，树列既就。"《隶续》卷五《碑图上》汉不其令董君阙刻画墓前拜祭图，坟上有树。关于墓上植松柏的记录，有《汉书·龚胜传》："胜因敕以棺殓丧事：'衣周于身，棺周于衣。勿随俗动吾冢，种柏，作祠堂。'"又如《西京杂记》卷三："（杜子夏）墓前种松柏树五株，至今茂盛。"《潜夫论·浮侈》："造起大冢，广种松柏。"《太平御览》卷九五四引《风俗通》："墓上种柏。"又有既种松柏又种梧桐的情形，《孔雀东南飞》："两家求合葬，合葬华山傍。东西种松柏，左右种梧桐。"《艺文类聚》卷七引《朱超石与兄书》："光武坟旁杏甚美。"

说明坟墓种树的树种也包括杏树。这些资料对于认识汉代的生态条件以及人为因素对于生态环境的作用，应当说是有益的。而考古发现资料中汉墓画像石和画像砖所见林木丰茸之画面，也可以作为有关论述的补证。

汉代皇室豪族坟墓的修筑有时动用军队。杨树达先生引用《汉书·霍光传》："光薨，发三河卒穿复土，起冢。"又《汉书·孔光传》："将作穿复土，河东卒五百人起坟，如大将军王凤制度。"其实，此前又有《史记·孝文本纪》的记载："令中尉亚夫为车骑将军，属国悍为将屯将军，郎中令武为复土将军，发近县见卒万六千人，发内史卒万五千人，藏郭穿复土属将军武。"而送葬采用军列仪仗，也见诸史籍。杨树达先生在第五节"送葬"中"军士列阵以送"句下，所举凡十一例。如：

《汉书·霍去病传》："去病自四年军后三岁，元狩六年薨。上悼之，发属国玄甲，军陈自长安至茂陵。"

《汉书·霍光传》："载光尸枢以辒辌车，黄屋左纛，发材官轻车北军五校士军陈至茂陵，以送其葬。"

《汉书·金日磾传》："日磾以帝少不受封。辅政岁余，病困，大将军光白封日磾，卧授印绶。一日，薨，赐葬具冢地，送以轻车介士，军陈至茂陵。"

《汉书·张安世传》："安世薨，天子赠印绶，送以轻车介士。"

《汉书·外戚传上》:"凤薨，天子临吊赠宠，送以轻车介士，军陈自长安至渭陵。"

《后汉书·邓骘传》:"（弘）将葬，有司复奏发五营轻车骑士，礼仪如霍光故事。"

《后汉书·吴汉传》:"发北军五校轻车介士送葬，如大将军霍光故事。"

《后汉书·耿秉传》:"假鼓吹，五营骑士三百余人送葬。"

《后汉书·祭遵传》:"介士军阵送葬。"

《后汉书·梁商传》:"及葬，赠轻车介士。"

《后汉书·杨赐传》:"及葬，又使侍御史持节送丧，兰台令史十人发羽林骑轻车介士，前后部鼓吹，又敕骠骑将军官属司空法驾，送至旧茔。"

《后汉书·祭遵传》一条，李贤注引《东观记》:"遣校尉发骑士四百人，被玄甲、兜鍪，兵车军陈送葬。"其实，杨树达先生在第八节"坟墓"中所引《后汉书·宦者列传·单超》:"及葬，发五营骑士，将军侍御史护丧"，也可以理解为同一类历史现象。军士服务于丧事的现象屡见于史籍，是值得分析的。大约以往研究军史的学者对此大多并没有特别注意。杨树达先生在第十四节"护丧"

中引《汉书》三十一《项籍传》云："每吴中有大繇役及丧，梁尝为主办，阴以兵部勒宾客及子弟，以是知其能。"按《汉书·项籍传》："每有大繇役及丧，梁常主办，阴以兵法部勒宾客子弟，以知其能。"而《史记·项羽本纪》："每吴中有大繇役及丧，项梁常为主办，阴以兵法部勒宾客及子弟，以是知其能。"可知杨树达先生引文实杂合《史》《汉》。这种主办丧事时私下"以兵法部勒宾客及子弟"的做法，也使人联想到丧礼以军士作为正式仪仗与护卫的情形。

当然，杨树达先生的论点也并不是绝对没有可以商榷之处。例如，第八节"坟墓"说到"墓前起阙"的形式：

其数或三。

《汉书》六十八《霍光传》云："光妻显盖光时所自造茔而修大之，起三出阙。"树达按：三出谓前与左右各一阙也。知者：《后汉书·礼仪志六》注引《古今注》云："明帝显节陵无垣，行马四出。彼四出谓四方，知此三出为三方也。"

以"三方"理解"三出阙"，现在看来，显然是误解。所谓"三出阙"，是指阙的形制而言。这是一种最高等级的阙。"三出"，是指其形体之三重。不过，对于这样的疏误，后来学者当然是能够谅解，并且不至于因杨树达先生千虑一失所误导而无视考古研究者和建筑史研究者的科学识见的。关于《汉书·霍光传》"三出阙"，刘敦桢先生曾经指出，"今按武氏阙、嵩山三阙及川中梓潼、绵阳诸阙皆二出，显奢僭逾制，史臣特书之，故疑三出为陵制，非人臣所有。"① 现存汉阙的实例只有单阙和二出阙（又称子母阙）。二出阙的形制有两种，一种底座和阙身为一体，而上部分割出高低不同的主阙阙顶和子阙阙顶；另一种底座和阙身平面作平置之凸字形，母阙阙身宽而子阙阙身窄，二者有明确的主从关系。② 由此可以推知"三出阙"的大体形制，应当较"二出阙"更增一重。

关于丧葬礼俗的研究，杨树达先生十分注意引用出土资料。不仅前代和当代的金石学资料得到充分重视，有限的考古发掘资料也为作者尽力搜罗，甚至日本学者有关朝鲜和东北地区的考古发掘收获也多有举例。

《汉代婚丧礼俗考》之后关于汉代丧葬礼俗的研究成果，比较突出的有李如森著《汉代丧葬制度》（吉林大学出版社1995年3月版）和韩国河著《秦汉魏晋丧葬制度研究》（陕西人民出版社1999年12月版）。这两种专著的共同特点，是予考古资料以极其充分的重视。这一特色，可

---

① 《大壮室笔记》，《刘敦桢文集》第一集，中国建筑工业出版社1982年版，第164页。

② 参看孙机：《汉代物质文化资料图说》，文物出版社1991年9月版，第180页。

以看作杨树达先生学术风格的继承。

为史学辟一新径途

杨树达先生作为国学大师，虽起初因语言文字学成名，于史学亦数十年积累创获，多有杰出贡献。1931 年在清华大学任职时，从陈寅恪先生建议，"兼在历史系授课以避国文系纠纷"，[①]与史学于是有了更为密切的学术关系。

杨树达先生在《汉代婚丧礼俗考自序》中写道："往岁余治《汉书》，颇留意于当世之风俗，私以小册迻录其文，未遑纂辑也。会余以班书授清华大学诸生，诸生中有以汉俗为问者，乃依据旧录，广事采获，成此婚丧二篇；见者颇喜其翔实，而予友曾君星笠乃见誉以为史学辟一新径途，余知其阿好，未敢以自任也。"曾运乾先生所谓"为史学辟一新径途"，当然不是无原则的"阿好"，而是切实客观的评价。

杨树达先生对于"见者颇喜其翔实"的评价，看来是予以首肯的。"翔实"，其实是传统学术的基本准则。就史

---

① 《积微翁回忆录》，上海古籍出版社 1986 年 11 月版，第 59 页。

学论著而言，以"翔实"为标尺，要求史料征求之"详"，观点论说之"实"。对于史料的发掘运用，杨树达先生在《汉代婚丧礼俗考》一书的《自序》中在对于"为史学辟一新径途"一语表示"余知其阿好，未敢以自任也"的态度之后，又有这样一段文字：

> ……惟余时时闻今之治史者颇以国史史料不足为言，夫云史料不足者，必先尽取现存之史料一一搜讨而类聚之，至于无可复搜无可复聚，而后知其果不足也。余今敢问：今之言者曾为此搜讨类聚之一段工夫否乎？如其未也，则吾人今日处地大物博富有矿藏之中国，固日日仰屋嗟贫矣，然吾中国果贫乎？抑由于国人之怠缓乎？今之持史料不足之说者，得毋类此乎？余区区此册，岂足与于述作之林，特欲令世之治史者知古人一言半语，皆吾史料之所存，必搜罗剔抉至于物无弃材而后始可断言其为丰为歉。然则今之持史料不足之论者姑俟十年二十年之后发言，殆未晚也。

对于史料的发掘利用，杨树达先生称作"尽取现存之史料一一搜讨而类聚之"，史料"工夫"的完成，应当"必搜罗剔抉至于物无弃材"，"至于无可复搜无可复聚"。杨树达先生内心以为"国史史料"堪称"富有矿藏"，称其"贫"，称其"歉"，都是不符合事实的，其误识的发生，殆由于学者的"怠缓"。

读杨树达先生关于史料的论说，使人联想到傅斯年先生曾经强力主张的"史学便是史料学"的观点。

傅斯年先生 1927 年在中山大学"中国文学史"讲台上教授"史料略论"课程，于 1928 年发表《历史语言研究所工作之旨趣》，都曾经一再宣传史料整理与研究的重要性，30 年代至 40 年代，他又发表《史学方法导论》、《〈史料与史学〉发刊词》等，反复强调"史学便是史料学"，"史学本是史料学"，"史学只是史料学"。他在著名的《历史语言研究所工作之旨趣》一文中指出："我们反对疏通，我们只是要把材料整理好，则事实自然显明了。一分材料出一分货，十分材料出十分货，没有材料便不出货。两件事实之间，隔着一大段，把他们联络起来的一切涉想，自然有些也是多多少少可以容许的，但推论是危险的事，以假设可能为当然是不诚信的事，所以我们存而不补，这是我们对于材料的态度；我们证而不疏，这是我们处置材料的手段。材料之内使他发现无遗，材料之外我们一点也不越过去说。"

这种对于史料的绝对重视，其实并非有的学者所说，是将史学和史料学完全简单地等同起来，从而否定了史学的思辨性和理论性，而是从史学之基础的角度强调了史学的实证性、客观性和科学性。

对于史料的整理和使用，傅斯年先生提倡谨慎客观的态度。他指出，"使用史料时第一要注意的事，是我们但要问某种史料给我们多少知识，这知识有多少可信，一件史料的价值便以这一层为断，此外断不可把我们的主观价值论放进去。"（《中国古代文学史讲义·史料略论》）。在傅斯年先生的观念中，其实并不是以对于史料的整理搜罗而有意降低史学的价值。在《史学方法导论》中，他曾经指出："近代的历史学只是史料学，利用自然科学供给我们的一切工具，整理一切可逢着的史料。""我们要能得到前人得不到的史料，然后可以超越前人；我们要能使用新材料于遗传材料上，然后可以超越同见这些材料的同时人。新材料的发现与应用，实是史学进步的最要条件。"这种对新见和新识的追求，对"超越前人"的追求，对"史学进步"的追求，表现出具有科学精神的历史学者的责任心和进取心。然而其基础，全在于"史料"的"发现与应用"。

傅斯年先生的主张，得到不少学者的赞同。但是真正按照这一原则从事史学研究并且取得丰硕成果的学者并不多。杨树达先生及其学术同志们实证主义研究的成功，正是实践这种对于"史料学"予以特殊重视的学风的典范。

杨树达先生曾经说："欲求精密正确之史，必先取吾最丰富之史料正史审别之，钩稽之。又取吾前哲之所辛勤积贮如考证派之所为者利用之，整比之。又益以金石考古之所得，而以他国儒者所治者助之，然后精密正确之史，渐可冀也。"(《李恁伯先生诸史札记序》)要实现所谓"精密正确之史"的学术追求，第一要务是"史料"的"审别"和"钩稽"。而前人研究成果的继承，金石考古资料的利用，国外学者思路的借鉴，也有重要的意义。杨树达先生《汉代婚丧礼俗考》一书之所以堪称"为史学辟一新径途"，就选题开辟之创新而言，首先体现为对于社会史研究的筚路蓝缕之功。就研究方法之优越而言，则除了对史料的细心钩稽之外，主要表现更在于对社会民俗生活的特别关注，以及对考古文物资料的特别重视。

杨树达先生长期专心汉史研究，早年在北京师范大学的前身北京高等师范学校及清华大学执教时，就曾经开设《史记》《汉书》《淮南子》等课程，对于《盐铁论》《说苑》《新序》等汉代典籍亦有专门研究著作。特别是对于汉代基本史籍《汉书》的研究，潜心多年，累有新识。杨树达先生曾自谓"《说文》、《汉书》为余平生最嗜读之书"。所著《汉史探》《汉俗史》《汉碑考证》《汉书札记》等，都体现出汉史研究的成就。于是曾经被陈寅恪先生称举为"汉事颛家，公为第一，可称汉圣"。他长期精研王先谦《汉书补注》，在教授《汉书》前后，"于《补注》研读数通，颇能瞭其得失"，"知《补注》篇帙虽富，遗义尚多"，于是"时时泛滥文籍，凡与班书有涉，辄加纂述，岁月稍久，记述遂多"。于是先有1924年问世的《汉书补注补正》，后有1955年由中国科学出版社出版的《汉书窥管》。《汉书窥管》一稿1943年曾经编译馆审查通过，有友人告知评语甚佳，而杨树达先生在日记中感叹："此书前后费心血将二十年，乃以付不知谁何诸年少审查，纵得佳评，亦余之辱也。"作于1955年的《汉书窥管自序》中称，"发愤补苴，遂终全帙。卅年精力，幸资小结。"显然，杨树达先生是把《汉书》研究的成果，看作多年积累的最重要的学术收获之一的。

对汉史的倾心，还表现在杨树达先生《积微居诗文钞》中为数不多的咏史诗，竟然均以汉史为咏诵对象。他的《读汉书觉韩信论项羽印刓敝不忍予之说非实有作》诗及其他两首合之为《汉事杂咏三首》，此外又有《四皓》《读陈涉世家》《汉高祖》《读史及曹魏事感赋》《读韩信传》等，都体现了对汉史的关注和熟习，而其中意境之高远，也反映了作者史识的卓越。

杨树达先生汉史研究的学术水准，是得到这一领域的权威学者的充分肯定的。陈直先生在《汉书新证》一书的《自序》中说到前人成果时曾经写道："清代治朴学者，兼治《汉书》，王先谦先生，采集为《汉书补注》。""《汉书补注》未收之书，如无名氏之《汉书疏证》，此书当为杭世骏所撰。""在《汉书补注》之后，最近成书者，则有杨树达先生《汉书窥管》，对于训诂校勘，很有参考之价值，在古物方面，亦间有征引。《汉书疏证》，不能与之相比。"[①] 读者自然会发现，所谓"征引""古物"的做法，先自《汉代婚丧礼俗考》已经采用。

《汉书窥管》不仅"在古物方面，亦间有征引"，在版本的应用上，也注意考古的新收获。所选用版本，不仅以涵芬楼百衲本《廿四史》影印北宋景祐本《汉书》为定本，并参以闽本、南监本、官本，旁及汲古阁本、南雍本、德藩本、景德本、浙本、粤本、汪本、毛本等二十余种，又特别引用近人罗振玉排印的敦煌残卷子本、敦煌出土木简两种。

这样的做法，可以看作杨树达先生《汉代婚丧礼俗考》中在注意利用考古文物资料方面"为史学辟一新径途"的学术创新的继续。

《汉书窥管》的出版较《汉代婚丧礼俗考》晚近二十二年，其中有可以体现《汉代婚丧礼俗考》面世之后作者对于这一专题的新的思考，也是值得有心学习《汉代婚丧礼俗考》一书的读者们注意的。

---

① 《汉书新证》，天津人民出版社 1979 年 12 月版，第 3—4 页。

秦汉文物研究的学术向导：仰观《仰观集》

朋友们对于孙机先生学术成就的评价，往往持"仰观"的态度。回顾中国文物学史，保守地说，从张敞发表对"美阳得鼎"的意见起，也有两千多年了。在文物研究进步的历程中，名家名著如云，但是却鲜有如孙机先生成就如此气象者。孙机先生论著在国际学界的影响，也有目共睹。

孙机先生坚持科学精神，秉承实证传统，又是在研究工作中体现出高度的学术责任心的典范。他于寻常求精致，就微隐见广博，多年来推出的学术精品很多，文字和图样共同的优美，都值得我们永远学习。其中《汉代物质文化资料图说》一书，我经常是作为常用工具书放置在手边的。作为对于秦汉历史文化最为关注的研究者，研读孙机先生就秦汉文物研究发表的真知，得释疑解惑，不能不深心感谢。文物出版社新出《仰观集》作为孙机先生又一部文集，其中以秦汉文物作为研究主题的文章，篇幅也占到全书的将近一半。《仙凡幽明之间——汉画像石与"大象其生"》一文是作者新作，在全书中篇幅最长，学术分量亦甚重。对于汉代画像研究的方法和路径，文章提出了很有价值的意见。针对"近年发表的研究汉画像石的若干论述，却和实际情况不无脱节之嫌"（165页）的情形，作者进行了澄清、说明和驳议。所提出的意见，值得汉代画像研究者高度关注。

汉代图象资料为我们认识和理解汉代社会文化包括汉代人的思想和生活，提供了丰富而生动的信息。只是因为多种原因，汉画研究还有许多学术空白，各种学术异见之中，也不免误解和谬说。《仙凡幽明之间》的讨论推进了汉代画像的研究。比如对于"天门"意义的阐明，对于"浪井"图象的解说等，都使得我们对汉代人信仰世界的认识有所深化。汉代画像研究是拓展空间相当可观的学术主题，许多问题的讨论还会继续。学术的生命力就体现在通过研讨争辩实现的拓进之中。我特别期望中青年学者特别是攻读硕士和博士学位的研究生有心致力于汉代画像研究。而孙机先生的学术风格和考察路径，是我们学习的榜样。

孙机先生在《仰观集》的《后记》中表达了"仰观各类文物之博大"的心思，又自谦地说："俯察自己的这点体会之粗浅，每不胜惶汗。"（516页）这样的态度，对照某些见解浅薄却自诩"大师"的狂闇之徒，真是别如天壤。我曾经消极地预想，像孙机先生这样的学识和贡献，恐怕难有后人追及。但是现在认真思索，以文物研究如此"博大"的学术空间，新进学子如果努力学习，其前景或许可以有比较乐观的预计。不过，年轻学人首先要向孙机先生这样的学者们学习，学习他们的科学风格、务实精神和谦逊态度。

秦汉史的综合研究和宏观考察:
关于林剑鸣著《秦汉史》

上海人民出版社"中国断代史系列"终于出齐。这一系列包括:王玉哲著《中华远古史》,胡厚宣、胡振宇著《殷商史》,杨宽著《西周史》,顾德融、朱顺龙著《春秋史》,杨宽著《战国史》,林剑鸣著《秦汉史》,王仲荦著《魏晋南北朝史》,王仲荦著《隋唐五代史》,陈振著《宋史》,李锡厚、白滨著《辽金西夏史》,周良霄、顾菊英著《元史》,南炳文、汤纲著《明史》,李治亭主编《清史》。完整的"中国断代史系列"的推出,对于中国史研究者无疑是一个喜讯。这一系列 13 种断代史研究专著中,林剑鸣著《秦汉史》是完成较早的一种,曾经产生比较好的学术影响。2003 年 4 月新版林剑鸣著《秦汉史》则又改善了装帧,精选了图版,可以说面貌一新。比如新近出土的秦石铠甲图片的采用,即体现出编者对新的历史文化信息的特别关注。在林剑鸣教授结束学术生涯 6 年之后这部新版

《秦汉史》面世，可以看作对林剑鸣教授的最好的纪念。

秦汉史研究专家、法律出版社原总编辑林剑鸣教授曾经在西北政法学院、西北大学、中国政法大学任教。曾任西北大学秦汉史研究室主任、陕西省文物管理委员会副主任、中国政法大学法律史研究所所长、中国秦汉史研究会会长。曾经赴日本关西大学、早稻田大学、东京大学、香港中文大学和澳大利亚新南威尔士大学等高等学府研究、讲学，任客员教授。曾先后担任《中国文化史大辞典·秦汉卷》主编、《中国法制史·秦汉卷》主编、《中国经济史·秦汉卷》主编。

林剑鸣教授自20世纪70年代初开始致力于秦史研究，所著《秦史稿》及有关一系列论文具有开拓性的学术意义，曾经产生了较广泛的学术影响。关于秦汉史的综合研究，关于简牍研究，关于秦汉考古与文物研究，关于中国法制史研究，林剑鸣教授也都有学术水准相当高的论著发表。林剑鸣教授学术生涯近40年间，出版学术著作10余种，发表学术论文100余篇，主要有：《秦史稿》（上海人民出版社1981年，1983年）；《秦国发展史》（陕西人民出版社1981年，1985年）；《简牍概述》（陕西人民出版社1985年，台湾谷风出版社1987年）；《秦汉社会文明》（合著）（西北大学出版社1985年，台湾谷风出版社1990年，西北大学出版社1997年）；《雄才大略的汉武帝》（陕

西人民出版社 1987 年）；《秦汉史》(上海人民出版社 1988
年）；《秦史》(台湾五南图书出版公司 1992 年）；《秦汉简
史》(合著)(福建人民出版社 1995 年）；《吕不韦传》(人
民出版社 1995 年）；《新编秦史》(台湾五南图书出版公司
1995 年）；《秦汉史》(台湾五南图书出版公司 1995 年）。
以及《试论商鞅变法成功的原因》(《西北大学学报》1978
年 2 期）；《论秦汉时期在中国历史的地位》(《人文杂志》
1982 年 5 期）；《秦代官爵制度变化的奥秘》(《光明日报》
1983 年 5 月 25 日）；《中国封建地主阶级产生的两条途
径》(《历史研究》1984 年 4 期）；《从秦人价值观看秦文化
的特点》(《历史研究》1987 年 2 期）；《西汉时代生产关系
的特点》(《社会科学辑刊》1989 年 2 期）；《秦王朝统一后
的社会各阶级》(《社会科学战线》1989 年 2 期）；《西汉戊
己校尉考》(《历史研究》1990 年 2 期）；《秦汉政治生活中
的神秘主义》(《历史研究》1991 年 4 期）等。可以看到，
秦汉史研究，是林剑鸣教授学术工作的主攻方向，也是他
学术收获最为丰富的研究领域。

　　林剑鸣教授突出的学术贡献之一，是在秦汉历史文化
的综合研究和宏观考察方面多有成就。他曾经发表《我的
两部〈秦汉史〉》(《深圳特区报》1994 年 7 月 9 日）一文，
介绍了自己在这一方面的学术心得。他的《"考察之功"与
"独断之学"》(《光明日报》1992 年 2 月 26 日）一文，也

曾经申明了自己注重综合之功，坚持宏观视角的学术倾向。

林剑鸣教授很早就曾经参与高等学校教材《中国古代史》的编撰，负责秦汉史部分。《秦史稿》的著成，也体现出对历史总体进行科学观察，对历史规律进行认真探索的能力。在上海人民出版社版《秦汉史》第一章"绪论"中"秦汉时期在中国历史上的地位""秦汉史基本史料介绍""秦汉史研究的历史和现状"等节，以及最后的"结束语"中"主旋律与变调""中外文明的碰撞""挑战和进步"等节，都表现出作者长于进行综合工作的学术特点。比如这部书的第一章第一节"秦汉时期在中国历史上的地位"，作者从"封建土地所有制的确立""专制制度的形成和文化思想的统一""文明的发展和阶级斗争的基本规律"三个方面进行总结，结论是大体允当的。尽管今天的许多研究者可能已经不再完全赞同用"封建"的说法概括中国古代的社会特征，但是考虑到作者著书年代的学术背景，这样的表述是可以理解的。

对一个历史阶段进行断代史的总体的描述，需要把握基本的历史线索、主要的历史事件、突出的历史特征。总结整个历史过程，也要有适当处理详略、重轻、主次诸问题的考虑。林剑鸣著《秦汉史》在这一方面的成功，是得到学界大多数研究者的赞赏的。至于重视新出考古资料的利用，也是林著《秦汉史》超过许多同类专著的地方。

考古学视角的秦汉文明新认识

如果以秦汉历史文化考察为关注领域，可以看到近年问世的学术论著颇多，似有目不暇接之感。其中颇多精彩之作。而以秦汉考古为主题的专著亦可见多部，而白云翔著《秦汉考古与秦汉文明研究》是学术质量相当高的一种。

文物出版社 2019 年 10 月推出的这部学术专著，编入作者 28 篇论文。据作者自述，"主要是从创新性、综合性和代表性以及篇幅适当等方面考虑而选定的"（第 7 页）。作为对论述主题多有兴趣的读者，经拜读学习，我感受到这部论著从多方面体现了作者持续多年的学术努力，以及富有进取、开拓、创新意识的追求。其中若干学术见解，以科学的考察和深刻的思索为基础，或有填补学术空白的价值，或表现出对原有认识予以充实、提升、更新的贡献。在有些方面，作者已经站立在学术制高点上。

《秦汉考古与秦汉文明研究》所收论文分为五组：1. 秦

汉考古的理论与方法；2. 秦汉社会文化的考古学研究；3. 秦汉产业史或说生产史的考古学研究；4. 秦汉物质文化若干重要问题的考古学研究；5. 秦汉文化外传与舶来的考古学研究。作者历年所论述的内容，大都属于前沿性课题，成果多实现了重要的推进，往往具有标志性意义。不仅在今天有可以提供启示和借鉴的学术价值，今后依然会有影响，将长期展示其学术生命力。

比如《战国秦汉时期瓮棺葬研究》《汉代积贝墓研究》《秦汉时期的铁器与铁器工业》《汉代临淄铜镜制造业的考古学研究》等，都是为考古学界普遍重视，在一定意义上可以说已经带有标范性意义的研究成果，其学术价值由自作者的多年积累和长期思考。而《从里耶古城论秦汉物质文化的统一性与地域性》《西汉王侯陵墓考古视野下海昏侯刘贺墓的观察》则都是面对考古最新发现，考察主题体现出鲜明的前沿意识和敏锐的学术感觉。作为关心这些选题的读者，在深心钦佩之余，也得到了学术激励。收入《秦汉考古与秦汉文明研究》一书中的《汉式铜镜在中亚的发现及其认识》《汉代中国与朝鲜半岛关系的考古学观察》《三韩时代文化遗存中的汉朝文物及其认识》《战国秦汉和日本弥生时代的锻銎铁器》等论文，都成功选择了非常好的切入点和突破口，深化了科学认识，取得了学术收获。而我们知道，进行不同国度、不同文化体系之间的考古学比较，是要克服很大的困难的。而《从韩国上林里铜剑和日本平原村铜剑论中国古代青铜工艺的两次东渡》这样的工作，进行了多个文化实体的历史比较，作者在语言方面的优越条件自应佩服，这对于资料的采集可以得到一定的方便，而整个研究工作所下苦功，我们是可以想见的。

云翔先生是考古学专业出身，但是他非常重视秦汉历史文献的认真研读，努力发掘其中的文化信息，用以认识、理解和说明考古发现。在考古资料和文献资料的结合方面，坚持了实证原则，表现出优异能力。云翔先生多年任中国秦汉史研究会副会长，在秦汉史学界因品德和学识享有非常好的声誉。这部《秦汉考古与秦汉文明研究》更表现出考古学知识和历史学知识相融汇的优长，理应受到秦汉考古研究者和秦汉历史研究者的共同欢迎。收入本书的《考古学所见战国秦汉时代/弥生时代的中日文化交流及关系》，就对战国秦汉时期史籍记载进行了全面的搜寻和充分的理解，与考古发现结合，就这一时期战国秦汉诸政治实体与倭地诸国的文化交往进行了切近历史真实的说明。作者对日本考古资料及相关研究动态的熟悉，不能不令人佩服。"徐福东渡"是近年丝绸之路交通史成为学术热点以来许多学者共同关心的话题。白云翔先生判断"黄海—渤海—黄海"的"环黄海水路"是主要路线之一，"当时从渤海沿岸出发，渡海穿越渤海海峡到达黄海的西朝鲜湾沿岸是一条重要的水上交通线"，同时指出，"与此同时，经由辽东半岛、朝鲜半岛再渡海南下的'辽东半岛—朝鲜半岛陆路—黄海水路'也逐步形成，并且成为一条重要的通道。"白云翔先生认为，"可以说，这一时期中日交流的路线是水路和陆路并举。"（583页）这样的认识，是基本符合实际的，对于丝绸之路史研究、交通史研究、海洋史研究，也都有所启示。我们还可以通过军事史现象予以比照，汉武帝击闽越、击南越、击朝鲜，汉光武帝击交阯、九真，楼船军远征，也都取"水路和陆路"并进的方式。

对于战国秦汉时期中日文化交流，作者进行了分期考察，所论有据，说明得体。云翔先生还借助考古发现提供的信息，就弥生时代前期后半和弥生时代中期前半文化遗存中发现的秦汉文物在日本的地域分布有所分析，确认"主要分布在九州北部地区以及与之邻近的山口县一带，并且出土地点数量有限；就其种类和数量而言，主要是钱币、铜镜和铁器，并且数量也不多"。由此显示了中日文化交往的阶段性特点。作者指出，"秦代和西汉前期中国大陆和日本列岛的交流主要局限于九州北部及其邻近地区，并且其规模和程度还有限。"（578页）这样的评断，与有的研究者喜欢对于所论说问题往往有所夸大的倾向不同，表现了客观、科学的态度。

就研究方法而言，这部论著中各个专题的考察，作者都能够全方位地寻求资料。在考古发掘收获中，遗址遗迹现象，以及各种文物，都受到重视。涉及外国考古的资料，搜集的全面，分析的到位，尤其令人深心钦佩。而画像资料的多所使用，又是符合当今艺术考古和形象史学的新追求的。眼界之宽广，用力之勤奋，都达到了一流的水准。

《秦汉考古与秦汉文明研究》一书所收论文是作者多年思考论说的成果，作者在"导言"中有所说明："作为笔者从事秦汉考古学习和研究的阶段性回顾和梳理，为了客观记录当时的所思、所想、所论，收录的论著除了编辑成书的需要做必要的技术处理之外，从题目、内容、观点、材料、方法到结论及其图表和文字表述等，一概保持原貌，未作任何修改和补充"（7页），这样的处理方式，我是深心赞同的。由此保留了秦汉考古学术史的真实。读者通过云翔先生的"回顾"，可以察知一位勤奋努力的秦汉考古研究者学力提升、学识开拓和学养积累的脚步，也可以从一个重要侧面了解秦汉考古事业稳步前行的学术进程。

我的主要研究方向是秦汉史。我和我的学友们长期对云翔先生的研究工作予以密切的关注。学有疑问，也常常请教云翔，往往多有受益。平日研究的课题，有时或与云翔有所交集。读云翔先生的论作，每每可以得到启发。比如完成教育部课题"秦汉时期未成年人生活研究"时，参考过云翔《战国秦汉时期的瓮棺葬研究》。拙著《秦汉儿童的世界》对这篇重要论文有所引用。虽然未必完全理解其中学术内涵，但是认真学习的态度是端正的。然而捧读这部《秦汉考古与秦汉文明研究》，则又不能不对自己平日心慵意懒、谫陋粗疏有所自责。比如进行国家社科基金重点课题"秦汉时期的海洋探索与早期海洋学研究"时，竟然没有拜读云翔的《汉代积贝墓研究》。进行教育部后期资助课题"汉代丝绸之路交通史"时，也没有参考云翔的《岭南地区发现的汉代舶来金银器述论》。前说《秦汉儿童的世界》有关儿童游戏的部分，也未能利用《考古发现与秦汉时期的体育活动》一文中的有关学术发现。这些遗憾，只能在今后认真学习这部《秦汉考古与秦汉文明研究》，在未来的研究工作中来努力弥补了。

大汉奇华：读《陕西出土汉代玉器》

　　唐代诗人储光羲《贻丁主簿仙芝别》有"琳琅有清响"句（《储光羲诗集》卷三《五言古诗》）。宋代学者石介《赠李常李堂》诗也以"琳琅"与"古音"连说（《徂徕集》卷三《古诗》）。玉器于晶莹温润之中体现的清雅悠远的古代文化气质和古代文化风格，得以委婉的说明。

　　对玉的爱重，是中国古代社会文化心理的特殊表现之一。于是，对玉器遗存的研究，有工艺史的意义，也有文物史的意义，而制度史、风俗史、观念史和信仰史的诸多信息，也可以因此得到理解。玉的生产、加工、消费、收藏、欣赏，本来是高等级的文化生活内容，但是在汉代，可能覆盖的社会层面相当宽广。刘云辉编著《陕西出土汉代玉器》（文物出版社、众志美术出版社2009年6月版），对于研究和理解汉代与玉有关的文化现象，提供了新鲜资料和新鲜见解。

　　《陕西出土汉代玉器》列入"杨建芳师生古玉研究

会图录系列丛书"之中，杨建芳先生在为这部书撰写的《序》中首先从图录编印的角度肯定了《陕西出土汉代玉器》的价值。他指出，以往的玉器图录都存在不足之处，例如，或省略底部图像和背面图像的显示，或缺乏线图、拓本、特写等辅助，使纹饰细部不能辨识。于是，"图录中的某些珍贵数据并没有被编著者充分利用，以致未能达到较佳的效果，多少有点暴殄天物。"而《陕西出土汉代玉器》中"不少玉器彩图都附加拓本或线图用于对照，而重要的立体象生玉雕更采用多个细部特写彩图配合，从各个不同角度显示玉雕的特点"。杨《序》以为"这些措施除了能予人较为全面和清晰的认识之外，对坊间玉器图录中相同玉器图像的不足之处也或多或少起了弥补的作用"，"可以说是一个很有意义的尝试"，"这种革新尝试于读者有较大的裨益，或可供日后出版玉器图录借鉴。"这样的评价是中肯的，可能多数朋友都会赞同。不过，我们以为《陕西出土汉代玉器》更突出的贡献，在于资料搜集全面和图版摄制精美之外的研究层次的学术内涵。

编著者题为《陕西出土汉代玉器研究》的长篇论文有"汉代玉器出土的基本情况"部分，列述"西汉早期玉器出土情况（高祖—景帝）"25则，"西汉中期玉器出土情况（武帝—昭帝）"21则，"西汉晚期玉器出土情况（宣帝—平帝）（含新莽时期）"27则，"东汉早期"6则，"东汉中期"3则，"东汉晚期"3则，共85批文物资料（其中含个别玛瑙和琉璃器以及"镶嵌孔雀石绿松石玛瑙的金牌饰"）。就"陕西出土汉代玉器"这一主题而言，信息可以说已经比较完整全面。编著者在介绍相关资料的时候，已经进行了综合考察，其中多有新见发表。在"玉器种类和功能用途分析"部分，编著者分说"玉礼器"、"装饰用玉"、"实用玉器"、"陈设玉器"、"葬玉"。第三部分则讨论"玉器形制和纹样及雕琢工艺的基本特征"，涉及玉器形制凡80种。第四部分论"玉材及产地"，指出陕西出土汉代玉器多用昆仑山玉材、青海一带的玉材和西安附近的蓝田玉。各部分论说，层次分明，逻辑合理，类别区隔清晰，可以使读者对于汉代玉器得到比较明白比较准确的认识。

对于汉长安城武库第七遗址出土"片状圆形透雕玉佩"，编著者以为"应是西汉晚期的作品"，判定为"迄今所见的汉代唯一的一件獬豸玉佩"，以为"是研究汉代神话动物最珍贵的资料之一"，"也是汉代统治阶级迷信神异瑞兽的又一实物证据"。其实，这一遗存也是研究汉代法律思想史和法制意识史的珍贵资料。编著者的专题论文《武库遗址出土的玉雕怪兽为獬豸考》作为此书附录，使得有兴趣的研究者可以方便参考。"长安茅坡汉墓出土的迄今所见汉代唯一的猏豚玉佩"的介绍说明，也为人们提供了新的知识。编著者还提示我们："西安岳家寨东汉墓、宝鸡东汉吕仁墓以及西安昆仑机械厂东汉墓均出土了雕刻'五铢'二字的玉冥钱。东郊窦氏墓出土的展翅玉凤鸟、猴纹变形龙纹熊纹玉环、戴冠男性玉舞人佩以及西安大白杨汉墓出土的双鹰纹玉璧均是首次发现的。"

"西安理工大学汉墓出土的玉五铢钱""含在墓主人口中，作为玉唅使用"，对于"口含钱"风习的研究，提供了新的信息。斯坦因在对中国新疆吐鲁番阿斯塔那古代墓葬区进行考察时，发现了在死者口中放置萨珊王朝银币和拜占庭帝国金币的情形。他在《亚洲腹地》一书中将这一现象与"给死者口中放置一枚钱币，作为支付给摆渡者查朗（charon）的摆渡费"的希腊古俗相联系，然而他又写道："可是，1916年沙畹热情地告诉我，汉译佛典中也有有关的佛经故事。于是，我翻阅了有关内容，才知道这一习俗并非不为远东所知晓。"夏鼐则指出，"我国在殷商时代便已有了死者口中含贝的习俗，考古学和文献上都有很多证据。当时贝是作为货币的。将铜钱和饭及珠玉一起含于死者口中，成了秦汉以后的习俗。广州和辽阳汉墓中都发现过死者口含一至二枚五铢钱。"[1] 日本学者小谷仲男似乎更重视死者口中含玉的葬式，并且认为与"葬玉"风

---

① 夏鼐：《综述中国出土的波斯萨珊朝银币》，《考古学报》1974年第1期。

习有关联。他认为，"纵观中国葬制的变迁，虽不能排除含玉、握玉有时为钱币代替，但是，被信奉为具有神秘灵力的玉石与作为交易媒介的钱币之机能，还是有区别的。"他说，"至于汉代口中含钱，除发现地点比较易受西方影响的地域之外，还缺乏有力的证据。"[①] 考古学家罗丰对相关现象进行了这样的分析："中亚地区的这种习俗显然与古希腊习俗有某种渊源关系，但就其深刻含义而言，明显与前者不可同日而语。后者目前推测为与中亚地区流行的某一宗教或为拜火教信仰有点联系。中国吐鲁番和固原、洛阳、西安等地死者含币习惯与中亚地区是一脉相承的，表现出一种渊源关系。中亚、中国内地的发现表明，虽然古希腊习俗对其有所影响，但并不是严格意义上的，主要原因是传统不同。"[②] 这一见解，值得关心中外文化交流史的人们重视。而《陕西出土汉代玉器》举列西安理工大学汉墓出土含在墓主人口中的玉五铢钱，弥合了小谷仲男所强调的"玉石"和"钱币之机能"的"区别"，或许可以为相关研究继续深入开辟新的思考路径。

汉昭帝平陵在帝陵和后陵之间发现一条宽 5 米的东西

---

① 〔日〕小谷仲男：《死者口中含币习俗——汉唐墓葬所反映的西方因素》，续华译，《敦煌学辑刊》1990 年第 1 期。

② 罗丰：《胡汉之间——"丝绸之路"与西北历史考古》，文物出版社 2004 年 9 月版，第 182 页。

向道路。道路两侧分别发现了"东西向排列的成组玉器"。每组间隔 2 米左右，每组玉器均由一件玉璧和四周环绕的七或八件玉圭组合而成。圭的上端朝向璧。璧、圭均素面无纹。编著者认为，"这无疑是为当时礼仪祭祀活动而瘗埋的。"这一资料初见咸阳博物馆《汉平陵调查简报》(《考古与文物》1982 年 4 期)，然而学界重视有限。《陕西出土汉代玉器》的重新提示，使我们可以对玉在当时礼祀制度中的作用和意义作深入思考。联系帝后陵的道路即使是极其特殊的道路，路侧有规律地瘗玉的方式，中国古代交通史研究者也应视为值得特别关注的文化现象。

刘云辉多年来在公务之余努力进行玉器研究，艰苦勤奋，成果甚多，已出版《周原玉器》《陕西出土东周玉器》《北周隋唐京畿玉器》和《中国出土玉器全集·陕西卷》等专门的陕西玉器研究著作。这部《陕西出土汉代玉器》的面世，使得陕西在历史上作为经济政治重心的时代，玉文化的全景得以基本完整的扫描。对于说明和理解汉代物质文化和汉代精神文化的面貌，《陕西出土汉代玉器》的贡献也是可贵的。

"秦城""汉寝"：长安"朝野盛文物"

　　唐人诗作中已经频繁使用"文物"这一词汇。王昌龄《驾出长安》诗写道："圣德超千古，皇风扇九围。天回万象出，驾动六龙飞。淑气来黄道，祥云覆紫微。太平多扈从，文物有光辉。"（《增订王昌龄诗集》卷三）诗人以"文物""光辉"同"淑气""祥云"并列，作为颂扬"皇风""圣德"时的陪衬。另一首唐诗，许景先的《奉和御制春台望》也说到"文物""光辉"："睿德在青阳，高居视中县。秦城连凤阙，汉寝疏龙殿。文物照光辉，郊畿郁葱蒨。千门望成锦，八水明如练。"（《文苑英华》卷一七四）现今的西安城与唐代长安相比，已经没有当时"郊畿郁葱蒨"，"八水明如练"的植被和水资源条件了。诗句中所谓"文物"，虽然与"秦城""汉寝"连说，与今天西安人日常生活中十分熟悉的"文物"这个词，涵义也仍然存在一定的距离。李峤《文物十首》歌咏"经""史""诗""赋""书""檄""纸""笔""砚""墨"（《李峤杂咏》卷下），后四种一般称"文房四宝"。而刘长卿诗"文物登前古"（《至德三年春正月时谬蒙差摄海盐令闻王师收二京因书事寄上浙西节度李侍郎中丞行营五十韵》，《刘随州文集》卷七），杜甫诗"文物多师古"（《行次昭陵》，《杜工部集》卷九），皇甫澈诗"休明神器正，文物旧仪睹"（《赋四相诗·中书令汉阳王张柬之》，〔宋〕计有功：《唐诗纪事》卷四八），以及杨乘诗"风流前事尽，文物旧仪存"（《南徐春日怀古》，〔宋〕计有功：《唐诗纪事》卷四七），杜牧诗"六朝文物草连空，天澹云闲今古同"（《题宣州开元寺水阁阁下宛溪夹溪居人》，《樊川文集》卷三），释齐已诗"争似楚王文物国，金镳紫绶让前途"（《寄湘中诸友》，《白莲集》卷八）等，"文物"的语义已经与今天我们通常所说的"文物"十分接近了。李白《君子有所思行》："紫阁连终南，青冥天倪色。凭崖望咸阳，宫阙罗北极。万井惊画出，九衢如弦直。渭水银河清，横天流不息。朝野盛文物，衣冠何翕赩。厩马散连山，军容威绝域。"（《李太白集》卷四）深情颂扬了秦汉都城"文物"之"盛"。

西安从石器时代开始，就成为人文繁荣的基地之一。后来，又被许多王朝作为行政中心。特别是周、秦、汉、唐这样的文化创造非常丰硕的朝代，都曾经以西安作为都城。西安历史文明之悠久，历史积淀之深厚，历史脉络之清晰，历史文物之集中，在世界是首屈一指的。

西周王朝的执政中心丰镐两京，曾经称作"宗周"。在今天西安长安区沣河流域发现了约 30 处规模宏大的夯土台基，很可能是当时的宫殿和宗庙遗址。沣西张家坡和沣东普渡村，是丰镐最大的公共墓地，已经发掘的墓葬超过 1000 座。我们通过墓葬中随葬文物的组合规律，还可以体会当时礼乐文明的风格。

建立了中国历史上第一个高度集权的大一统的专制主义政权的秦帝国，都城在渭河北岸的咸阳。秦都咸阳城的南部，已经因渭河河道逐渐北移而侵蚀破坏。西安未央区著名的阿房宫前殿遗址，保留有体量甚大的夯土台基。位于西安临潼区的高大的秦始皇陵，在西安连通关东地区的古道的北面，俯瞰着渭水平原两千年的盛衰演变。秦始皇陵已经名列世界文化遗产。面积超过 56 平方公里的陵区，有内外两道城垣围护，陵寝遗址、兵马俑坑、铜车马坑以及诸多陪葬墓，构成宏大富丽的文物群。

西汉都城长安，城址在西安未央区，面积约 34 平方公里。城垣大部分保存较好。宫殿、街道、12 座城门都经过细致的考古工作，得到了明确的认识。未央宫、桂宫、武库、工官官署和礼制建筑遗迹都经过发掘或部分发掘，获得了丰富的文物资料。目前正在发掘的汉长安城西墙的第二座城门直城门，门道宽阔，车辙清晰，路旁有完善的排水设施。西汉 11 座帝陵是长安附近最醒目的汉代地面文物遗存。"西风残照,汉家陵阙",成为感动千古诗情的著名风景。汉景帝阳陵的陵园布局已经基本探明,部分陪葬坑已经发掘。游览可以透视地下结构的汉阳陵博物馆,能够对保存完好的陪葬文物群获得立体的感觉。

隋唐两代王朝的都城隋大兴城和唐长安城,是当时世界东方最伟大的都市。外郭城面积达 83 平方公里的唐长安城,其中又有宫城、皇城双重结构。全城由 25 条街道划分为规整的里坊区,以及东西两市。已经确定或者发掘的宫殿、城门、官署、寺庙以及窖藏和文物出土点 100 多处。大明宫在唐长安城北,前殿为含元殿。当时作为东方文明的中心,曾经见证"万国拜含元"盛况的这处唐代宫殿遗址,现在已经全面保护,建成了遗址公园。著名的香积寺塔、荐福寺小雁塔,专门为玄奘译经修建的慈恩寺大雁塔,遥遥对望现代的高楼巨厦,用檐角的风铃声,轻声倾诉着怀古的情思。

西安拥有 41 个国家重点文物保护单位,90 个省级文物保护单位。作为一个城市来说,这真是一个文物密集的都城,一个古代文化的圣地。

西安的居民们,享受着生活在文物世界中的幸福。人们抬手触目,都会领略到淳实的古风。我们现在读到的最早的咏史诗的集合,就是南朝梁昭明太子萧统编《文选》

卷二一的《诗·咏史》。所收9位诗人21首咏史诗中，15首以秦汉史事为主题，12首涉及长安城，分别占总数的71.42％和57.14％。左思所谓"济济京城内，赫赫王侯居"(《咏史八首》)，张协所谓"昔在西京时，朝野多欢娱"(《咏史一首》)，鲍照所谓"京城十二衢，飞甍各鳞次"(《咏史一首》)，都保留了对于长安文物的古远记忆。

一代代西安人的生命，也是一篇篇情意悠长的咏史诗、怀古诗。当人们在乐游原上踏青，在兴庆宫中赏花，在曲江池边漫步，在灞水桥头折柳，在渭城古驿吟唱《阳关三叠》的时候，可能不免思古之情的滋生，或许也会悲伤着古人的悲伤，幸福着古人的幸福。

西安人对于文物，有着特别的感情。在这里，保护文物的历史可以上溯到西汉帝国建立初期对秦始皇陵园设置专职守卫的制度。研究文物的历史，可以上溯到汉武帝时代"好古文字"的长安最高地方行政长官京兆尹张敞对出土西周青铜鼎的鉴定(《汉书》卷二五下《郊祀志下》)。

后来，不少朝代对前代宫室、陵墓、碑刻等文物遗存进行认真的保护。宋代对西安附近地区出土古代青铜器的发现、著录和研究，成为金石学的重要成就。金石学是以古代"吉金"(青铜彝器)及石刻作为研究对象的学问。北宋以来的金石学，是近世考古学的先声。当时西安蓝田人吕大临撰著的《考古图》，是中国现存年代最早而又较有系统的古器物图录，历来被看作北宋金石学的代表性著作。他的金石学专著，还有《续考古图》和《考古图释文》。

曾经任陕西巡抚的清代学者毕沅，对西安地区的古代陵墓进行了系统的勘察和考定，又曾经对西安碑林进行了维修。20世纪初，美国人卑斯博将唐太宗昭陵六骏石刻中的两件掠夺至美国。因为西安各界人士的强烈反对，昭陵六骏中的其余4件才得以存留。由于于右任等有识之士的多方努力，西安的古建筑、古石刻的保护和各种文物资料的收集，取得了有益的成就。

西北大学已故教授陈直先生在秦汉史研究方面的突出贡献，就是在充分利用西安文物资源的条件下取得的。他的《汉书》研究，就是按照"以本文为经，以出土古物材料证明为纬"的宗旨，"使考古为历史服务，既非为考古而考古，亦非单独停滞于文献方面"，"有百分之八十，取证于古器物"。今天西北大学博物馆收藏的秦汉文物，许多就是陈直先生亲自收集的。

西安的高等院校创办的博物馆，还有陕西师范大学博物馆，虽然面世不久，也已经颇具规模。西安建筑科技大学的中国音乐史博物馆，是中国第一家音乐史专业博物馆。以收藏文物数量与质量领先的服务于社会的博物馆，自然是陕西历史博物馆、碑林博物馆、秦始皇陵兵马俑博物馆、西安博物院、半坡博物馆、西安中国书法艺术博物馆、西安临潼博物馆等名馆。西安主题不一的各种博物馆，总数已经多达68座。

走进按照汉魏建筑风格设计和修造的陕西历史博物馆，你会为一件件文物的精致和明丽而感慨。也许你会在陈列秦的青铜龙的展柜前驻足，也许你会凝望唐墓壁画女子生动的面容陷入沉思。咸阳窑店出土的南北朝彩绘踏碓舂米俑，长安韦曲北街明秦王墓出土彩绘抬轿男立俑，以及西安东郊苏思勖墓壁画二人抬箱图，让我们看到了体现下层民众劳动生活的实证。灞桥汉纸残片，咸阳毕原征集金五铢，西安南郊何家村出土金开元通宝，西安西郊小土门村出土唐琉璃镜等，又让我们体会到汉唐文明创造力的辉煌。

西安是一座博物馆数量比较集中的城市，这首先当然是因为这里的文物蕴藏有丰厚的基础。其实就博物馆的建设史而言，西安也可以向前追溯到很早的时候。秦始皇击灭六国，每占领一座国都，他都指令工匠将当地的王宫测量绘图，然后在秦都咸阳北面的高地上一一照原样复制。这样，在咸阳宫的近旁，就形成了一个以各国宫殿复制品所构成的宫廷建筑博物馆。西汉皇宫收藏的历史文物，有秦帝国的皇帝玉玺、汉高祖刘邦的斩白蛇剑等。汉武帝乐于收集各地珍奇异物，一一密藏在深宫中，实际上也造就了一座规模宏大的珍宝馆。据《西京杂记》记载，汉武帝珍藏的宝物，有"入水不濡"的西域吉光裘、白玉玛瑙制作的身毒国连环羁等。他在桂宫放置七宝床、杂宝桉、厕宝屏风、列宝帐，当时人于是称桂宫为"四宝宫"。这座"四宝宫"，实际上可以看作具有文物价值的宝贝家具的陈列馆。

西北大学兼职教授、文物研究大家李学勤先生曾经说过这样一番话：出土文物固然都是物质的东西，"可是这些物质的东西又是和古代的精神文化分不开的。"各种古代器物和遗址一样，"都寄托着古人的思想和观念，通过这些物质的东西，可以看到当时的时代精神。"（《东周与秦代文明》）"考古发现的东西，当然是物质的，但很多都是反映精神的。其实道理很简单，比如一个墓葬，它总有一定的葬仪，一定的礼制，这些都是精神的东西。一个铜器，一个陶器，这些东西都是反映当时的社会文化，当时的风俗习惯。如果只是从物质上来看，就把其中所蕴涵的文化价值大部分丧失了。"（《中国古史寻证》）面对这样的理性目光，看似沉静的文物可以为我们讲述活泼的生动的历史。鲁迅曾经鉴赏铜镜等文物，发表过对汉唐文化特征的评论。他说："遥想汉人多少闳放，新来的动植物，即毫不拘忌，来充装饰的花纹。""汉唐虽也有边患，但魄力究竟雄大，人民具有不至于为异族奴隶的自信心，或者竟毫未想到，绝不介怀。"（《坟·看镜有感》）对于美术风格，鲁迅也曾经说："惟汉代石刻，气魄深沈雄大，唐人线画，流动如生，倘取入木刻，或可另辟一境界也。"（《书信·1935年9月9日致李桦》）这里所说的通过文物所体现的"魄力""气魄"，当然已经不限于艺术，而涉及了我们民族的时代精神。

西安人的文物意识，在许多方面都有所透露。如果你到西安作客，一定要到西安的几座博物馆访问这里的珍贵文物，也可以探寻一下西安民间的文物市场，同时不妨和若干西安的文物收藏家交谈一番，感受这些在文物堆中长大的人们深心爱重文物的精神。

爱好古物，是一种悠久的文化传统。专心收藏文物固然比破坏文物要好得多，然而如果仅仅从货币价值来看文物，将文物只是看作可以保值增值的俗说的"宝"，可以说并没有完全脱离一种市儿的低级趣味，严格说来，是贬低了文物的真正品质。文物原本是深涵着比表面的优雅造型和灿烂彩饰更为光华美好，而未可以简单的商品价位来评定的文化精神、文化气质和文化灵魂的。文物的神韵是无价的。文物价值的评定如果只是用金钱的数额来考量，只是用市场的价位来定级，这种"鉴宝"的文化性质是颇为可疑的。西安文物虽多，但是多数西安人却没有以低俗的品位来看文物，这也是西安文物可以得到较好的保护，可以发挥较好的功能的重要原因之一。

唐代诗人牟融的《送友人》诗有这样的句子："衣冠重文物，诗酒足风流。"（《全唐诗》卷四六七）用这样的诗句来形容今天西安人的文化心理和文化情趣，也还真的是很适合呢。

美哉古瓦，妙矣匠心

瓦当作为中国古代建筑常用构件，体现了陶瓦的设计者和制作者们，以及殿屋的营造者和使用者们共同的工艺精神和艺术品位，也透露出他们的文化理念和美学追求。在战国秦汉时期，正当我们民族文化呈示活跃局面，走向成熟阶段，在有些方面表现跃进态势的历史条件下，连续丰收和多种成就灿烂明朗。而瓦当的风格也体现出飞扬灵动、新鲜活泼的气象。图案的美好可爱，文字的端庄大气，都具有空前绝后的品质。

《史记》卷五《秦本纪》说："（秦孝公）十二年，作为咸阳，筑冀阙，秦徙都之。"张守节《正义》："刘伯庄云：'冀犹记事，阙即象魏也。'"《史记》卷六八《商君列传》也记载："作为筑冀阙宫廷于咸阳，秦自雍徙都之。"商鞅自己称此为"大筑冀阙"。司马贞《索隐》解释说："冀阙即魏阙也。"《吕氏春秋·审为》高诱注："魏魏高大，故曰魏阙。"这正符合《礼记·礼器》所谓"以高为贵"的意识。《说文·山部》:"巍,高也。"段玉裁注:"雉门外阙高巍巍然,谓之象巍。"可知"魏阙"就是"巍阙"。班固《西都赋》关于宫殿建筑,说到"崇台"。汉代文献又多见有关"高楼"的记载。汉代宫廷建筑据萧何营造长安宫室时所谓"非壮丽无以重威"(《史记》卷八《高祖本纪》)所表达的设计出发点,通过阙、台、楼,实现了高程提升。这些巍阙、崇台、高楼,透露出高等级建筑群的立体化趋向(王子今:《西汉长安都城建设的立体化倾向》,《长安大学学报》(社会科学版)2015年4期),体现了当时都城建设的时代特征。而《史记》卷二八《封禅书》所谓"仙人好楼居",提示我们注意这种建筑形式向往天界,接近神仙的意义。巍阙、崇台、高楼使用的瓦当,自然又具有特殊的神秘象征意义。

瓦当研究久已受到重视。多年来已经有相当数量的著述面世,展示其艺术风貌的图录也有不少种。而世界图书出版公司新出任虎成、王保平主编《中国历代瓦当考释》,则在著录数量、收存范围以及考释深度诸方面实现了新的突破,实现了新的超越。这部著作,可以看作历代瓦当收录最完整、最全面的大制作,也可以说做出了一项大贡献,成就了一件大功德,值得我们祝贺。

《中国历代瓦当考释》分13卷。即第1卷《中国历代瓦当考释·早期瓦当及制作工艺卷》,第2卷和第3卷

《中国历代瓦当考释·战国秦图像卷》，第 4 卷《中国历代瓦当考释·战国秦图案卷》，第 5 卷《中国历代瓦当考释·秦汉图案卷》，第 6 卷《中国历代瓦当考释·图案及文字卷》，第 7 卷至第 10 卷《中国历代瓦当考释·汉代文字卷》，第 11 卷《中国历代瓦当考释·汉代图案图像卷》，第 12 卷和第 13 卷《中国历代瓦当考释·三国至近现代卷》。按照主编意图，"最大限度展示中国历代建筑与瓦当的学术价值和艺术价值"，这样的努力，取得了比较理想的收获。

《中国历代瓦当考释》有侯卫东《序一》，周晓陆、高子期《序二》，苏士澍《序三》，进行了很好的学术史总结，发表了重要的学术意见。《序一》关于陶瓦史的叙述，《序二》就瓦当艺术性的分析，都各有新见，可以为关心中国古代瓦当深沉丰厚文化内涵的读者提供有意义的启示。对于 29 件瓦当陶范和滴水瓦陶范的著录说明以及刘园园《历代瓦当的制作工艺》一文，提供了很多有关瓦当制造程序中可贵的工匠精神的新的信息。汉"与天无极"瓦当陶范、"淮南屋当"瓦当陶范、"郑氏塚当"瓦当陶范等珍品的展示，尤其令人耳目一新。而有关几件汉代"韦兆"铁质瓦的介绍，特别值得重视。

与其他有些著录瓦当资料的出版物不同，《中国历代瓦当考释》具体详尽地记录了瓦当的时代、尺寸、发现地点等有意义的信息，有些还进行了相当细致、相当明确的形制描述。这些资料，都为研究者提供了莫大的方便。

应当指出，《中国历代瓦当考释》中发表的属于"考释"的意见，有些还可以斟酌。例如，"蔽护建筑物檐头"，"保护橡头不受雨水侵蚀"等说法，似并不符合汉代建筑史文物遗存反映的真实情形。韦昭曾经解释班固《西都赋》"裁金璧以饰珰"中"珰"的字义，以为"橑头"。陈直先生写道："瓦当之位置，正在橑头之上，或因此得名。"[①] 然而，以为瓦当"蔽护""橡头"，"保护橡头"的说法，其实并不确当。有学者从瓦和瓦当与"橡头"的距离分析，指出"无法遮住橡头"。[②] 我们也借助文物资料所见瓦当与橡的位置对应关系，进行过有关考察。[③] 应当说，这一问题还可以继续讨论。《中国历代瓦当考释》中"考释"部分集中发表了收藏者和整理者的许多很有价值的学术意见。其中有的看法，比如瓦文的释读，或许个别字义，尚有商量的余地。

辩议和争鸣，在学术生活中，是很正常的事。而读者

---

① 《秦汉瓦当概述》，《蟪庐丛著七种》，齐鲁书社1981年1月版，第375页。

② 王培良：《秦汉瓦当图》，三秦出版社2004年3月版，第8—9页。

③ 王子今：《瓦当"橡头饰"说疑议——以四川汉代崖墓资料为例》，《四川文物》2009年第1期。

首先要感谢的，当然是《中国历代瓦当考释》所提供丰富的资料，以及此中所体现出的收藏者、整理者和出版者为推进学术热心贡献的诚挚精神。谨此站在对瓦当及其文化风格多所爱重的秦汉史研究者的立场上，致敬主编任虎成先生、王保平先生。

图书在版编目(CIP)数据

长安碎影:秦汉文化史札记/王子今著.—上海:
上海人民出版社,2021
(论衡)
ISBN 978-7-208-17126-8

Ⅰ.①长… Ⅱ.①王… Ⅲ.①文化史-中国-秦汉时
代-文集 Ⅳ.①K232.03-53

中国版本图书馆 CIP 数据核字(2021)第 091177 号

责任编辑 马瑞瑞
封扉设计 人马艺术设计·储平

论衡

长安碎影
——秦汉文化史札记

王子今 著

出 版　上海人民出版社
　　　　(200001　上海福建中路 193 号)
发 行　上海人民出版社发行中心
印 刷　上海盛通时代印刷有限公司
开 本　787×1092　1/32
印 张　11.75
插 页　9
字 数　202,000
版 次　2021 年 8 月第 1 版
印 次　2021 年 8 月第 1 次印刷
ISBN 978-7-208-17126-8/K·3088
定 价　68.00 元